中国科学院科学出版基金资助出版

城市交通出行行为机理及引导策略

陈艳艳　刘小明　著

科学出版社
北京

内 容 简 介

本书介绍了城市交通出行行为分析理论及方法的研究成果,从交通方式、出行链及路径选择机理以及出行行为引导策略等方面进行了讨论。本书主要内容包括:国内外关于出行行为研究方面的进展;个体出行行为过程及其影响因素分析;基于手机定位信息的群体出行行为时空分布特征分析;个体出行方式选择、区域出行方式选择、小汽车使用者出行链及出行方式链选择预测模型的建立;在前景理论的框架下,提出修正的多模式公交组合路径选择预测方法;在动态路径诱导系统的框架下,基于多 Agent 系统理论并结合导航技术对驾驶员路径选择进行建模分析;以出行行为引导为目标,建立两阶段交通需求管理策略生成及综合评价方法。本书涉及多学科交叉理论及方法,力求通过案例分析使读者了解城市交通出行行为涵盖的内容、理论及方法。

本书可作为城市交通运输领域从事教学、科研、规划及管理等工作的相关人员的参考用书,也可作为交通工程、城市规划专业高年级本科生及研究生的教材或教学参考书。

图书在版编目(CIP)数据

城市交通出行行为机理及引导策略/陈艳艳,刘小明著. —北京:科学出版社,2016

ISBN 978-7-03-049294-4

Ⅰ.①城… Ⅱ.①陈… ②刘… Ⅲ.①城市交通-交通运输管理 Ⅳ.①U491

中国版本图书馆 CIP 数据核字(2016)第 148091 号

责任编辑:刘宝莉　陈　婕/责任校对:桂伟利
责任印制:徐晓晨/封面设计:陈　敬

科学出版社 出版
北京东黄城根北街 16 号
邮政编码:100717
http://www.sciencep.com

北京建宏印刷有限公司 印刷
科学出版社发行　各地新华书店经销
*

2016年6月第 一 版　开本:720×1000 1/16
2021年4月第二次印刷　印张:16 1/4
字数:320 000

定价:118.00 元
(如有印装质量问题,我社负责调换)

前　言

　　我国一些特大城市,例如北京,正面临城市扩张、人口及机动车持续增长、出行总量保持增长趋势、步行自行车出行比例下降趋势明显、拥堵持续时间增加、交通拥堵加剧污染等一系列问题。

　　以高增长、高消耗、高排放、高扩张为特征的粗放型城市发展模式带来了城市的无序、低效开发,城市空间呈"摊大饼式"向外蔓延,形成了粗放的城市发展路径,机动化为主导的出行方式导致了安全、拥堵、环境等问题成为"必得"的"城市病"。城市空间及环境资源的有限性迫使城市交通发展的战略选择由机动化向绿色可持续交通发展转变。一方面,北京市正在进行大规模的公共交通基础设施建设,这将有利于打造高效的绿色多模式交通体系;另一方面,国外大城市经验表明,交通需求管理(TDM)策略的实施有利于引导出行向绿色出行方式转变,是保证绿色交通方式选择的持续性的重要保障。要想保证 TDM 策略对出行行为转变的有效性,必须从出行行为选择机理入手,研究其与出行者个体、家庭、社会、经济、设施、政策之间的相互关联关系,从而为 TDM 策略的制定作出科学的分析、评价和决策。

　　本书通过多源数据整理和分析,包括居民出行调查数据、手机移动定位数据、IC 卡客流数据、车辆 GPS 数据等,进行大数据分析与挖掘。一方面进行差异性的交通需求分析,对出行者按照出行距离、出行时间、出行目的、出行方式、出行起终点等要素进行交叉分类分析;另一方面,提取影响居民个体出行选择行为的影响因素,包括个人属性特征、出行链全过程特性、交通设施环境特征以及出行者满意度、出行需求特征等,利用结构方程模型、满意-行为意愿理论、计划行为理论等方法对出行者出行行为选择影响进行建模,对各种结果进行对比分析论证,找出影响出行者交通方式选择、出行时间选择、出行路径选择等关键影响因素。在此基础上,构建出行者出行行为选择预测模型,从宏观角度建立个体出行方式选择模型,从中观角度建立基于神经网络的区域交通方式选择模型,从微观角度建立基于前景理论的多路径选择模型。通过将北京市居民出行模式特征及差异化交通需求与交通需求管理政策作用进行耦合分析,提出兼具缓堵减排目标、作用人群及效果明确的出行行为引导策略措施方案,并对所提出的 TDM 措施方案以提高可接受性为目标进行出行行为引导有效性评价分析。

　　本书章节内容安排如下:第 1 章对我国大城市的交通背景做简要介绍,概括国内外关于出行行为研究方面的进展。第 2 章对出行行为过程及其影响因素进行说明,基于结构方程模型进行出行方式选择影响因素分析;利用多重对应方法对人群进行划分,分析不同特性人群所倾向的出行方式;构建租赁自行车与公共交通组合出行持续使用意向综合模型,从心理学角度确定影响持续使用租赁自行车意向的显著性因素。第 3 章利用结构方程模型建立出行者个人属性、区位属性、家庭属性、出行时间、出行费用、出行方式和出行链类型之间的直接及间接影响关系模型,确定影响出行方式链和出行链的显著性影响因素。第 4 章利用移动定位信息进行海量个体轨迹采集,进行群体出行时空分布特征分析。群体出行行为特征参数包括:出行总量、空间 OD 分布、出行高峰持续时间、交通方式分担率、出行路径选择集聚、特定区域出行集聚特征等。第 5 章介绍利用累积 Logit 模型进行出行者个体出行方式选择、利用神经网络智能算法进行特定区域交通方式选择、利用巢式 Logit 模型进行小汽车使用者出行链及出行方式链选择的交通行为选择预测方法。第 6 章在前景理论的框架下,以地铁在常态运营下的行驶时间为单位广义费用,通过 SP 调查拟合路径选择影响因素的换算函数,建立广义出行费用计算模型,针对前景理论中关键的参考点选择方法,提出用预留时间对期望费用进行修正的多模式公交组合路径选择预测方法。第 7 章在动态路径诱导系统的框架下,进行驾驶员的决策意向调查,确定驾驶员路径选择的有决策权重的效用函数;基于多 Agent 系统理论并结合导航技术对交通系统进行建模,建立了出行前的各 Agent 模型和协商模型,并通过仿真进行验证。第 8 章建立两阶段交通需求管理策略生成及综合评价方法;第一阶段,基于行为引导的交通需求管理可行性多维评价内容及方法;第二阶段,TDM 措施出行行为引导有效性评价分析方法,并以低排放区拥挤收费为例进行实例分析。

  本书以国家重点基础研究发展计划(973 计划)课题"城市交通行为过程的基础理论研究"(2012CB723303)、北京市科委课题"交通出行行为机理及引导策略研究"(K2004011201301)以及北京市自然科学基金重点项目"多方式出行链协同机理及公交一体化关键技术研究"(Z1004011201301)的研究成果为主要内容编写而成。课题研究及本书编写过程中得到了北京交通发展研究中心的帮助和支持,课题组的研究人员王振报、赖见辉、原方、张伟伟、刘花、蔡熠文、魏攀一、郝世洋等博士、硕士研究生为本书的完成做了大量实际工作,在此一并表示感谢!此外,本书在撰写过程中参考和引用了许多国内外文献,在此对这些文献的作者也表示衷心的感谢!

  本书介绍城市居民出行行为机理及引导策略理论及方法时力图系统全面,但由于作者水平有限,书中难免有疏漏和不足之处,敬请广大读者批评指正。

目 录

前言
第1章 概述 ·· 1
  1.1 出行行为引导的必要性 ·· 1
  1.2 出行行为分析方法 ··· 4
    1.2.1 非集计理论模型 ·· 4
    1.2.2 基于活动和活动链的理论模型 ···································· 5
    1.2.3 行为经济学理论模型 ·· 6
    1.2.4 复杂性理论 ··· 8
  1.3 本书主要内容及章节结构 ··· 9
第2章 个体出行行为的影响因素分析 ·· 11
  2.1 出行选择行为过程及影响因素分析 ······································ 11
    2.1.1 出行选择行为过程 ··· 11
    2.1.2 出行选择行为影响因素分析 ······································ 12
  2.2 基于结构方程模型的出行方式选择影响因素分析 ··················· 17
    2.2.1 结构方程模型基本思想 ·· 18
    2.2.2 理论模型的构建及假设 ·· 21
    2.2.3 指标的选取及样本 ··· 21
    2.2.4 模型结果分析及指标对的选取 ··································· 23
  2.3 不同出行方式选择倾向的特性人群划分方法 ························· 23
    2.3.1 对应分析基本方法 ··· 24
    2.3.2 出行方式选择倾向特性人群对应分析划分方法 ············· 25
  2.4 出行方式持续使用意向模型 ·· 28
    2.4.1 技术接受模型 ··· 28
    2.4.2 计划行为理论 ··· 29
    2.4.3 服务质量、满意度与顾客忠诚度关联分析 ··················· 31
    2.4.4 租赁自行车持续使用意向建模与分析 ·························· 33
第3章 小汽车使用者出行链及出行方式链选择机理分析 ··················· 46
  3.1 出行链定义及时空聚类 ·· 46
    3.1.1 出行链相关定义 ·· 46

3.1.2　出行链类型划分 ·· 47
3.2　小汽车使用者个人、家庭属性与出行特征分析 ····················· 53
　　3.2.1　小汽车使用者家庭及个人属性分析 ······························ 53
　　3.2.2　小汽车使用者出行总体特征 ·· 55
3.3　小汽车使用者出行链特征分析 ·· 66
　　3.3.1　小汽车使用者出行链总体特征 ······································ 66
　　3.3.2　小汽车使用者基本属性与出行链类型选择分析 ··············· 67
3.4　小汽车拥有者出行方式链特征分析 ·· 69
　　3.4.1　小汽车拥有者出行方式链类型划分 ······························ 69
　　3.4.2　小汽车拥有者基本属性与出行方式链交叉分析 ··············· 70
　　3.4.3　小汽车拥有者出行链与出行方式链选择分析 ·················· 72
3.5　小汽车拥有者出行链与出行方式链关系建模 ························· 73
　　3.5.1　指标的选取 ·· 74
　　3.5.2　模型的结构化 ·· 75
　　3.5.3　模型结果分析 ·· 75

第 4 章　群体出行特征与城市用地及交通设施的关系分析 ·········· 78
4.1　基于信令数据的个体出行信息提取方法 ································· 78
　　4.1.1　手机通信原理 ·· 78
　　4.1.2　基于移动终端的个体交通出行链提取方法 ······················· 80
　　4.1.3　工作地居住地模糊识别及通勤出行辨识方法 ················· 82
　　4.1.4　基于地理时空学的出行链模糊分类辨识模型 ················· 91
4.2　区域出行时空特性 ·· 101
　　4.2.1　不同区域居住者出行空间活动范围 ······························ 101
　　4.2.2　不同区域工作者出行时空积聚分析 ······························ 103
4.3　北京平均出行距离与通勤距离分布 ···································· 110
4.4　区域出行距离与土地使用的关系 ·· 114
　　4.4.1　土地使用及出行距离表征参数指标的选取 ················· 114
　　4.4.2　区域空间位置与出行距离关系 ··································· 116
　　4.4.3　居住人口密度与出行距离的关系 ································ 118
　　4.4.4　混合程度与出行距离的关系 ······································ 120
　　4.4.5　土地使用指标对出行距离回归模型 ······························ 120
4.5　轨道出行用户工作居住地分布 ·· 121
　　4.5.1　轨道出行用户工作居住地辨识方法 ······························ 121
　　4.5.2　北京地铁 1 号线乘客居住地分布 ······························ 122

4.5.3 北京地铁 1 号线乘客工作地分布 ………………………… 123
4.5.4 站点乘客吸引范围分布 ……………………………………… 124

第 5 章 个体出行方式选择及区域出行结构预测模型 ……………… 127
5.1 效用最大化理论及非集计模型 ……………………………… 127
5.1.1 效用最大化理论 ……………………………………… 127
5.1.2 二项 Logit 模型 ……………………………………… 128
5.1.3 多项 Logit 模型 ……………………………………… 129
5.1.4 累积 Logit 模型 ……………………………………… 129
5.1.5 巢式 Logit 模型 ……………………………………… 131
5.1.6 非集计模型的集计化 ………………………………… 133
5.2 基于累积 Logit 的个体出行方式选择预测模型及弹性分析 … 134
5.2.1 交通方式选择广义成本 ……………………………… 134
5.2.2 交通方式意愿调查说明 ……………………………… 134
5.2.3 个体出行方式选择预测的累积 Logit 模型 ………… 137
5.2.4 模型结果分析 ………………………………………… 142
5.3 小汽车使用者出行链与出行方式链联合选择预测模型 …… 143
5.3.1 模型建立 ……………………………………………… 143
5.3.2 模型参数估计及结果分析 …………………………… 145
5.4 基于神经网络的特定区域出行方式选择预测 ……………… 150
5.4.1 神经网络与多项 Logit 模型在出行方式选择预测上的比较 … 150
5.4.2 神经网络在出行方式选择上的应用 ………………… 151
5.4.3 基于神经网络的公交出行比例预测 ………………… 151

第 6 章 多模式公交出行路径选择预测模型 ……………………… 153
6.1 前景理论概述 ………………………………………………… 153
6.2 公交组合出行广义费用 ……………………………………… 154
6.3 基于前景理论路径选择建模 ………………………………… 157
6.4 实例分析 ……………………………………………………… 159

第 7 章 动态导航下小汽车路径选择行为及对路网影响 ………… 165
7.1 驾驶员路径选择行为研究概述 ……………………………… 165
7.2 驾驶员路径选择影响因素分析 ……………………………… 166
7.3 车载动态导航条件下的驾驶员路径遵从行为 ……………… 168
7.4 基于主观决策权重效用理论的路径选择效用函数 ………… 169
7.4.1 有决策权重的路径选择的效用理论 ………………… 169
7.4.2 决策目标权重和定位点的调查及分析 ……………… 171
7.5 路径选择行为多 Agent 仿真模型 …………………………… 175

    7.5.1　Agent 技术及其在交通中的应用 …………………………………… 175
    7.5.2　出行前的多 Agent 系统建模 …………………………………………… 178
    7.5.3　路径选择多 Agent 协商模型 …………………………………………… 181
    7.5.4　出行路径决策多 Agent 仿真模型的初始化 ………………………… 186
    7.5.5　驾驶员路径选择行为仿真 ……………………………………………… 187

第 8 章　基于出行行为引导的交通需求管理策略生成及评价方法 …………… 199
  8.1　交通需求管理政策基本概念 …………………………………………………… 199
  8.2　交通需求管理政策实现手段及实践 …………………………………………… 203
    8.2.1　"精明式增长的土地利用政策"——优化出行空间分布及减少交通
           需求 ………………………………………………………………………… 204
    8.2.2　"增加选择类措施"——引导绿色出行选择 ………………………… 205
    8.2.3　"经济性措施"——提高机动车出行成本 …………………………… 210
    8.2.4　"行政性措施"——控制小汽车增长及使用 ………………………… 212
    8.2.5　"信息服务类措施"——引导绿色出行及小汽车高效共享使用 …… 213
  8.3　两阶段交通需求管理措施生成及综合评价方法 ……………………………… 216
  8.4　北京市交通需求管理策略生成及评价 ………………………………………… 219
    8.4.1　北京市交通需求管理政策发展历程 ………………………………… 220
    8.4.2　低排放区拥挤收费公众可接受性及效果评价 ……………………… 222

参考文献 ………………………………………………………………………………… 240

第 1 章 概 述

1.1 出行行为引导的必要性

交通出行,指车辆、行人从出发地向目的地移动的交通行为。城市交通出行的产生及交通行为的选择受到城市活动需求和供给的双重影响。一方面,城市的社会、经济等活动促生了交通出行的需求;另一方面,城市作为城市交通的承载体,为交通出行提供了基本的物质环境和方式选择。换言之,出行行为的产生是基于特定出行目的,以一定的个体需求在一定的交通供给条件下进行的交通行为选择。城市所有个体的出行选择行为的集聚演变成了城市交通需求。

随着我国国民经济的高速发展以及城市化、机动化进程的叠加推进,城市人口快速膨胀,经济和社会活动日益繁忙,城市交通出行发生了前所未有的迅速增长。然而,城市空间结构与功能所产生的交通需求调整与交通系统的发展未能同步,城市海量的交通需求与有限的交通空间供给之间出现了严重失衡,交通系统与城市发展不协调的问题日益突出,全国范围内的大中城市都面临十分突出的交通阻塞现象,严重影响着城市的生产生活以及经济建设的发展。随之伴生的交通污染、行人及自行车出行环境恶化等问题,也大大降低了城市居民生活品质。交通问题正日益上升为困扰我国城市可持续发展的最主要的难题之一。如果不能得到有效的解决和治理,必将对我国经济的持续、快速、健康发展构成严重威胁。

以北京为例,作为特大型城市的典型代表,截至 2013 年年末,北京常住人口已突破 2100 万人,2010 年北京市出行总量达到了 4130(万人次),机动车保有量已达 520 万辆(如图 1.1 所示),北京市机动车的高速度增长、高密度聚集、高强度使用,给北京特大城市交通发展乃至城市运行带来巨大挑战。根据调查数据,2013 年北京市平均全日拥堵时间超过 3h,84% 的北京人每天平均花费 1h 时间赶路,北京市每年由于交通拥堵造成的时间浪费、能源过度消耗、环境污染、道路利用率低下等经济损失就超过 1055.9 亿元,相当于 2013 年北京市 GDP 的 5.4%。

交通拥挤的结果是降低了城市的机动性,增加了驾驶者的负担、车辆的费用,并且加剧了城市环境污染。目前,北京市的大气污染已由原来的单纯煤烟型污染逐渐向煤烟和汽车尾气的复合型污染转化,机动车已成为城市 PM2.5 排放的最大本地源,占比高达 31%;比 2012 年初公布的研究成果(29.4%)有所提高。

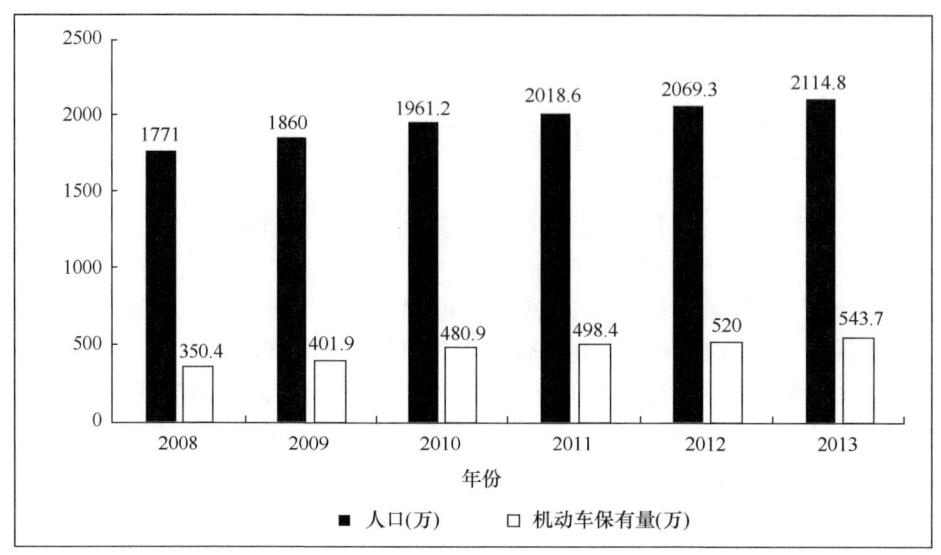

图 1.1 北京市人口及机动化快速增长趋势图

交通问题在其他特大及大中城市也有愈演愈烈之势。以天津市为例,2011 年天津市常住人口总量为 1354.58 万,比十年前增长 34.91%。全市地区生产总值 1.1 万亿元,增长率 16.5%。机动车保有量 239.77 万辆,同比增长 16.08%,其中私人小客车 143.93 万辆,同比增长 27.96%。机动车的使用主要集中在市内六区,约占城市机动车交通总量的 80%。随着天津市汽车保有量加速增长,交通机动化程度不断提高,中心城区饱和交通状态呈现出由中心向外围逐渐扩展趋势,道路交通流量早晚高峰持续时间越来越长,波峰、波谷的曲线特征越来越不明显。特别是医院、学校、商场、饭店等强交通吸引源对道路交通的影响不断加剧,所在道路点段已经成为区域路网通行瓶颈,往往出现周期性的交通拥堵,造成内环线、中环线、快速路和其他干道通行能力始终在较低水平上徘徊[1]。

城市交通问题更是发展中国家快速发展期面临的世界性难题,在城市化发展方面,发展中国家正在快速地重复发达国家曾经走过的人口膨胀、机动车激增及空间扩张的发展历程。预计到 2020 年,全球机动车保有量与 2004 年相比将翻一番,达到 13 亿辆。其中,亚洲和拉美成为发展最快的区域,机动车保有量超过世界的 55%。与此同时,发展中国家城市的地铁等大容量公共交通基础设施建设落后,公交出行吸引力不足,交通需求与交通供给矛盾日益突出。2013 年全球通勤痛苦指数最高的五个城市分别为墨西哥城、深圳、北京、内罗毕和约翰内斯堡。交通拥堵治理正在成为新兴发展中国家特大城市发展共同面临的核心课题之一。

城市交通问题在发达国家也依然存在。据估测,美国的在交通拥挤每年要花费将近 1000 亿美元,由此可见其危害严重。同时由于发展中国家城市发展、社会经济的特殊性，难以完全照搬发达国家已有的先进交通管理手段。

要解决城市交通拥挤问题，通常要考虑增加交通供给与交通需求管理两方面。增加交通供给有两种方法：一种是拓宽改造旧路提高现有道路等级；另一种是新建道路，完善道路网布局。这两种方法无疑具有很大局限性，国内外的教训表明，新建道路往往会引起新的交通需求，而新的交通需求会产生更大的交通问题，如果单纯以增加交通供给作为解决交通问题的方法，势必是行不通的。尤其是我国许多城市人口稠密，土地资源有限，道路建设拆迁量巨大，即使道路网密度与发达国家相比仍有较大差距，不可能像美国一些大城市那样把 30%～40% 的城市土地用于扩展道路系统。

交通需求管理则将解决大城市交通问题的理念，由单纯提高供给转为从交通需求的源头进行控制。交通需求管理强调交通运输的目的是实现人和物的移动，而非车的移动。基于这个原则，在城市处于拥挤的交通状况下，交通需求管理策略强调的是对出行者出行行为的良性引导。而其途径有三个：一是减少不必要的交通出行；二是引导采用公交及自行车、步行等绿色出行方式；三是使出行时间选择避开高峰、出行路径避开拥堵路段，从而有效地消减出行总量、优化出行结构及均衡交通时空分布。交通需求管理政策的效果已经被很多国内外城市有效的交通改善成果所证明。

城市交通出行具有复杂性，与城市社会经济发展及交通基础设施建设有着密切联系。在新时期，我国城市交通出行近年来的变化有着以下显著特征：①区域城市群的发展及城市本身的规模与人口的激增，带来了城市布局、空间结构、土地利用及交通出行的巨大增长与快速变化；②机动化进程加快，小汽车保有量迅速增长，小汽车出行成为主要出行方式且使用强度高；③城市出行目的及构成日趋多样化，刚性出行（上下班、上下学、接送人）仍是居民主要的日常出行目的，生活类出行也呈现逐年增多的趋势，居民的出行构成发生了较大的变化；④城市交通方式多样化。我国大中城市目前普遍处于由单一的道路交通网络向包含轨道、公交、小汽车、自行车、步行等多模式交通网络转变的时期，因此，需要从交通战略层面、规划设计层面、运行管理层面、出行服务层面、设施建设层面全方位地引导调控交通需求，优化设施资源配置，实现供需基本平衡。

总之，交通拥挤引发了更高的交通运营成本，带来了城市大量内耗，成为制约经济发展的主要因素，同时也降低了城市应有的吸引力和辐射力。通过增加道路供给去被动适应交通需求的模式难以为继，加强需求的可调控性及出行引导机理与方法的研究，真实把握我国城市复杂环境下的多方式出行机理，建立以经济、社会和环境均衡发展为目标，以全社会总成本下降和资源节约为导向的交通需求管理政策与措施，是促进我国城市社会经济发展的需要，是实现全面的可持续发展的需要。

1.2 出行行为分析方法

出行行为问题,既涉及系统复杂性问题,又涉及行为个体的有限理性决策问题。早期的出行行为分析方法,一般是利用集聚的数据,对一个简单、只有几个参数的模型进行估计,从而达到对个体一些行为特征进行预测的目的。但是,随着人们出行行为模式、价值观念以及客观条件的改变,影响出行行为各种因素之间的关系日趋复杂,传统的出行行为分析方法已不能在令人信服的理论框架下清楚解释这些关系,交通规划者开始探讨利用更复杂的模型对个体及群体的出行行为特征进行分析。传统的用于研究出行行为的方法,更多是对交通现象、交通行为进行描述,但对如何改变出行的行为往往并没有提出明确的建议。目前出行行为分析常用的模型和方法包括非集计理论模型(disaggregate model)、基于活动和活动链的理论模型、行为经济学理论模型、复杂系统理论模型等。

1.2.1 非集计理论模型

随机效用理论最早为经济学的分析手段,主要用于研究消费者的消费选择行为,是将消费者行为理论的最大效用假设与概率论相结合的理论。该理论以离散选择模型(discrete choice model)为基础,并且认为每一种选择都提供了一个明确的"效用",决策者在选择时总是倾向于选择"效用"最大的备选项。随机效用理论目前被广泛用于交通需求管理政策、拥堵收费、停车收费、信息诱导等多个领域。例如,Choo 等建立多项 Probit 模型,对旧金山地区将实施的多项交通需求管理措施进行评价[2];Cao 等建立二项 Logit 模型,预测了弹性工作制、小汽车合乘、远程办公等措施对居民出行行为的影响[3];Marc 应用 Probit 模型预测了美国 Acadia 公园收费策略对周边地区的公交方式选择的影响[4];Han 等应用非集计理论建立 TDM 策略评价模型,并用该模型对居民出行行为进行了分析预测[5];Sinha 等建立了多项巢式 Logit 模型进行弹性工作措施的实施效果评价[6];Concas 等对小汽车合乘措施进行了效果评价[7];熊萍等应用多项 Logit 模型建立了停车换乘选择行为模型,并对该模型进行求解分析,指出非集计模型在停车换乘行为研究方面可应用于停车换乘设施需求预测支持、相关交通政策与服务模式决策支持[8];秦焕美等利用非集计理论建立了包括停车收费价格、公交服务水平等多因素的行为模型,确定了选择小汽车出行和选择公交/出租车出行的停车收费价格的平衡点,以及出行方式选择变化对于停车收费价格变化最为敏感的区间[9];罗清玉等建立了基于混合 Logit 的交通方式选择模型,该模型为拥挤收费下的出行行为分析和交通影响研究以及其他交通需求管理政策的评价提供了方法[10]。蒋婧雯结合美国新泽西州公路收费政策实施后的交通调查数据,分析出行者的决策过程,利用 Limdep

软件建立巢式Logit(Nested-Logit,NL)模型,分析了公路收费政策对交通出行选择行为的影响及表征出行特性的重要参数,为拥挤收费的后续研究提供了参考依据[11]。

1.2.2 基于活动和活动链的理论模型

基于活动的出行行为分析方法综合了行为理论、决策理论、效用理论、计量经济理论等众多学科研究成果,从个体行为的微观角度出发,剖析交通出行的微观机理,研究人们的出行行为特征和选择特征,能够更加贴切地描述人们的日常活动行为,可较好地预测居民出行中出发时间、交通方式、目的地选择特性以及中途停驻等情况,对传统的四阶段交通需求预测方法是一个很好的改进和补充[12]。

基于活动的研究方法主要有三种:基于空间相互作用的方法、基于效用的方法和启发式方法。基于空间相互作用的方法是传统交通规划四阶段法的延伸,这种方法基于最大熵理论模型、出行OD表、集计的数据统计参数和路阻函数四个方面,可进行出行量预测、目的地选择和路线选择。基于效用的方法应用最大效用理论,通过离散选择模型构建基于活动的出行选择模型。启发式方法一般通过交通仿真的手段来预测活动的模式,目前在这个方面的研究还不成熟。

城市空间规模的不断扩展、机动化出行的不断提高,使得出行者的出行和活动在空间上不断扩大,出行行为也变得越来越复杂。为节省出行成本,出行者更倾向于将多次出行铰接到一个出行链(trip chain)中。出行链的观点起源于20世纪60年代,最初是利用马尔可夫理论对出行链进行分析。由于马尔可夫理论需要严格假设,使其在出行链的分析中受到了很大限制,一些研究人员开始尝试用新的方法对出行链进行分析。图1.2和图1.3展示了某个出行者在同样有3个活动的情况下,采用链接出行和非链接出行的差异。在采用非链接出行时,出行者完成3个活动需要6次出行才能完成,而将3个活动铰接在一个出行链中时需要4次出行即可完成。因此,如果合理地安排出行链形式,可以有效地节约出行成本,提高出行效率。

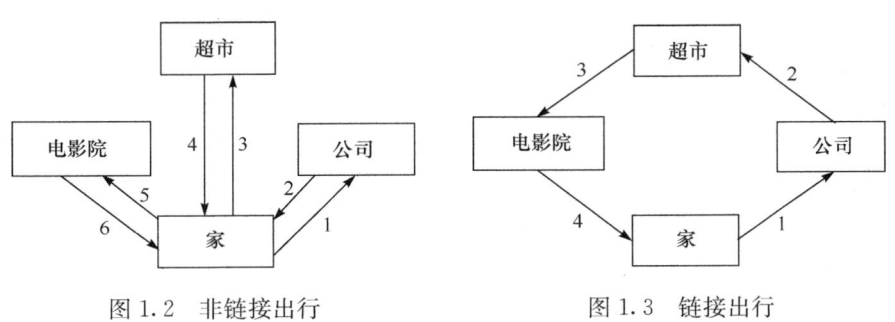

图1.2 非链接出行　　　　图1.3 链接出行

出行链描述了出行者在一个往返行程中出行的顺序,也反映了出行者在时间和空间上的活动规律,指从家出行开始,至回家为出行结束的多次出行组成的活动序列,即从家出发又回到家中的一连串移动与停留,表明了居民活动的时空先后顺序。出行链一般由多个出行首尾衔接构成闭环,如家→单位→购物→家,形成了一个完整的出行链。基于出行链的出行行为分析方法的提出,使得对于出行者的出行行为分析不再仅仅针对单次出行,而是考虑了在一个往返行程中前后出行之间的内在关系。同时,基于出行链的出行行为分析方法还考虑了家庭结构、个人角色等因素对个体出行选择的影响,有效地克服了基于出行的行为分析方法的缺陷。

基于活动和活动链的理论目前已被用于交通需求管理政策评价中。如 Kalmanje 等建立了基于活动的出行目的地、方式和出发时间选择模型系统,分析了美国实行基于信用的拥挤收费策略的可行性,并将该策略与其他拥挤收费方案进行了比较[13];Stacey 应用出行链分析方法,从出行目的地、中途驻停地点、出行时间、出行方式等方面预测了基于 TOD(transit-orient development)思想的零售业布局模式的实施效果[14]。赵阳和邵昀泓结合我国交通规划实际,研究了基于活动的出行行为动态模拟方法,应用蒙特卡罗方法模拟了辽宁省某市城市居民的出行行为,其结果显示所提出的模拟模型误差较小,能准确反映出行行为[15];隽志才等引入贝叶斯结构学习和参数估计方法,辅以基于活动的出行行为分析理论、非集计建模方法和 SP/RP 数据融合方法,提出了基于贝叶斯结构学习和参数估计方法的出行行为与交通需求管理(TDM)策略互动关系分析方法的框架,将贝叶斯理论与已有的出行行为分析方法相结合,可以使出行行为预测更为精确、全面和灵活,从而更加准确地描述活动-出行决策行为与 TDM 策略的互动响应关系,为制定有效的 TDM 策略、缓解城市交通供需矛盾提供了理论依据[16]。

1.2.3 行为经济学理论模型

行为经济学理论模型是指利用经济学理论来解释出行选择行为。传统的西方经济学理论假定在一切经济活动中,人的行为都是合乎理性的,都是以利己为动机。这也是著名的"经济人"假设。行动者追求的是价值或效益的最大化,趋向于采取最优策略,以最小代价取得最大收益(卡尔·布鲁内)。自从"经济人"假设被提出,理性选择流派就一直受到争议,因为出行者受自身的认知能力、价值取向、风险偏好、个人习惯等方面的制约,实际的决策行为常常背离期望效用理论的公理化体系。也就是说,除客观环境外,心理因素也会对人们行为决策造成较大影响,进而衍生出理性决策和非理性决策行为。因此,用心理学对人们的出行过程进行描述,进而对出行过程行为进行控制,是最近发展起来的行为经济学的主要功能,它将行为分析理论与经济运行规律、心理学与经济科学有机结合起来,以发现现今经济学模型中的错误或遗漏,进而修正主流经济学关于人的理性、自利、完全信息、效用最大化及偏好一致的基本假设的不足。

一般认为行为经济学正式创立于1994年,已故著名心理学家阿莫斯·特维尔斯基(Amos Tversky)、经济学家丹尼尔·卡尼曼(Daniel Kahneman)、里查德·萨勒(Richard Thaler)、马修·拉宾(Matthew Rabin)、美籍华人奚恺元教授等是这一学科的开创性代表。以行为经济学家丹尼尔·卡尼曼(Daniel Kahneman)和弗农·史密斯(Vernon Smith)因在行为经济理论和实验经济学方面的杰出研究而获得2002年度诺贝尔经济学奖为标志,行为经济学有力地展现了其存在价值、学术地位以及广阔的研究前景。随着行为经济学的发展,尤其是Allias悖论及Ellesberg悖论的出现,人们决策的有限理性越来越受到关注。因此社会理论学家不断对其理想化的理论假设进行修正,以使其更贴近实际生活,例如:以"有限理性"代替"完全理性",承认人的行为也有非理性的一面;以"满意原则"代替"最优原则",寻求一个令人满意的行动方案而非最优方案;从"工具理性"扩展到"价值理性",从"经济人"充实到"社会人",认为人的理性行为不仅是追求利己的价值或效益,还追求情感、责任等方面的满足。

目前,基于不同选择原则假设的研究主要采用随机效用理论、期望效用理论、有限理性理论、满意度理论等。其中,出行者理性原则假设下的随机效用理论主要是建立在调查的基础上,对影响决策的因素进行多重变量分析,并将效用表示为由影响因素组成的随机变量,通过建立多项Logit、累积Logit、Probit、混合Logit等离散选择模型进行定量分析。遵循期望效用理论的选择行为研究,通常假设出行者绝对理性。出行者有限理性原则假设下的代表性理论包括Kahneman和Tversky提出的前景理论(prospect theory,PT),以及在等级依赖效用(rank-dependent utility,RDU)思想后形成的累积前景理论(cumulative prospect theory,CPT),它们能更加准确地反映了人们在面临风险时的决策行为和规律。出行者满意原则假设下的代表性理论为满意度评价理论。目前,对满意度的定义主要有三种说法:Oliver认为满意度是指顾客对消费过的产品的整体评价,也就是期望服务和实际服务之间的差异;Kotler认为满意度是一种客观评价;而Cronin和Taylor却认为满意度是一种情感的反映。在行为领域,顾客满意度指的是出行者在特定的环境下,对于其所采取的交通方式服务的一种情感反映。因此,顾客满意度取决于出行者期望服务的实现程度,即从出行者的总体评价观点来反映期望与实际结果是否一致,所以对于出行者来说一般采用整体满意程度衡量的方法。

此外,近期还有学者认为,若出行者意识到此前的决策有所失误,则会表现出后悔,反之会产生欣喜感,这种感觉将影响下次决策,后悔理论能够更好地解释这种现象[17]。有些学者认为,出行者往往不会去比较备选项的确切效用值,而是利用属性与决策偏好之间模糊关系的几条简单规则进行决策[18]。由于决策结果可看作是解释变量与决策行为之间的模式识别,因此有些学者利用人工神经网络的自学习能力,通过拟合数据建立选择行为的模型[19]。虽然人工神经网络能够很好地拟合高阶非线性系统,但其结果难以分析和解释[20]。

  1979年,Kahneman和Tversky在Simon的"有限理性"[21]的基础上提出了"前景理论"[22]。Avineri认为交通管理者可以通过提供准确的交通信息以及改善公共交通的服务水平等途径对参照点进行操控,进而影响甚至改变出行者的选择行为,引导交通系统向着有利于实现系统最优的方向发展[23]。van de Kaa基于前景理论对新加坡实施拥挤收费的效果进行了政策评价[24];张波等对前景理论在出行行为研究中的适用性进行了探讨,认为:对于具体的出行行为研究,前景理论是否适用不仅取决于决策问题的性质,而且还要看出行者的个性特征,以及所考虑的选择方案属性是否具有不确定性[25]。赵凛和张星臣在前景理论的框架下对一天内单次出行的路径选择行为进行了理论建模,对比了基于"前景理论"与基于"期望效用理论"的路径选择模型,结果表明"前景理论"在描述出行者的路径选择行为时能够在一定程度上克服"期望效用理论"的不足,可以较准确地刻画出行者在不确定性条件下的路径选择决策行为[26]。邢睿等针对带有出行者期望且属性值为区间数的多属性决策问题,提出一种基于前景理论的决策方法,以参照点为基础计算收益和损失矩阵,以得到的各种交通方式综合前景值为效用值,通过经典的Logit模型计算得到个人出行交通方式的概率[27]。

1.2.4 复杂性理论

  复杂性科学是系统科学和非线性科学的进一步发展、充实和深化,是系统科学研究的最新、最前沿的领域。如果说系统科学是建立在系统的整体性、组织性、目的性研究的基础上,非线性科学是建立在对系统非线性、不确定性、随机性研究的基础上,那么复杂性科学则是建立在系统的"复杂性、智能性和适应性"的研究基础上。复杂系统就是具有复杂性的系统,而关于复杂性这门科学目前还无确切的定义,不知其边界的存在[28]。复杂系统是具有中等数目基于局部信息做出行动的智能性、自适应性主体的系统。而复杂并不一定与系统的规模成正比,复杂系统中的个体一般来讲具有一定的智能性,如组织中的细胞、股市中的股民、城市交通系统中的司机,这些个体都可以根据自身所处的部分环境通过自己的规则进行智能的判断或决策。复杂性科学研究的范畴涉及多个方面,包括自然、工程、生物、经济、管理、政治和社会等各个方面;它探索的复杂现象从宏观上可以概括为物理层次、生物层次和社会层次,例如一个细胞呈现出的生命现象到股市的涨落、城市交通的管理、自然灾害的预测,乃至社会的发展等都属于它的研究范畴。

  目前,关于复杂性的研究受到了世界各国科学家的广泛重视。总体来说,复杂系统都有一些共同的特点,就是在变化无常的活动背后呈现出某种捉摸不定的秩序,没有组织者而自我组织,没有协调者而自我协调,其中演化、涌现、自组织、自适应和自相似被认为是复杂系统共同的特性。

城市交通系统的复杂性原因在于:城市路网中的车辆数、路段、交叉口、交通工程设施等数量众多,且各组分之间的联系紧密,构成了一个网络;交通系统的组分(人-车交通流)具有智能性,能够对周围环境作出反应,具有自组织、自适应、自驱动能力;路网中运动的车辆之间存在非线相互作用,同时交通系统具有层次性和整体性;城市交通系统可以处于非平衡状态;交通系统具有动态性、随机性,处于不断地发展变化之中;积累效应、吸引性、开放性进一步加深了交通系统的复杂程度。

正是城市交通系统的这些特点和复杂系统的特性,使得复杂系统成为研究城市交通问题的重要理论基础和技术支撑。不少学者利用复杂性理论对交通问题展开研究。如 Kai 等对交通堵塞的涌现行为进行了研究,指出交通堵塞的流出量会自组织形成一个最大流量的临界状态,在下游的微小扰动就会造成新的交通堵塞,且堵塞的概率服从指数分布[29]。

目前出行行为分析常用的模型和方法包括非集计理论模型、基于活动和活动链的理论模型、行为经济学模型和复杂性理论模型等。大部分研究成果主要考量影响因素对交通行为选择是否有显著性影响,并探讨相关因素变化时对选择结果进行的弹性分析,以及缺少影响因素的间接影响分析。另外,目前研究成果缺少对绿色出行方式选择持续性意向建模与分析方面的研究。

大多数研究成果集中在单一的交通措施进行单一交通方式选择预测与影响因素分析,对于目前出行者实际出行中会选择的多方式多路径的组合出行行为,缺少相应的建模及分析方法。另外,利用行为理论进行 TDM 措施评价的基本思路已经形成,即居民出行行为调查—出行需求预测或数据统计分析—策略实施前后居民出行行为和交通系统运行状态对比分析—策略评价。但仍缺少基于行为选择机理,开展 TDM 策略生成技术及多目标综合评价方法的研究。

1.3 本书主要内容及章节结构

本书试图通过获取多源数据,包括居民出行调查数据、手机移动数据、IC 卡客流数据、车辆 GPS 数据等,进行大数据分析与挖掘,揭示出行规律及机理,一方面对出行者按照出行距离、出行时间、出行目的、出行方式、出行起终点等要素进行交叉分类分析,研究交通需求的差异性,另一方面提取影响居民个体出行选择行为的影响因素,包括个人属性特征、出行链全过程特性、交通设施环境特征、出行需求特征以及出行者满意度等,利用结构方程模型、满意-行为意愿理论、计划行为理论等方法进行出行者出行选择行为建模分析,对各种分析结果进行对比分析论证,找出影响出行者交通方式选择、出行时间选择、出行路径选择等关键影响因素,并在此基础上,构建出行者个体及区域出行选择行为预测模型。通过将北京市居民出行模式特征及差异化交通需求与交通需求管理政策作用进行耦合分析,提出兼具缓堵减排目标、作用人群及效果明确的出行行为引导策略措施方案,并在保证有效性基础上,考虑可实施性、公平性、经济性、可接受性等因素同时,对所提出方案进行多维度的评价分析。

本书章节结构如下:

第1章对我国大城市的交通背景进行简要介绍,概括了国内外关于出行行为研究方面的进展,并对本书的主要内容进行简要介绍。

第2章对出行行为过程及其影响因素进行说明,基于结构方程模型进行出行方式选择影响因素分析;利用多重对应方法对人群进行划分,分析不同特性人群所倾向的出行方式;构建租赁自行车与公共交通组合出行持续使用意向综合模型,从心理学角度确定影响持续使用租赁自行车意向的显著性因素。

第3章利用结构方程模型建立出行者个人属性、区位属性、家庭属性、出行时间、出行费用、出行方式和出行链类型之间的直接及间接影响关系模型,确定影响出行方式链和出行链的显著性影响因素。

第4章利用移动信息进行海量个体轨迹采集,进行群体出行时空分布特征分析。群体出行行为特征参数包括出行总量、空间OD分布、出行高峰持续时间、交通方式分担率、出行路径选择集聚、特定区域出行集聚特征等。

第5章介绍利用累积Logit模型进行出行者个体出行方式选择、利用神经网络智能算法进行特定区域交通方式选择、利用NL模型进行小汽车使用者出行链及出行方式链选择的交通行为选择预测方法。

第6章在前景理论的框架下,以地铁在常态运营下的行驶时间为单位广义费用,通过SP调查拟合路径选择影响因素的换算函数,建立广义出行费用计算模型,针对前景理论中关键的参考点选择方法,提出用预留时间对期望费用进行修正的多模式公交组合路径选择预测方法。

第7章在动态路径诱导系统的框架下,进行驾驶员的决策意向调查,确定驾驶员路径选择的有决策权重的效用函数;基于多Agent系统理论并结合导航技术对交通系统进行建模,建立出行前的各Agent模型和协商模型,并通过仿真进行验证。

第8章建立两阶段交通需求管理策略生成及综合评价方法。第一阶段:建立基于行为引导的交通需求管理可行性多维评价内容及方法;第二阶段:建立TDM措施出行行为引导有效性评价分析方法,并以低排放区拥挤收费为例,进行实例分析。

第 2 章　个体出行行为的影响因素分析

本章对出行选择行为过程及影响因素进行详细分析,同时鉴于出行方式的选择对绿色可持续的交通体系构建至关重要,以出行方式选择作为主要的解析对象,重点分析什么因素影响交通方式的选择、什么样的人倾向于哪类出行方式、什么因素影响人们持续选择某种交通方式;进而回答重点改善什么因素能够促进人们选择绿色出行方式并加以保持,针对不同人群重点采取什么对策可改变其小汽车倾向或巩固其绿色出行倾向,从而为交通需求管理政策的出台提供依据。

2.1　出行选择行为过程及影响因素分析

2.1.1　出行选择行为过程

出行行为的产生是特定个体基于特定出行目的,对交通产生特定要求(如快捷性、便利性、经济性、舒适性、安全性等),并在一定的交通供给条件下进行的交通出行选择行为。出行选择行为包括出行时间、出行目的地、出行方式、出行路径等(如图 2.1 所示)。

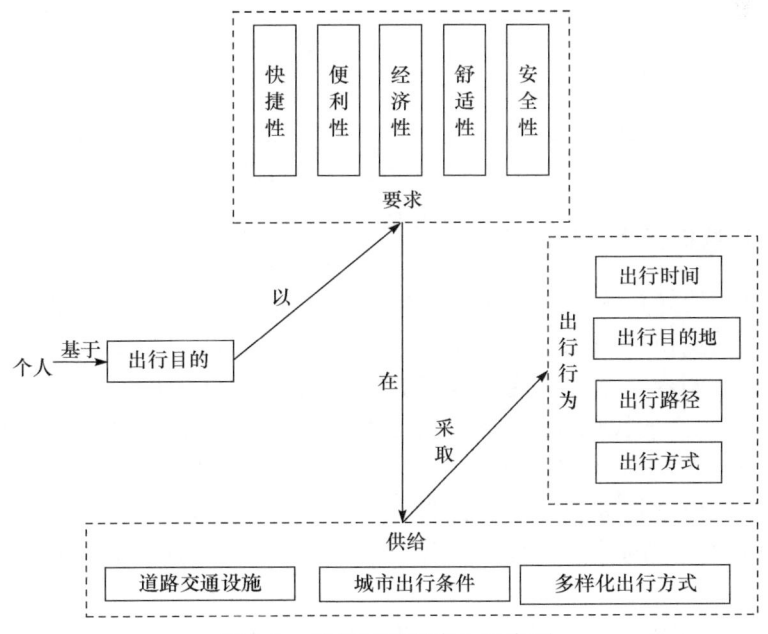

图 2.1　出行过程的产生示意图

根据出行行为过程先后顺序把一次出行分为出行前、出行中和出行后(如图2.2所示),则出行前的出行选择行为具体包括是否出行的选择、出行时间的选择、出行目的地的选择和出行交通方式的选择。这些选择的决策并不是完全独立进行的,各决策之间存在着相互制约,其决策结果用来制定日活动计划表,并在出行过程中执行这个计划表。出行中的决策包括出行路径的选择和是否换乘的选择,出行后的决策主要是是否再次出行的选择。

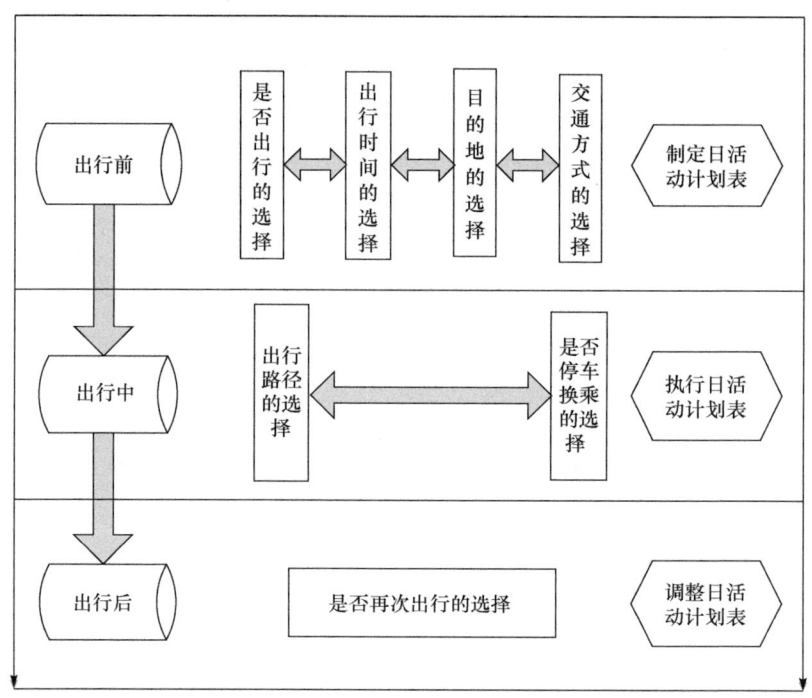

图 2.2　出行选择行为过程

2.1.2　出行选择行为影响因素分析

交通出行选择行为受出行主体自身需求及城市客运交通环境的综合影响而产生。中国的城市居民出行行为研究,始于20世纪80年代几个大城市相继开展的居民出行调查。这些研究以调查数据为基础,关注居民的出行方式、出行时间等出行特征,而居民的购物、夜间消费等出行,其空间特征也引起学界的兴趣。随着研究的深入,学者们不再满足于出行行为的特征描述,开始从行为心理、城市空间结构等角度探索影响居民出行行为的潜在因素,研究的层面也从宏观的城市整体转向微观的社区,关注社区居民的通勤行为及居住环境对居民出行的影响[30]。

总体而言,国内外关于居民出行行为的研究大多把居民看成一个同质体,或者是基于居民的单一属性,如性别或年龄等,对居民的出行行为特征进行横向对比,忽略了居民是多种属性的复合体。同时,大部分研究停留在对出行特征的统计和描述,对居民的出行行为作用机制和出行决策过程考虑不足。

本章将影响出行选择行为过程的因素划分为出行者个人及家庭属性、出行特性、土地利用性质、交通设施供给属性、交通需求管理政策和出行成本等多个方面。以下为以往研究中不同层面中的具体因素对出行者的出行行为的影响分析。

1. 出行者个人及家庭属性与出行行为

出行者个人及家庭属性包括出行者的性别、年龄、学历、职业、个人及家庭收入、有无小汽车等,这是影响出行的个体因素[31]。它们是通过影响出行者对衡量交通运输服务质量不同指标的重要程度的认识,以及对不同指标的期望值来影响出行者的出行行为[32]。传统研究中出行者及家庭的经济收入对出行者的出行行为起着至关重要的作用。经济收入代表了个体的购买力,而购买量和购买意愿在很大程度上取决于购买力。因此,收入属于不同阶层的出行者的出行行为是有较大差异的。出行者正是在本人经济承受能力与出行需求之间寻找平衡点,其具体的表现主要是出行者对交通方式及出行路线的选择,有时也会影响出行者对出行目的、出行目的地的选择。以出行者是否有小汽车为例,有车家庭和无车家庭在出行方式的选择上必然存在很大的差别。图 2.3 为北京市第四次居民大调查得到的有车及无车的出行者交通方式的差异性,可以看出,有车家庭小汽车的出行比例最高,为 49.89%。但是由于自驾车需要花费取车、停车额外时间,而且还需要缴付一定的行车及停车费用,所以在短途出行时出行者大多数仍会采用传统的步行出行方式。而无车家庭出行时只能依靠传统的出行方式,故步行、自行车及公共交通工具的比例均较高,而具体选择哪种方式因情况不同而异。

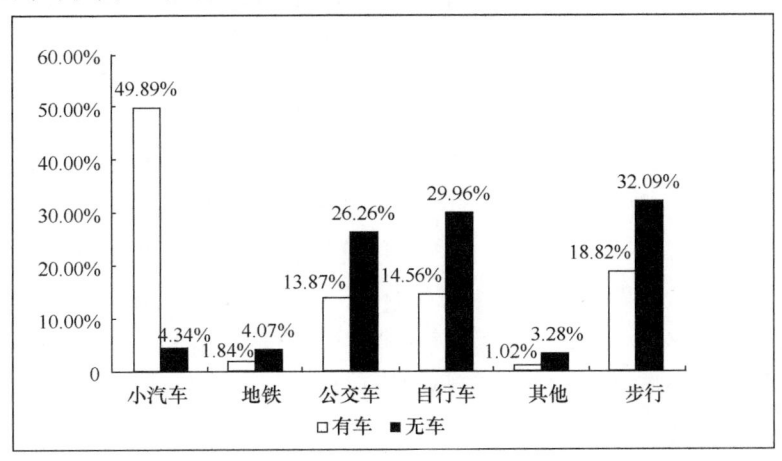

图 2.3 北京市居民有车及无车的出行者交通方式选择对比

2. 出行特性与出行行为

对于特定的一次出行,其出行目的、距离、时间等也会影响出行者出行方式的选择。黄树森等[33]的研究表明:人们在日常性的刚性出行时,通常重视出行的可靠性,需要快速、准时地到达目的地,对于时间和费用的关注程度较高。相反,弹性出行具有很强的随意性和自由性,故对时间和费用的关注程度较低,追求的是出行的舒适度。从刚性出行和弹性出行两大出行目的来看,在刚性出行中,自行车出行所占比例最大,为27.56%;常规公交和小汽车分居第二和第三位,这也与刚性出行的可靠性及低费用有关。在弹性出行中,小汽车出行比例最高,占25.70%,其次为步行,占25.52%,通常二者分别承担弹性出行的长距离和短距离的运输。步行和自行车较适合短途出行,并随着出行距离的增加分担率而逐渐下降,常规公交的分担率随着出行距离的增长先上升后下降,这主要是由于地面常规公交在进行长距离运输时,存在运输时间长、运价高等缺点,所以通常在这种情况下,人们普遍会选择轨道交通或私家车取代公交出行。地铁的分担率始终随着出行距离的增长而上升,由此可见轨道交通在长距离运输中的优势。高峰期与非高峰期出行方式分担率有所不同,高峰时期小汽车的出行方式最高,而且要高于非高峰期6%,可见高峰时期交通拥挤,居民对出行的舒适度有更高的要求。公共交通的非高峰时期的分担率比高峰时期高7%,说明公共交通在非高峰时期因为乘车不拥挤而更具有吸引力。

3. 土地利用与出行行为

欧美学者就城市土地利用与居民出行方式的关系研究表明:土地利用紧凑、混合度高以及鼓励公共交通和步行的城市设计能显著改变居民的出行方式。不少学者认为,城市形态中的3D要素[即密度(density)、土地功能多样化(diversity)、人性化的城市设计(design)]是影响居民出行行为的重要因素,改变土地利用特征或可成为解决城市交通问题的有效途径。

国内关于土地利用与出行行为关系的研究大致可分为两类:①利用出行行为调查指导空间布局,如在总出行时长最小前提下求解城市土地利用优化模型;通过分析消费者行为特征,寻求商业空间规划评价依据[34]。②分析土地利用对居民出行方式的影响。黄建中[35]分析了自20世纪80年代以来中国特大城市的居民出行特征,指出导致公交出行分担率下降的原因主要是交通和土地利用缺乏协调整合发展规划。闫小培等[36]分析了广州的居住、就业空间特征及其对居民出行行为的影响,认为居住空间与就业空间的外移以及城市的多中心化,促使居民出行空间趋向均衡。张明等[37]以上海市4个社区为例研究了街区设计对交通行为的影响。

4. 交通设施供给属性与出行行为

公共交通作为城市交通结构的重要组成部分,对发挥城市功能,缓解城市交通压力,满足广大居民便捷、安全的出行需求具有不可替代的作用。公交出行方式的选择行为与公共交通设施供给密不可分,包括常规公交站点数及线路数轨道站点及地铁线路数、从居住地到公交设施的距离等。显然,公交设施供给越充分,居民公交出行越便利,公交出行选择意愿也会越强烈。陈征等[38]研究了城市居民公交出行特性及决策分析,其中平均到站时间与平均离站时间及平均候车时间对居民的公交出行选择影响较大。到、离站时间反映公交设施的可达程度,公交站点密度越大,居民的公交出行可达性越大,这是衡量公交服务水平的一个重要指标,在规划时要从站点布设和土地布局方面综合考虑。另外,公交车辆的发车频率及可选择的公交线路数的多少影响乘客的候车时间。候车时间的长短对出行决策有很大影响,当候车时间过长时,居民会放弃公交,选用其他出行方式。居民对公共交通设施供给水平的满意度决定公交出行选择行为。由于有限土地资源的限制,无法进行无休止的交通基础设施建设,所以,交通设施建设布局及运行调度的科学合理性对促进城市公共交通结构的优化及居民绿色出行行为的选择起着至关重要的作用。

5. 交通需求管理政策与出行行为

影响交通出行的交通政策一般指交通需求管理政策。它涉及交通系统的各个方面,可以概括地定义为:通过出行成本调整、行政限制等手段影响出行者的行为,而达到减少或重新分配出行对空间和时间需求的目的。交通需求管理旨在从问题产生的根源上采取措施,防止目前交通拥堵问题的进一步恶化,并采取措施解决目前的问题。在改变出行时间方面,丹佛市实施了"4/10 工作制",其结果表明:早高峰期间半小时的到达率降低了 14%,晚高峰期离开率下降了 13%;在新加坡也曾尝试这类措施,如错峰上班、弹性工作,但整体效果并不是很明显,因此已停用;日本在东京新交通拥挤对策内容中也包含了"鼓励实行弹性工作制",不仅采用弹性工作时间,而且在不同单位之间实行错开工作时间来减缓高峰期上下班交通量。在改变出行方式方面,美国南佛罗里达州立大学工程学院的城市交通运输研究中心曾为佛罗里达州首府塔拉哈西市公共交通局的交通运输部编制过 *Commute Alternatives System Handbook*(《通勤出行替代方式系统手册》);纽约、华盛顿、洛杉矶、匹兹堡、明尼阿波利斯和迈阿密地区实施的 HOV 车道也引起了出行方式的改变。在出行成本方面,主要策略有在拥挤区域收取高额停车费,其目的是增加出行者出行成本,促使出行者放弃小汽车出行,特别是放弃单独驾车出行。

6. 出行成本与出行行为

出行成本可以体现在金钱、时间、对社会资源及对自然资源的占用和影响等方面,而不同表现形式的成本其对应的属性(如是否属于内部成本等)有所差异,正是这些差异性影响着居民对出行方式的选择,从而影响交通出行结构的变化[39]。具体而言,在金钱方面,出行成本的主要体现形式有燃油费、通行费、停车费、拥堵费等行车费用和购买车辆等费用。在时间上的体现形式为在道路上的行驶时间、交通拥堵等带来的延误。对社会资源的影响主要体现在人力资源、土地和设施空间的占用。自然资源上的出行成本则体现在小汽车对水、空气、土壤、气候的影响以及燃料的消耗等方面。例如,小汽车的尾气排放中会产生固体悬浮微粒以及一氧化碳、二氧化碳、碳氢化合物、氮氧化合物等有害气体,对人类生存和生活的自然环境会产生直接和间接的危害,影响人们的生命和身体健康。

在出行成本的各种体现形式中,燃油费、通行费、停车费、拥堵费等形式的出行成本属于内部成本、直接成本、可变成本和货币成本,这一属性对于小汽车使用者而言是最敏感的成本,对于出行结构的变化而言也是最容易调控的成本。停车费是能够实现区域调控的重要手段,通过对其的调整可以实现对小汽车发展的区域调控,也是出行者较为敏感的成本[40]。虽然时间成本也是出行成本的重要体现形式,但它属于非货币成本,不易衡量,也不易于调控。

7. 出行偏好与出行行为

出行偏好主要指交通方式的偏好,包括安全性、舒适性、经济性、方便性以及快捷性等。为了实现出行者预期的活动,出行者必须实施出行行为,因此,出行者出行的最基本的要求是安全到达出行目的地。在安全到达的基础之上,出行者会延伸出许多较高的要求,包括便捷(不/少换乘、目的地附近有停车位等)、快速(无交通拥堵、存在快速的大容量交通方式等)以及舒适(乘坐的交通工具不拥挤、换乘步行距离短、换乘空间不拥挤等)等。

国外学者从 20 世纪 80 年代后开始重视心理偏好与影响行为的各因素的相互关系,Bradshaw、Dellinger、Guiseppi、Rosenbloom、Bhat、Mannering、Hendrickson、Plank、Steed 等认为对于居民出行选择行为来说,可以类比于消费者行为,出行者对于其购买的产品(如选择的不同交通方式、选择不同的出发时间)也存在一定的品牌偏好,该偏好是出行者在多次出行过程中逐渐形成的,并且一旦形成,在以后的出行过程中,出行者会极力维护对出行偏好的忠诚度,轻易不会改变[41]。

国内对心理偏好与出行行为的研究起步较晚,该研究多为定性、半定量分析。何瑞春等建立了城市居民出行中有时间、费用、车种偏好的出行选择预测模型[42]。

朱明皓等利用主成分分析方法指出快捷性是城市居民出行心理关注度最高的因素[43]。居民出行心理偏好的研究多集中在定性描述和心理偏好对出行行为影响因素分析等。

随着对服务水平要求的提高，人们出行选择对舒适性的要求也越来越高。过度拥挤、接驳不便等问题直接影响了对公交的选择。舒适成本的提升可能会使对于交通成本敏感程度较弱的轨道交通出行者转化为潜在的小汽车出行。

2.2 基于结构方程模型的出行方式选择影响因素分析

对城市居民个体出行行为的研究，是城市交通规划、建设、管理中一项不可缺少的基础性工作。尤其是居民的出行方式选择通过改变城市交通客运结构来影响城市交通系统的运行情况，对城市的可持续发展起着至关重要的影响。

随着城市经济的发展和城市化进程的加快，城市交通需求迅猛增加，居民出行可供选择的交通方式更加多样化，在掌握了一定的出行信息和总结历史经验的基础上，居民出行前，对影响其出行方式选择的不可量化因素（如安全性、方便性、舒适性、经济性等）通常会进行较为详细的考虑和比较后再做出选择。因此，城市居民出行方式选择是一项动态、复杂的活动。

居民出行方式选择的基本过程是：居民由于自身的需要产生出行需求，然后结合自己的社会经济条件、历史经验、交通设施的供给及服务水平等，确定适合自己的方式以及预期各种运输方式会产生的效用，在此基础上结合出行目的建立选择标准，最终确定最适合自己的出行方式。居民个体出行方式的选择实质是出行者一个不断学习的过程所表现出来的结果。在交通出行方式的选择中，出行者根据以往的出行经验，再结合当下的实际情况，在充分考虑出行时间、路线和费用的情况下，对出行方式做出选择。城市居民个体出行方式的选择是一个反馈的过程，先前的经验对后面的选择产生影响，后面的选择又会形成新的经验。

以往对于出行方式的研究多局限于一些简单的线性相关分析，如使用 Logit 模型来分析影响出行方式的因素，但是忽视了变量之间复杂的关系[44]。随着研究的深入，出行行为的影响因素变量逐渐增多，要求统计研究技术必须能处理这些变量之间的潜在关系。传统统计分析技术（如回归分析），仅能测量自变量与因变量之间的直接影响关系，但是，出行行为的复杂性决定了自变量之间存在相互依存关系，对出行行为造成了间接影响。因此，此类间接影响因素考虑的缺失被认为是传统统计分析技术最重要的缺点之一。结构方程模型（structural equation model，SEM），可以全面整体地分析各个影响因素变量之间直接和间接的影响关系，有助于进一步推动出行行为的研究[45]。

2.2.1 结构方程模型基本思想

1. 结构方程模型原理

结构方程模型中有两个基本的模型:测量模型(measured model)与结构模型(structural model)。其中测量模型是用来描述潜变量与观测变量之间的关系,而结构模型则描述潜变量之间的关系。观测变量有时称为测量指标或指标变量,所谓观测变量是量表或问卷等测量工具所得的数据;潜在变量是观测变量间所形成的特质或抽象概念,此特质或抽象概念无法直接测量,而要由观测变量测得的数据资料来反映。

1) 测量模型

测量模型由潜在变量与观测变量组成(图 2.4)。在行为科学领域,有许多假设构想是无法被测量和观测得到的(如焦虑、态度、动机、工作压力等)。在结构方程模型中,观测变量通常以长方形符号来表示,而潜在变量通常以椭圆形或圆形符号表示。就数学定义而言,测量模型是一组观测变量的线性函数,通常写成如下形式:

$$X = \Lambda_X \xi + \delta \quad (2.1)$$
$$Y = \Lambda_Y \eta + \varepsilon \quad (2.2)$$

式中,ε 与 η、ξ 与 δ 之间无相关;Λ_X 与 Λ_Y 为测量变量(X、Y)的因素负荷量;δ 和 ε 为外显变量的测量误差;η 和 ξ 为潜在变量。结构方程模型中假定:潜在变量与测量误差不能有共变关系或因果关系路径存在。

2) 结构模型

结构模型即潜在变量间因果关系模型的说明(图 2.5),作为"因"的潜在变量称为外因潜在变量,以符号 ξ 表示,作为"果"的潜在变量为内因潜在变量,以符号 η 表示。在结构方程模型中,只有测量模型而无结构模型的回归关系,即验证性因素分析;相反的,只有结构模型而无测量模型,相当于传统的路径分析。其中的差别在于结构模型探讨潜在变量间的因果关系,而路径分析直接探讨观测变量之间的因果关系。结构模型通常被写成:

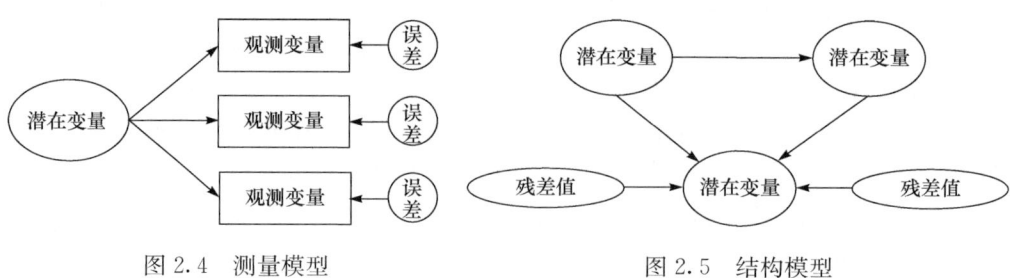

图 2.4　测量模型　　　　　　图 2.5　结构模型

$$\eta = B_X\eta + \Gamma\xi + \zeta \tag{2.3}$$

式中,B_X代表内生潜变量间的关系;Γ反映了外源潜变量对内生潜变量的影响;ζ是结构方程的残差项,反映了η在方程中未能被解释的部分。

结构方程模型建模过程一般包括模型构建、模型识别、参数估计、模型评价和模型修正共五个步骤。结构方程模型建模步骤如下:

(1) 模型构建。研究者根据所研究的问题,结合其相关理论,提出假设模型。假设模型包括测量变量和潜变量的关系、各潜变量之间的关系。潜变量的设定是模型建立的基础。潜变量的设定可以用两个方法:一个是从理论出发的潜变量的构建思路,按照研究对象已有理论和经验设定;另一个是从数据出发的潜变量的构建思路,通过因子分析的方法从数据中提炼出潜变量。可测变量是可以用来度量潜变量的指标,是被直接观测或测量的变量。一般而言,可测变量设定时,应该充分考虑如何全面反映潜变量的含义,即潜变量需要从哪些方面进行度量。显变量在图中用方框来标识,潜变量通常用椭圆形框来标识,最后构建相应的线性方程。

(2) 模型识别。结构方程理论模型的检验,有时会出现模型无法识别或辨识的情形,只有模型能够被识别才能顺利估计各个参数。模型识别的形态有三种:正好识别、过度识别和低度识别。模型识别的第一步是计算数据点数目与模型中的参数数目,参数的数目是模型中待估计的回归系数、方差、协方差、平均数与截距项的总数目,主要根据t法则,若是$df > 0$或$t < (p+q)(p+q+1)/2$(其中p表示外因测量指标的数量,q表示内因测量指标的数量),此时模型正好识别。

(3) 参数估计。在结构方程模型中,提供七种模型估计的方法:工具性变量法、两阶段最小平方法、未加权最小平方法(ULS)、一般化最小平方法(GLS)、一般加权最小平方法、极大似然法以及对角线加权平方法。常用的参数估计方法有最大似然估计(ML)、未加权最小平方法、一般化最小平方法等。ML方法对于多数应用问题特别是考虑到统计问题时是首选的方法。GLS通常得出与ML方法类似的结论。这两种方法在不考虑协方差阵的尺度时是适用的,而且需要显变量是连续和多元正态的。ULS方法适用于仅当这些变量是可比较的尺度上被测量时得到的协方差阵,否则ULS方法适用于相关阵。若观测到的协方差阵是奇异的,则不能使用ML和GLS这两种方法,这时要么去掉线性相关变量,要么用ULS方法。

(4) 模型评价。结构方程模型的评价主要包括两方面的内容:一是拟合指数的合理性;二是参数的检验。拟合指数主要评价假设的模型与收集到的数据是否匹配。但是一个适配度良好的模型并不一定保证是一个有用的模型,所以还需要进行参数的显著性检验。

(5) 模型修正。当模型进行参数估计和评价之后,发现假设的理论模型与数据适配度不理想,就需要对模型进行修正,这是十分关键的一步。

2. 结构方程模型优点

传统的探索性因素分析可以求得测验量表所包含的共同特质或抽象概念,但此种因素分析有以下的限制:

(1) 检验的个别项目只能被分配给一个共同因素,并只有一个因素负荷量,如果一个测验题项与两个或两个以上的因素有关,因素分析无法处理。

(2) 共同因素与共同因素之间的关系必须是全有或全无,即共同因素间不是完全没有关系。

(3) 因素分析假定问卷项之间的误差是没有相关的,但事实上,在行为科学领域中,许多问卷项之间的误差来源是相似的。

相对于因素分析的这些问题,结构方程模型具有以下优点:

(1) 可检验个别问卷项的测量误差,并且将测量误差从问卷项的变异量中抽离出来,使得因素负荷量具有较高的精确度。

(2) 研究者可根据相关理论文献或经验法则,预先决定个别问卷项是属于哪个共同因素,或置于哪几个共同因素中。

(3) 可根据相关理论文献或经验法则,设定某些共同因素之间是相关的,还是不相关的,甚至于将这些共同因素间的相关设定为相等关系。

(4) 可对整体共同因素的模型进行统计上的评估,以了解理论所构建的共同因素模型与研究者实际取样收集的数据是否契合,即可以进行整个假设模型适配度的检验。

3. 结构方程模型的应用

目前结构方程模型的应用主要集中在以下几个领域:

在社会科学领域,学者们感兴趣的是结构方程模型的测量及测量方法。许健和何晓群[46]运用结构方程模型对中国经济增长进行量化研究。张建新等[47]运用结构方程模型讨论人际信任行为。除了测量问题之外,随着社会科学领域所发生的事物越来越复杂,研究者们开始利用结构方程模型预测变量之间的因果关系。

在心理学领域,研究者主要注重实用于某一个研究方向的理论是否也可以应用到其他方向。徐俊芳等[48]将结构方程模型应用到心理健康方面应该注意的一些事项进行了总结。张磊等[49]把计划行为理论应用到自行车不安全行为,并考虑心理变量等因素构建结构方程模型进行了验证。李宏汀等[50]也从心理学角度出发,通过扩展的计划行为理论,运用结构方程模型验证了不安全驾驶行为。

2.2.2 理论模型的构建及假设

影响出行行为的因素有很多。本节暂不考虑交通政策的影响(第8章将详细讨论)。出行成本,主要由出行费用和出行时间构成。北京市实施公共交通票价优惠政策的初衷是吸引小汽车出行向公共交通转移,但调查数据显示,自2007年北京市实施公交票价优惠政策以来,公共交通出行比例确实由2006年的30.2%提高到2011年的44%,但小汽车出行比例由31.6%上升到了33%,这就意味着公交票价的优惠政策并未能实现小汽车出行向公共交通转移,出行费用不是影响目前小汽车出行者交通方式选择的显著性因素,但是,它是影响其他交通方式使用者的显著性因素。另外,出行时间和出行距离具有高度的相关性,考虑到出行成本涉及多因素,在结构方程模型中难以量化,本书弱化出行成本因素,仅分析出行者个人家庭属性、交通设施供给属性、土地利用属性、出行偏好、出行目的、出行时间、出行距离对出行方式的影响。根据结构方程模型理论,本节选择出行者个人属性、交通设施供给属性、出行目的、出行时间、出行距离、出行偏好和出行方式为潜变量,并假设出行者个人属性和交通供给属性不仅能直接影响出行方式,而且会通过出行目的、出行时间、出行距离和出行方式偏好对出行方式产生间接的影响;出行时间、出行距离、出行方式偏好和出行目的对出行方式有直接的影响。交通方式选择结构方程理论模型结构如图2.6所示。交通设施供给属性综合体现了出行者出发所在地区交通设施供给条件;出行目的、出行时间、出行距离可综合体现某次出行的出行特性;出行偏好能综合体现出行者的心理需求。

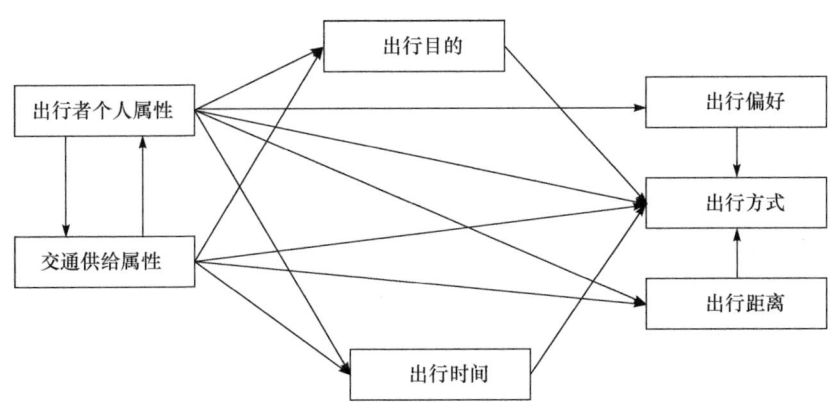

图2.6 交通方式选择结构方程理论模型关系图

2.2.3 指标的选取及样本

设计居民出行选择行为调查问卷主要包括出行者个人信息、出行信息、出行方式偏好信息三个部分,这三部分包括了理论模型所包括的出行者个人属性、交通设施供给属性、土地利用属性、出行目的、出行时间、出行距离(出行目的地决定)和出行方式、出行偏好8个指标类型。出行偏好主要根据调查者的实际情况从经济性、安全性、舒适性、快捷性、便利性五个类别中选出自己此次选择交通方式所考虑的最主要因素或要求。具体的指标描述情况见表2.1。

问卷的发放以北京市6大城区为单位,采用随机抽样调查的方法,从2013年9月2号至9月5号工作日的全天时间内随机发放的问卷500份中,剔除缺失数据的样本,共得到349个样本量。有效样本中,女性所占比例为56%,平均年收入约为8万元,有大约30%的出行者拥有自行车,大约45%的出行者拥有小汽车。

表2.1 结构方程模型影响因素变量描述

指标类型	指标	指标描述
出行者个人属性	性别	1.男;2.女
	年龄	1.<18岁;2.18~25岁;3.25~35岁;4.35~45岁;5.45~55岁;6.>55岁
	最高学历	1.小学;2.初中;3.高中;4.中专;5.大专;6.本科;7.研究生;8.未受教育
	年收入	1.3万元以下;2.3万~5万元;3.5万~10万元;4.10万~15万元;5.15万~20万元;6.20万元以上
	家庭结构	1.有6岁以下小孩;2.没有6岁以下小孩
	是否拥有自行车	1.是;2.否
	是否拥有小汽车	1.是;2.否
交通设施供给属性	出发地(300m范围内)公交站点密度	1.0.2以下;2.0.2~0.4;3.0.4~0.6;4.0.6~0.8;5.0.8以上
	出发地是否有地铁(500m范围内)	1.是;2.否
	目的地公交站点密度(300m范围内)	1.0.2以下;2.0.2~0.4;3.0.4~0.6;4.0.6~0.8;5.0.8以上
	目的地是否有地铁(500m范围内)	1.是;2.否
	目的地是否有停车场	1.是;2.否
出行特性	出行时间	1.早高峰;2.平峰;3.晚高峰
	出行目的	1.工作型出行;2.生活型出行
	出行距离	1.<5km;2.5~15km;3.15km以上
	出行偏好	1.安全性;2.舒适性;3.经济性;4.方便性;5.快捷性
	出行方式	1.步行;2.自行车;3.小汽车;4.出租车;5.公交;6.地铁

2.2.4 模型结果分析及指标对的选取

利用 SEM 分析软件 AMOS 21.0 进行模型的估计。由于最大似然法具有无偏、一致、有效、渐进正态分布且不受测量单位影响等性质,所以估计方法选择最大似然法[51]。把调查数据代入软件得到最终模型的卡方值为 294.67,自由度为 147,卡方值和自由度的比值等于 2,拟合指数 RMSEA 值为 0.068(小于 0.08),CFI 为 0.916(大于 0.9),两项指标均说明模型拟合效果好。

根据软件最终估计出的权重,如图 2.7 所示。可以看出:①性别、年龄、年收入、最高学历、是否拥有自行车和是否有小汽车对出行者个人属性的影响比较显著;②出发地公交站点密度和出发地是否有地铁对交通设施供给属性影响比较显著;③出行者个人属性和交通设施供给属性对出行方式的影响比较显著分别为 0.426 和 0.372;④出行时间、出行目的、出行距离、出行偏好都比较显著地影响了出行方式,其中出行偏好和出行距离对出行方式的影响最显著。

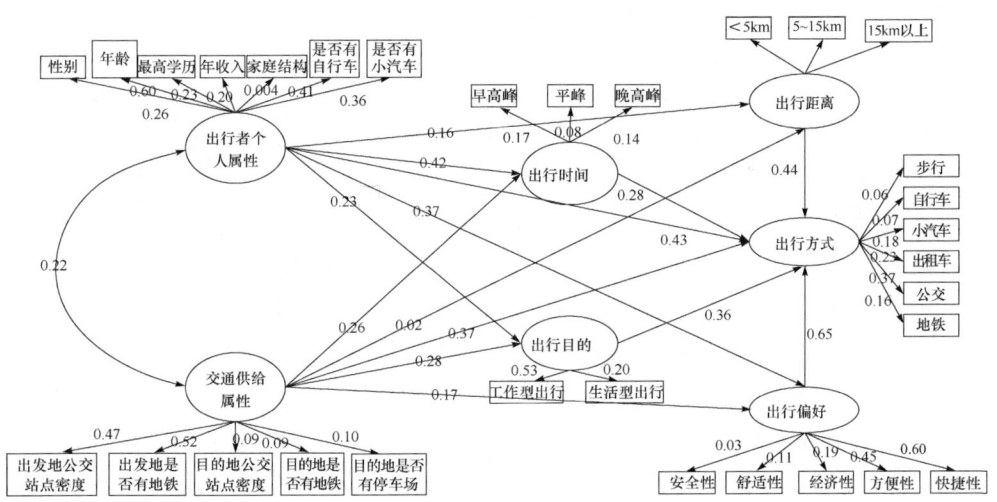

图 2.7 交通方式选择结构方程模型估计结果

2.3 不同出行方式选择倾向的特性人群划分方法

出行行为的选择在不同类型的人群中会有一定的相似性。根据相似性进行分类有利于有针对性的交通政策的制定。以往一般根据出行者的个人属性[52]、出行特性如出行距离或出行目的进行出行选择人群划分[53]。近年来一些学者开始根据出行偏好,利用 K-means 聚类方法进行不同出行方式喜好倾向的人群划分[54, 55]。但是,出行者是多种属性的复合体,仅仅以出行者的某一种属性,如个人属性、心理偏好或出行特性,来划分人群无法有效反映该人群的内部属性结构[56]。采用的 K-means 算法中 K 是事先给定的,这个 K 值的选定是非常难以估计的,很多时候,事先并不知道给定的数据集应该分成多少个类别才合适。

对应分析(correspondence analysis,CQRA)可以揭示同一变量的各个类别之间的差异,以及不同变量各个类别之间的对应关系,它是一种视觉化的数据分析方法,它能够将几组看不出任何联系的数据通过视觉上可以接受的定位图展现出来,被广泛应用到消费市场、食品、医学等领域进行人群分类[57-59]。此方法是由法国人 Jean Paul Benzerci 于 20 世纪 60 年代创立,直到 80 年代才在英国兴起的多重对应统计分析技术。主要通过分析由定性变量构成的交叉汇总表来揭示变量间的联系,能直观地进行人群分类。但是,多重对应分析方法不能自动筛选变量,变量过多就会使散点图过于混乱,使得图形辨识度不高,可能会掩盖变量之间的关系[60]。本节在出行方式选择高相关影响因素分析基础上,利用多重对应方法对人群进行划分,分析不同特性人群所倾向的出行方式。

2.3.1 对应分析基本方法

对应分析能够将变量之间的关系通过直观的点图展现出来,包括简单对应分析和多元对应分析两种方法。简单对应分析主要用于对两个定性变量进行分析,它通过对初始数据阵进行适当的变换,使变换后的数据对行与对列是相对应的,从而可以同时对行和对列进行分析;多重对应分析的计算方法和计算结果与简单对应分析有相同的特性,核心目标与简单对应分析相似,即力图在二维空间中描述多个变量之间的关系[60]。对应分析基本建模步骤如下。

步骤一:原始矩阵的建立。

定性变量分为两类:一类是只能取有限个数值;另一类是它的数值代表定量变量的不同区段,如年龄和家庭收入等。针对不同的实际问题,常把定性变量整理成不同形式的数表,以构成原始数据矩阵 $X=[x_{ij}]_{n\times m}$,其中 x_{ij} 表示频数。

步骤二:原始矩阵数据的处理。

将 X 变换为新矩阵 Z,相应各元素为

$$z_{ij}=\frac{x_{ij}}{(x_{i.}x_{.j})^{0.5}} \tag{2.4}$$

式中

$$x_{i.}=\sum_{j=1}^{m}x_{ij}, \quad x_{.j}=\sum_{i=1}^{n}x_{ij}$$

步骤三:求特征根和特征向量。

对变换后的新矩阵 Z 进行因子分析。令 $S=Z'Z, L=ZZ'$，这两个矩阵具有相同的特征根和特征向量，把特征值按从大到小进行排序，$\lambda_1 \geqslant \lambda_2 \geqslant \lambda_3 \geqslant \lambda_4 \geqslant \lambda_5 \geqslant \cdots \geqslant \lambda_n \geqslant 0$，设 $Z'Z$ 相应的特征向量为 $u_1, u_2, \cdots, u_n$，ZZ' 相应的特征向量为 $v_1, v_2, \cdots, v_n$。

步骤四：求绝对贡献率并作出变量点图。

选出两个特征根累积所得值与总和比值大于 $0.8 \left(\sum_{j=1}^{p} \lambda_j / \sum_{j=1}^{m} \lambda_j \geqslant 0.80 \right)$ 对应的特征向量 u_k、u_l 和 v_k、v_l，根据 $\sum_{j=1}^{m} \frac{g_j u_{jk}^2}{\lambda_k} = 1$，$\sum_{j=1}^{m} \frac{f_j v_{jk}^2}{\lambda_k} = 1$，可得绝对贡献率为 $C_a(j,k) = \frac{g_j u_{jk}^2}{\lambda_k}$，$C_a(j,v) = \frac{f_j u_{jv}^2}{\lambda_k}$，根据绝对贡献率在两因子轴上作变量点图。

2.3.2 出行方式选择倾向特性人群对应分析划分方法

按照对应分析基本原理的步骤建立出行方式选择倾向特性人群样本初始数据库，然后利用 SPSS 软件中的最优尺度分析进行接下来的操作，得到图 2.8 和图 2.9 所示的区分度量图和类别点联合图。

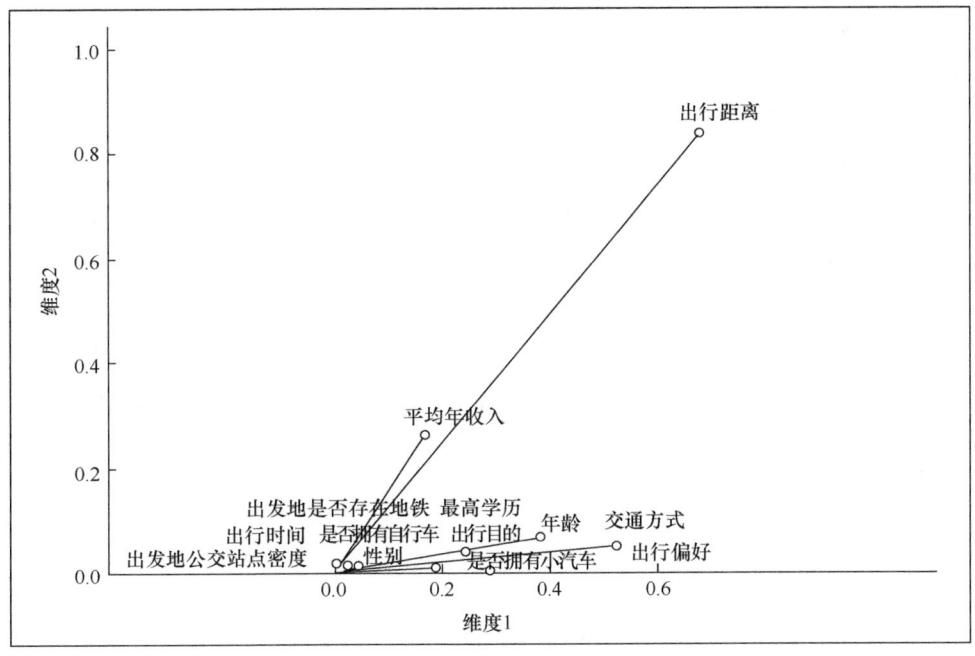

图 2.8 多元对应分析的区分度量图

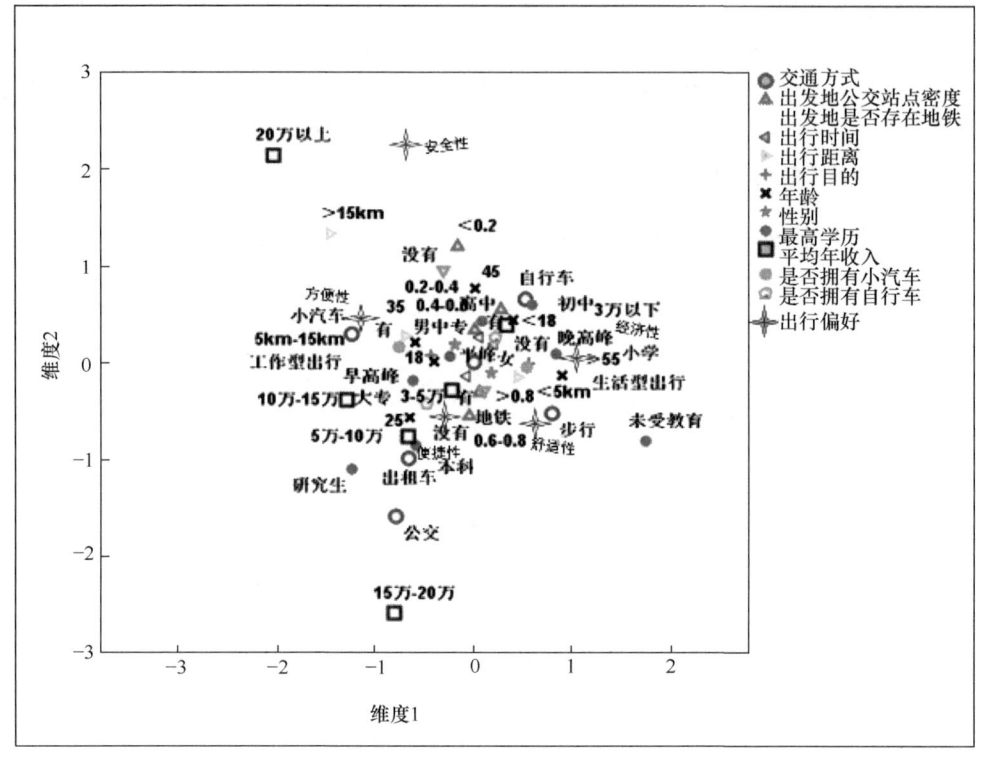

图 2.9　多元对应分析的类别点联合图

区分度量图反映了变量在两个维度上的得分与量化后变量之间的相关性大小。当选择变量与维度 1、维度 2、45°角基本重合时表示分类比较合适，否则得给变量附上权重重新分类。从图 2.8 可以看出：变量基本上与维度 1、维度 2、45°角重合；出行方式与出行偏好、出行目的、是否拥有小汽车、出发地公交站点密度相关性比较大，与结构方程模型得到的结果基本一致。

变量的类别点联合图，是把所选择的 12 个变量的类别中心坐标在一个图形中加以显示的效果。类别点图的两个基本准则为：由原点(0,0)出发接近相同方位及图形相同区域的同一变量的不同类别具有类似的特性；由原点(0,0)出发接近相同方位及图形相同区域的不同变量的类别间可能有关系。

采用前文选择变量及分类标准，根据图 2.8 标度在两个维度上的分布，大致可以得到如下 5 种分类（见表 2.2）：

(1) 类别 1：年龄大于 55 岁，出行目的为生活型的，出行距离小于 5km，出行偏好为舒适性的，出行方式倾向为步行。

(2) 类别 2：年龄在 18 岁以下，学历为初中，收入为 3 万元以下的，没有小汽车，出行偏好为经济性，出行方式倾向为自行车。

(3) 类别3:出发地存在地铁,起点公交站点密度在0.6~0.8,学历为本科,年收入为3万~5万元,出行偏好为快捷性,出行方式倾向为地铁。

(4) 类别4:年龄在35~45岁,出行目的为工作型的,年收入为10万~15万元以上的,没有自行车,出行距离为5~15km,出行偏好为方便性,出行方式倾向为小汽车。

(5) 类别5:年龄在25~35岁,没有小汽车,学历为本科,平均年收入在5万~10万元的,出行方式倾向为出租车。

从表2.2可以看出,每个类别的特征变量存在一定的差异,由类别1可以看出年龄在55岁以上的、距离较短的、生活类的出行会比较倾向于步行,而与有无小汽车并没有太大的关系,因此政府应当采取一些措施,在生活类出行较多的居住社区,完善步行道,提高舒适性,增加步行比例。

表2.2 人群划分结果总结

年龄	学历	收入/万元	车辆拥有情况	出行目的	出行距离	出行偏好	出发地存在地铁	出行起点300m范围内站点密度	出行方式
>55岁	—	—	—	生活型	<5km	舒适性	—	—	步行
<18岁	初中	<3	没有小汽车	—	—	经济性	—	—	自行车
—	本科	3~5	—	—	—	快捷性	有	0.6~0.8	地铁
35~45岁	—	10~15	没有自行车	工作型	5~15km	方便性	—	—	小汽车
25~35岁	本科	5~10	没有小汽车	—	—	—	—	—	出租车

由类别2可以看出,年龄在18岁以下,无收入或低收入的学生,会比较倾向于经济的自行车出行,因此政府应当采取一些措施完善自行车道,特别是自行车的安全环境,吸引更多的学生选择自行车出行,同时也可减少家长的小汽车接送,缓解校区拥堵。

由类别3可以看出,出发地存在较密集的公交站点及地铁会促使学历较高,收入较低,对快捷性要求较高的通勤族倾向采用地铁出行,因此改善公共交通的可达性及速度可吸引更多的通勤者采用公共交通出行。

由类别4可以看出,没有自行车,收入比较高且出行距离较长,因家庭及社会活动较多对出行方便性有较高要求的中年人比较倾向于采取小汽车上下班,随着北京市人均经济收入的增加及机动车保有量的不断上升,城市规模及出行距离不断增加，出行服务要求越来越高，倾向于采取小汽车出行的人将越来越多，因此政府有必要采取提高停车费用和拥堵收费的政策抵消收入增加对小汽车出行倾向的增加，限制小汽车的使用。同时也可重新通过公共自行车的提供及改善自有自行车的停车及其骑行环境使这类人群在长距离出行时乐于采用便利的自行车接驳地铁的方式。

由类别 5 可以看出，没有小汽车，收入中等的年轻人比较倾向于采取出租车出行，若不及时加以引导，这部分人群极易转化为未来的小汽车出行者。

总之，为了优化城市结构，满足居民的出行需求，政府可以采取一系列措施去改善步行及自行车的出行环境、增加小汽车出行成本，提高社区小公交、支线公交及租赁自行车的服务水平，从而扩大公共交通服务范围，以吸引更多的通勤人员向地铁、公交转移。

2.4 出行方式持续使用意向模型

了解影响绿色交通方式持续使用的意向的关键因素，对制定引导出行者长期选择绿色交通方式的策略、提高出行者对绿色交通方式的满意度及忠实度具有重要意义。

2.4.1 技术接受模型

技术接受模型（technology acceptance model，TAM）是 Davis[61]用理性行为理论研究用户对信息系统接受时所提出的一个模型，提出技术接受模型最初的目的是对计算机广泛接受的决定性因素做一个解释说明。

技术接受模型提出了两个主要的决定因素：①感知的有用性（perceived usefulness），反映一个人认为使用一个具体的系统对他工作业绩提高的程度；②感知的易用性（perceived ease of use），反映一个人认为容易使用一个具体的系统的程度。

技术接受模型认为系统使用是由行为意向（behavioral intention）决定的，而行为意向由想用的态度（attitude toward using）和感知的有用性共同决定，想用的态度由感知的有用性和易用性共同决定，感知的有用性由感知的易用性和外部变量共同决定，感知的易用性是由外部变量决定的。外部变量包括系统设计特征、用户特征（包括感知形式和其他个性特征）、任务特征、开发或执行过程的本质、政策影响、组织结构等，为技术接受模型中存在的内部信念、态度、意向和不同的个人之间的差异、环境约束、可控制的干扰因素之间建立起一种联系。图 2.10 为技术接受模型结构。

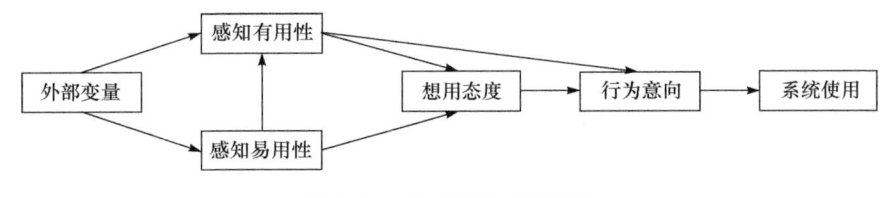

图 2.10　技术接受模型结构

2.4.2　计划行为理论

美国学者 Ajzen 和 Fishbein 提出了理性行为理论,该理论主要用于解释态度如何通过行为意向对行为产生影响[62]。理性行为理论的基本假设认为人是有理性的个体,行为的发生是在自身意愿控制下发生的,而且是合理的,一个人的具体行为是由行为意向决定的,而行为意向是由行为态度和主观规范决定的。当一个人对某一行为态度很积极,并且得到重要的他人肯定后,其行为意向就会变得更强烈。

目前,国内外将理性行为理论广泛地应用于环保、健康行为与持续使用行为。对于持续使用行为来说,一些学者对商品重复购买、信息系统持续使用意向、网上杂货店持续购买意向的研究表明:态度、主观规范对持续使用意向有显著影响效果[56]。但是,理性行为理论存在较大的局限性。理性行为理论仅仅局限于在行为意向中的应用,对于像个人能力、机遇以及信息资源等不受人们主观控制的因素,理性行为理论并没有把它们考虑进去,严重制约了理性行为理论的适用性[63,64]。

为了增强理性行为理论的预测力和解释力,研究者对理性行为理论加以延伸,增加了知觉行为控制这一新变量,由此计划行为理论在 1985 年正式被 Ajzen 提出。该理论认为个人执行某种行为的可能性直接受到行为意向的影响,而行为意向又由态度、主观规范和知觉行为控制决定[64]。Ajzen 的研究结果表明只有在实际控制条件充分的情况下,行为意向才会决定行为[65]。计划行为理论是目前比较成熟的社会心理学理论,如图 2.10 所示。模型主要包含了四个方面的内容:①行为意向是关键变量,被认为是导致行为发生的最直接原因;②态度、主观规范和知觉行为控制通过行为意向间接对行为产生影响,Ajzen 认为态度越积极,重要的朋友和亲人越支持,知觉行为控制越强烈,行为意向的倾向就会越强[66,67];③对于非个人主观控制产生的行为来说,知觉行为控制会直接对行为产生影响(如图 2.11 中虚线所示);④出行者个人属性(如人格、年龄、性别、文化背景等)以及出行环境如基础设施供给条件等因素通过间接影响行为态度、主观规范和知觉行为控制来最终影响行为意向和行为。

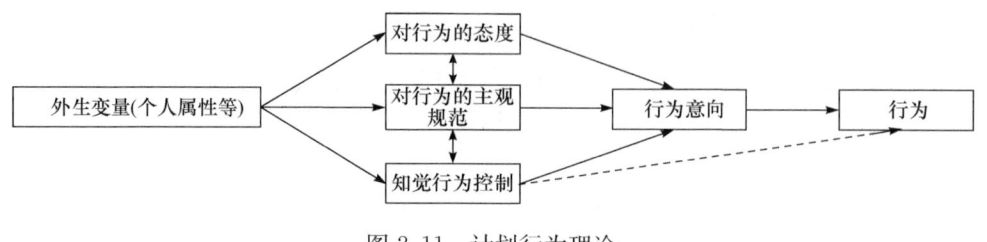

图 2.11 计划行为理论

1) 行为意向

Fishbein 和 Ajzen 指出行为意向是指个人从事某种行为的可能性,它能反映出个人愿意付出多大努力,花费多少时间和精力去执行某种行为[63]。行为意向能准确地预测出行者采取某种行为的倾向并被认为会触发未来实际的行为。行为意向越强烈,个人采取某种行为的倾向就越大,来自上百项的研究成果证实了行为意向对行为的直接影响效果[56,59,68,69]。

2) 行为态度

Fishbein 和 Ajzen 的研究认为,态度由所进行一项行为的结果来决定,由这些结果或特性的评估来测量[63]。Fishbein 和 Ajzen 将态度区分成两种:一种是对行为的态度;另一种是对具体的物的态度。对行为的态度就是个人对将采取行为的倾向强度,个人对行为所持有的态度与行为的发生直接相关,当所持态度越正向,其行为意向越强,与之相反;对物的态度就是个人对具体事物持有的态度。交通出行中的行为往往同时兼具对行为及物的态度,如选择租赁自行车出行,既涉及对自行车这种方式的喜好,也涉及对租赁系统本身的满意态度。

3) 主观规范

主观规范取决于重要的家人、朋友以及相关的社会群体同意或不同意这项行为的进行。社会心理学认为,群体中大多数人的行为以及价值观会对群体中的个体的行为和价值观产生影响。在群体主观规范作用下,就算没有群体对个体的约束,个体也潜意识地使自己的行为符合周围人的价值观和行为规范。Ajzen 和 Fishbein 研究认为,来自群体的压力对个人行为的影响会比个人态度的影响来得强烈[57]。虽然有时态度就可以决定行为意向,但有时主观规范才是决定行为的最关键因素。例如,某一出行者采用地铁出行,可能是受其父母、朋友等重要他人的影响,而并非来自于他本身对地铁的态度。

4) 知觉行为控制

知觉行为控制是指个体去执行某一种特定行为所感知到的容易或困难的程度,主要包括感知到的控制能力和感知到的困难程度[65],这一观点被后来的学者所认同,并从不同的角度进行了验证,研究结果也表明一个人所拥有的能力、机会和资源程度会对采取的某种特定行为有影响,即使个人有强烈的行为意向,如果一旦没有足够的能力、机会和资源,行为也无法产生。很多研究从感知到的控制能力和感知到的困难程度这两块内容对知觉行为控制进行衡量[17,18,70,71]。例如,一个人虽然有地铁出行意愿,但出发地附近没有地铁站点,或过于拥挤及换乘不便,他也会最终放弃地铁出行。

计划行为理论已经被广泛应用到各行为领域,如旅游行为、饮食行为、环境保护行为及交通行为[20,70,72]。在持续使用行为方面,许多文献也证实了计划行为理论的合理性:Heath 和 Gifford 利用计划行为理论对持续选择公共交通出行进行了研究,结果表明计划行为理论可以有效地解释持续行为,并且态度与知觉行为控制对持续行为意向的影响效果最显著[73];Jackson 对计划行为理论的研究成果进行了回顾和总结,发现计划行为理论对能源消费、节约用水与道德投资等同样的持续行为具有很好的解释力度[74]。

2.4.3 服务质量、满意度与顾客忠诚度关联分析

1. 服务质量

近年来,服务在企业经营管理中受到越来越多的重视,许多研究者也把服务质量作为他们的研究方向。1982 年之前,学者们认为服务质量取决于服务的满意程度,由实际服务与原来期望之间的差异来决定。Lewis 和 Booms 把服务质量定义为符合消费者需求的程度[75]。此后,Parasuraman 和 Berry 认为服务质量与实体产品质量相比有着不同的内涵[76];Carman 的研究发现服务质量具有无形性、可靠性、易逝性和变异性等四种不同的性质;Parasuraman 等在此基础上做了补充,认为服务质量具有有形性、可靠性、反应性、保证性以及关怀性五种不同的性质[76]。

Parasuraman 等从消费者的角度出发,利用构建的量表对服务质量进行了衡量[76]。此后,Carman、Cronion、Lewis、Booms 以及 Gronroos 等研究者从不同方向对量表进行了修正和验证[55,75-80]。国内学者如中山大学汪纯孝等和王佳欣等也从不同方面对服务质量的维度构成进行了研究[81,82]。总之,通过二十多年的不懈努力,服务质量理论框架已经基本形成,但是也应该注意:①对于不同的行业来说,服务质量维度有可能是不同的。②对于不同的服务行业,质量维度的重要性可能会存在差异。所以,在进行服务质量衡量时,应根据所研究的不同问题对服务质量量表加以调整。

2. 满意度

目前对满意度的定义主要有三种说法:Oliver 等认为满意度是指顾客对消费过的产品的整体评价,也就是期望服务和实际服务之间差异[83];而 Kotler 认为满意是一种客观评价[84];此外,Cronin 和 Taylor 却认为满意是一种情感的

反映[82]。

对于顾客满意度的衡量,不同的学者提出了不同的看法。有些学者认为顾客满意度是整体性、概括性的概念,在具体研究时应该以整体满意程度来衡量[84];也有学者认为应该从多方面来衡量顾客满意度,即先衡量产品各属性的满意程度,测量内容除了"整体满意度"之外,还应包括"满意于期望之间的差距"以及"满意于理想之间的差距"等[85]。

在出行行为领域,顾客满意度指的是出行者在特定的环境下,对于其所采取的交通方式服务的一种情感反映。顾客满意度是出行者期望服务的实现程度,即从出行者的总体评价观点来反映期望与实际结果是否一致,所以对于出行者来说,一般采用整体满意程度衡量的方法。

3. 顾客忠诚度

顾客忠诚度主要来自于态度理论。Allen 和 Lenk 认为顾客忠诚度是一种态度与顾客重复购买的关系[86]。Griffin 定义顾客忠诚度是对于某种商品或服务的喜爱态度,主要通过再次购买来体现[87]。Anderson 和 Sullivan 研究发现,虽然一些外界因素会或多或少地改变顾客的行为,但是顾客还是会持续的再次购买自己所喜爱的那种产品或服务[88]。

对于顾客忠诚度的测量,国内外很多学者进行了研究[89,90]。Jones 和 Sasser 以再次购买的意愿、购买频率来衡量顾客忠诚度[91]。国内学者徐国炯以再使用意图和向他人推荐的意愿来衡量快速公交乘客是否有持续行为的意向[92]。

4. 服务质量、满意度与顾客忠诚度的关系研究

关于服务质量、满意度与顾客忠诚度之间的关系研究结论主要体现在以下三个方面:

(1) 服务质量对满意度之间有相互正向的影响。

大多数学者的研究认为服务质量与满意度具有因果关系,就目前而言,满意度一般是在服务质量的基础上进行定义的[57]。一些学者认为:"服务质量的好坏决定满意度,服务质量越好,满意度就会越高",他们的研究结果也表明服务质量对顾客满意度有正向的影响[93,94],并且在银行、游乐场、航空业、汽车客运等多个领域进行了实证研究[95,96]。

另外,有些学者认为满意度也会对服务质量有正向的影响。Oliver 认为服务质量是一种对服务的长期总体性评价,而满意则总是建立在特定交易之上,满意的累积会提高个人对服务质量的评价,持有此观点的还有 Woodside 等,他们认为"顾客满意度是由实际和感知的服务的差异性造成的,并且顾客满意会进一步影响服务质量的评价"[97]。

(2) 服务质量对顾客忠诚度有直接的影响。

有些学者的实证研究表明,服务质量将直接影响满意度。Boulding 对旅馆和教育机构的研究,以及 Ruyter 对快餐、超市和游乐园等行业的研究发现,服务质量直接影响顾客忠诚度,这里的顾客忠诚度主要指重购意向和推荐意向[93-96]。

(3) 满意度与顾客忠诚度有直接的正向影响。

此外,一些学者对满意度和顾客忠诚度之间的关系进行了研究,如 Woodside 等对医院的研究和华英杰对保险公司的研究,他们发现两者具有正相关关系[97,98]。

(4) 服务质量不仅对顾客忠诚度有直接的影响,还会以满意度为中间变量来影响顾客忠诚度。

1994 年以后,国外主要开始研究服务质量与顾客满意度两个因素对顾客忠诚度的影响。Cronin 和 Taylor 认为,服务质量不仅会通过顾客满意度对顾客忠诚度产生影响,还会直接对顾客忠诚度产生影响。Baker 等对交通服务行业的研究结果则进一步表明:顾客满意度对顾客忠诚度的影响效果大于服务质量对顾客忠诚度的影响效果,同时服务质量通过顾客满意度对顾客忠诚度有间接的影响效果[96]。具体结果如图 2.12 所示。

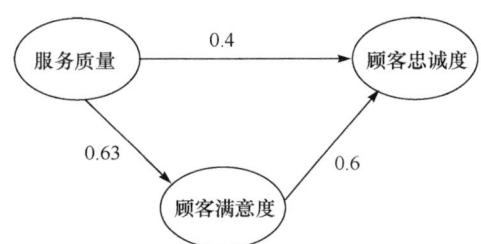

图 2.12 服务质量、顾客满意度与顾客忠诚度效果

国内学者也对服务质量与满意度、顾客忠诚度的关系进行了研究。汪纯孝等人的研究结果指明:服务质量整体的好坏对顾客满意度与消费者购买意向有直接的影响效果,并且顾客满意度也会直接影响顾客购买意愿[99]。

2.4.4 租赁自行车持续使用意向建模与分析

1. 理论模型的构建

租赁自行车目前在国内一些城市已开始推广,并已经有了一定的使用人群。有些居民结合自身的出行需求和交通环境已经开始利用租赁自行车与公共交通(主要指地铁)组合的方式出行。对于政府和运营商来说,出行者长期使用租赁自行车,才能避免真正的资源浪费,才能真正发挥租赁自行车短距离出行的优势,因此影响出行者持续使用租赁自行车因素的研究是其最关心的问题。出行方式的选择所涉及的因素比较复杂，一般行为意向越强烈，采取行为的可能性就越大。因此，有必要构建一个综合的模型全面分析影响出行者持续使用租赁自行车与公共交通组合出行意向的因素。

目前在交通出行领域，已有一些学者对公交、快速公交等公共交通的服务质量、满意度以及顾客忠诚度之间的关系进行了研究，对租赁自行车则以服务质量作为满意度的前因对租赁自行车服务质量和满意度进行了研究，但是忽视了满意度如何与行为态度、主观规范、行为控制等共同作用于行为意愿、行为及行为长久保持性的影响。

本节整合技术接受模型、计划行为理论以及服务质量、满意度与顾客忠诚度之间的关系模型，建立租赁自行车与公共交通组合出行持续使用意向行为模型，如图 2.13 所示。该模型的假设条件包括：

（1）出行者使用租赁自行车与公共交通组合出行后的满意度会对态度产生一定的直接影响，从而间接影响再次使用意向。

（2）感知服务质量以出行者感知有用性和感知易用性来表征，直接影响态度和持续使用行为意向。

（3）模型还考虑了一些外部因素。外部因素主要包括出行者个人特性、出行特性以及交通出行环境三个方面。

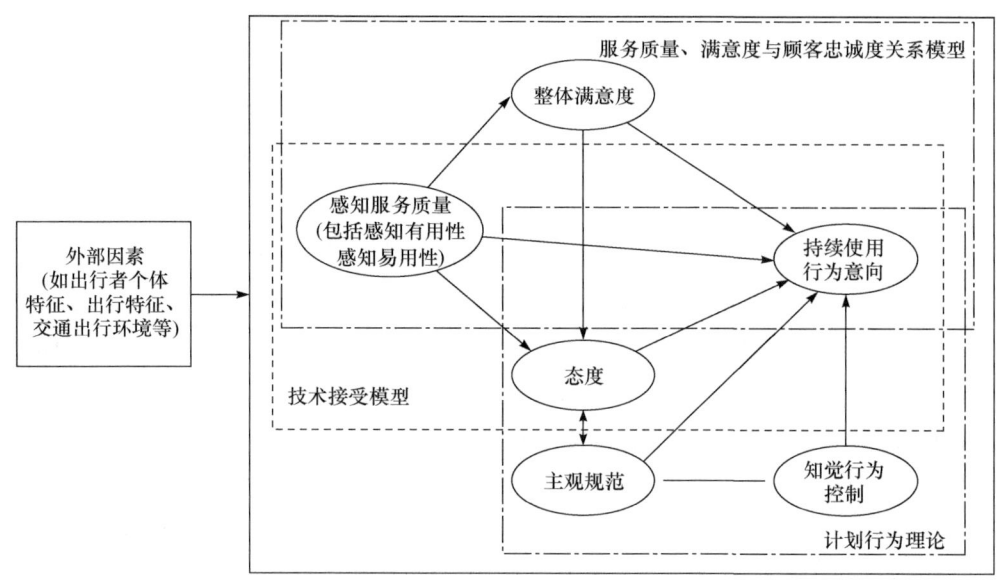

图 2.13　租赁自行车与公共交通组合出行持续使用意向综合模型

2. 影响意向的潜变量及测量变量

1）感知服务质量（PSQ）

感知服务质量通过五个问题来测量：①租赁自行车系统借还方便容易（PSQ1）；②租赁自行车系统提供足够的信息服务（PSQ2）；③采用租赁自行车与公共交通组合方式出行节省费用（PSQ3）；④采用租赁自行车与公共交通组合方式出行节省时间（PSQ4）；⑤采用租赁自行车与公共交通组合方式换乘方便（PSQ5）。

2）态度（ATT）

出行者对租赁自行车与公共交通组合方式的持续使用行为态度，通过问题"对于自己，采用租赁自行车与公共交通组合方式出行是：便利（ATT1）、快捷（ATT2）、经济（ATT3）、安全（ATT4）、舒适（ATT5）"来测量。

3）主观规范（SN）

主观规范通过四个问题来测量：①亲朋好友支持我使用租赁自行车与公共交通组合方式出行（SN1）；②亲朋好友认为我应该使用租赁自行车与公共交通组合方式出行（SN2）；③公众意见、社会媒体宣传会影响我选择使用租赁自行车与公共交通组合方式出行（SN3）；④政府交通政策会影响我选择使用租赁自行车与公共交通组合方式出行（SN4）；⑤不受外界影响，我坚持继续使用租赁自行车与公共交通组合方式出行（SN5）。

4）知觉行为控制（PBC）

知觉行为控制通过四个问题来测量：①基于目前的出行环境，我不得不采用租赁自行车与公共交通组合方式出行（PBC1）；②在日常出行中，采用租赁自行车与公共交通组合方式出行是可能的（PBC2）；③在日常出行中，我很清楚每次出行的借还租赁点的具体位置（PBC3）；④在日常出行中，我很清楚换乘站（地铁站或公交站）的具体位置（PBC4）。

5）整体满意度（WS）

租赁自行车的满意度取决于出行者期望能提供的服务功能的实现情况，是从总体上来评价期望的租赁自行车能提供的服务是否与现实一致。本节采用整体满意度来测量满意度。

6）持续使用行为意向（BI）

持续使用行为意向通过三个问题来测量：①我打算再次选择租赁自行车与公共交通组合出行（BI1）；②我会鼓励身边的人采用租赁自行车与公共交通组合出行（BI2）；③就算有了小汽车，在未来的一段时间我会继续使用租赁自行车与公共交通组合方式出行（BI3）。

3. 调查设计

1) 问卷设计

上面构建的理论模型借鉴了目前已有的一些研究成果,并对目前已有的三个模型进行了整合。各个潜变量以及测量指标尽量从目前已有的测量指标中进行选择,但由于国内外关于租赁自行车出行行为的研究较少,尤其缺少租赁自行车与公共交通组合出行持续使用意向方面的研究,尚未形成一个共用的普遍接受的统一的衡量标准,因此根据已有的关于计划行为理论和服务质量、满意度及顾客忠诚测量表以及租赁自行车(租赁自行车与公共交通换乘行为)的相关研究,结合实际的访谈和专家修改,形成初始调查量表。

为了确定问卷的合理性,对初始调查表进行了试调查。选择朝阳区的劲松地铁站C口、松榆东里南门以及武圣路租赁点进行了小样本调查,共发放问卷150份,回收了89份问卷,通过与被调查者进行沟通,整合专家和被调查者的意见,把不易理解的题项进行修改、重复的题项进行删除以及漏掉的题项进行添加,对原始问卷进行了修正。

经过修正后的最终调查问卷共分为三个部分:第一部分为租赁自行车使用情况调查,主要包括出行者的个人统计特性、本次出行方式、出行距离以及出行目的等;第二部分为租赁自行车设施服务质量和满意度调查,租赁自行车服务质量主要包含选择借还车便捷程度、站点位置的合理性以及车辆保养三方面的内容,满意度从出行的整体满意度进行调查;第三部分为影响意向的因素调查,主要包括态度、主观规范、知觉行为控制以及行为意向。第二部分和第三部分是本书研究的重点,采用5分制的Liker量表,其中1~2分表示高倾向,3分表示一般,4~5分表示低倾向,针对租赁自行车服务质量、整体满意度、态度、主观规范、知觉行为控制以及持续行为意向等方面分别设计了2~5个问题项。

2) 调查对象、地点和时间的确定

调查对象应当是使用租赁自行车与公共交通组合方式出行的居民,这些居民应当满足以下两个条件:第一,被调查者结合自身出行环境有使用租赁自行车与公共交通组合出行的能力;第二,被调查者有过采用组合方式出行的经验。

北京市朝阳区是布设租赁自行车现行试点最早的城区,能从网上实时发布骑车出行提示信息以及办卡点、租车网点开通或变更等最新运营动态信息,租赁自行车的配套设施都相对比较完善,城区不少居民已经逐渐接受租赁自行车这种新型的交通方式,也结合自己的日常出行需求养成了采用租赁自行车出行或采用租赁自行车与公共交通组合方式出行的习惯。因此,选择北京市朝阳区作为研究区域。目前,朝阳区共有租赁点165个,包括14个地铁沿线、63个住宅、18个办公区、5个商业区、1个景区以及64个其他类型的租赁点。对每种类型的租赁点采用简单随机抽样的方法进行抽样,共获得 15 个租赁调查点,调查地点整体情况见表 2.3。

表 2.3 调查地点

租赁点编号	租赁点名称	租赁点类型
01050036	日坛北门站	景点
01050009	工体北门站	其他
01050156	七圣路新华书店站	其他
01050157	朝外街道办事处站	其他
01050136	三元桥西北站	其他
01050159	朝阳区投资服务大厅站	其他
01050089	地铁双井站 A 口东站	地铁
01050065	地铁农展馆站 A 口站	地铁
01050005	地铁朝阳门站 A 口站	地铁
01050085	百子湾路西口南站	住宅
01050023	朝阳医院站	住宅
01050124	松榆东里南门站	住宅
01050032	蓝岛西区站	办公
01050075	麦子店西街站	办公
01050029	工体南门站	商业

选择 2014 年 3 月 18 日工作日为调查时间,主要对出现在这几个租赁点正在借车和还车的北京市居民进行调查,少数数据是通过在租赁点周边自行车道进行拦截询问,重点调查使用租赁自行车换乘公共交通出行的人群,在每个租赁点发放问卷 50 份,共发放问卷 750 份。最终得到选择租赁自行车与公共交通组合方式出行的有效问卷 382 份,有效问卷回收率约为 51%,有效样本量超过 Nunnally[100] 提出的结构方程分析的样本量要求——需要大于 10 倍的测量变量数,因为模型中共有测量变量 23 个,所以满足样本量要求。

3) 描述性统计分析

在对理论模型进行验证之前,对调查回收到的 382 份采用租赁自行车与公共交通组合方式出行的有效问卷进行描述性统计分析,在进行描述性分析之前,对原始问卷数据进行处理,针对不同的变量有不同的处理方法:

(1) 对于出行者个人统计特性、出行特性和交通出行环境等变量可以先进行赋值,以年龄为例,在值列表中,针对不同的年龄段进行赋值;年龄<20 岁赋值为 1,年龄在 20~29 岁赋值为 2,年龄在 30~39 岁赋值为 3,年龄在 40~49 岁赋值为 4,年龄≥50 岁的时候赋值为 5,其他变量的赋值情况见表 2.4 和表 2.5。

(2) 对于态度、主观规范以及知觉行为控制等变量则把问卷对应的题项加数字进行命名,如态度 1 对应的题项就是便利性,并把变量设置为连续变量。

表 2.4 出行者个人特性统计表

类别	分类(赋值)	数量	所占比例/%
性别	男(1)	206	54
	女(2)	176	46
年龄	<20 岁(1)	15	4
	20~29 岁(2)	153	40
	30~39 岁(3)	130	34
	40~49 岁(4)	61	16
	>50(5)	27	6
小汽车拥有情况	有(1)	172	45
	没有(2)	210	55
平均月收入	<3000 元(1)	57	15
	3000~6000 元(2)	210	55
	6000~10000 元(3)	88	23
	>10000 元(4)	27	7
最高学历	高中以下(1)	73	19
	本科(2)	172	45
	研究生(3)	88	23
	研究生以上(4)	50	13

表 2.5 出行者出行特性统计表

类别	分类(赋值)	数量	所占比例/%
出行时间	6~10(1)	157	41
	10~17(2)	103	27
	17~24(3)	122	32
出行目的	上学(1)	4	1
	上班(2)	180	47
	购物(3)	69	18
	娱乐休闲(4)	38	10
	景点旅游(5)	4	1
	其他(6)	88	23

第 2 章 个体出行行为的影响因素分析

续表

类别	分类(赋值)	数量	所占比例/%
使用时长	5min 以内(1)	15	4
	5~10min(2)	73	19
	10~15min(3)	145	38
	15~30min(4)	80	21
	30min 以上(5)	69	18
被替代的交通方式	小汽车(1)	42	11
	步行(2)	99	26
	公共交通(3)	160	42
	其他(4)	80	21

针对出行者个人特性和出行特性进行详细分析,由表 2.4 和表 2.5 可知:

(1) 从性别来看,男性所占比例为 54%,女性比例为 46%,差异性不是很大。

(2) 从年龄来看,20~29 岁的比例最高,所占比例为 40%,而年龄在 20 岁以下和 50 岁以上的人很少,说明使用租赁自行车与公共交通这种组合方式的出行者一般为青壮年。

(3) 从小汽车拥有情况来看,拥有小汽车的出行者使用租赁自行车与公共交通组合方式的出行者所占的比例为 45%,而没有小汽车的出行者所占比例为 55%,这说明组合出行的方式即使对于小汽车拥有者仍具有很强的吸引力。这也说明,对机动车高保有量的社会,采用组合出行这类引导性措施进行出行结构优化是有效的。

(4) 从平均月收入来看,月收入在 3000~6000 元的出行者使用这种组合方式的比例最高,为 55%;而平均月收入在 1 万元以上以及平均月收入在 3000 元以下的出行者使用比例都比较少,分别为 7% 和 15%。

(5) 从最高学历来看,本科和研究生学历的出行者所占比例最高,共占了 68% 的比例,研究生以上的只占了 13%。

(6) 从出行时间来看,在早、晚高峰使用租赁自行车与公共交通这种组合方式的出行者最多,但是早高峰相对来说要比晚高峰的使用者多。

(7) 从出行目的来看,上班出行所占比例最高,为 47%;除上学、上班、购物、娱乐休闲、景点旅游之外的其他出行目的占 23%。

(8) 从使用时长来看,租赁自行车作为公共交通末端交通方式,出行者使用时长最多的为 10~15min,所占比例为 38%,而时长超过 30min 或者小于 5min 的所占比例相对来说比较小。

(9) 从被替代的交通方式来看,公共交通作为前后末端的方式被替代的比例最高,达 42%,其次为步行,达 26%。这也说明,对很多人来说,租赁自行车因其便捷、可靠及不需等车等优点,相比公交车是一个更具吸引力的接驳方式。

4. 研究结果分析

1) 信度和效度分析

信度(reliability)即可靠性,它是指采用同样的方法对同一对象重复测量时所得结果的一致性程度。信度系数越大,表示测量的可信程度越大。采用 Cronbach a 系数从两个方面来进行信度分析:一方面进行变量的整体信度检验;另一方面对各变量所构成的题项进行信度分析。各潜变量的 Cronbach a 系数及各测量变量的 Cronbach a 均都大于 0.6(见表 2.6),说明各变量量表具有内部一致性。

表 2.6 变量信度检验结果

潜变量	项数	潜变量的 Cronbach a	测量变量	测量变量的 Cronbach a
PSQ	5	0.827	PSQ1	0.820
			PSQ2	0.794
			PSQ3	0.813
			PSQ4	0.818
			PSQ5	0.802
ATT	5	0.814	ATT1	0.760
			ATT2	0.770
			ATT3	0.756
			ATT4	0.808
			ATT5	0.788
			ATT6	0.826
SN	5	0.839	SN1	0.831
			SN2	0.783
			SN3	0.817
			SN4	0.784
			SN5	0.815

续表

潜变量	项数	潜变量的 Cronbach a	测量变量	测量变量的 Cronbach a
PBC	4	0.646	PBC1	0.720
			PBC2	0.660
			PBC3	0.720
			PBC4	0.689
BI	3	0.775	BI1	0.771
			BI2	0.625
			BI3	0.685

效度(validity)即有效性,它是指测量工具或手段能够准确测出所需测量的事物的程度,以结构效度作为参考指标。结构效度利用 KMO 测度和 Bartlett 球形检验方法。各潜变量的 Bartlett 球形检验统计值的显著性概率是 0,小于 1%,说明数据相关阵不是单位阵,具有共同因素,同时,KMO 均大于 0.6,表示测量变量之间的相关情形良好,适合进行因素分析。通过主成分分析,除主观规范外的所有潜变量,各测量变量的公因子负荷度均大于 0.6,能很好地解释各潜变量。对于主观规范,SN1 和 SN2 对主成分负荷度分别为 0.517 和 0.557,小于 0.6,剔除该两项潜变量(见表 2.7)。

表 2.7 变量效度检验结果

潜变量	KMO 度量	测量变量	公因子的负荷度
PSQ	0.704	PSQ1	0.841
		PSQ2	0.853
		PSQ3	0.706
		PSQ4	0.824
		PSQ5	0.863
ATT	0.761	ATT1	0.770
		ATT2	0.756
		ATT3	0.818
		ATT4	0.836
		ATT5	0.811
SN	0.769	SN1	0.517
		SN2	0.557
		SN3	0.706
		SN4	0.715
		SN5	0.684

续表

潜变量	KMO 度量	测量变量	公因子的负荷度
PBC	0.665	PBC1	0.984
		PBC2	0.601
		PBC3	0.681
		PBC4	0.720
BI	0.677	BI1	0.871
		BI2	0.841
		BI3	0.780

2) 结构方程模型及检验结果

构建租赁自行车与公共交通组合出行持续使用意向行为结构方程模型，经过不断修正和估计，各潜变量之间的路径系数均小于1，说明模型中的变量是合理的；模型估计值 AGFI=0.990>0.9，CFI=0.998>0.9，RMSEA=0.016<0.08，表示修正后的模型与观测数据拟合得比较好。在显著性水平 $p<0.01$ 时，各潜变量之间均有显著性影响，路径系数结果如图 2.14 所示。主观规范(0.57)和感知服务质量(0.40)是影响持续使用影响的关键因素。

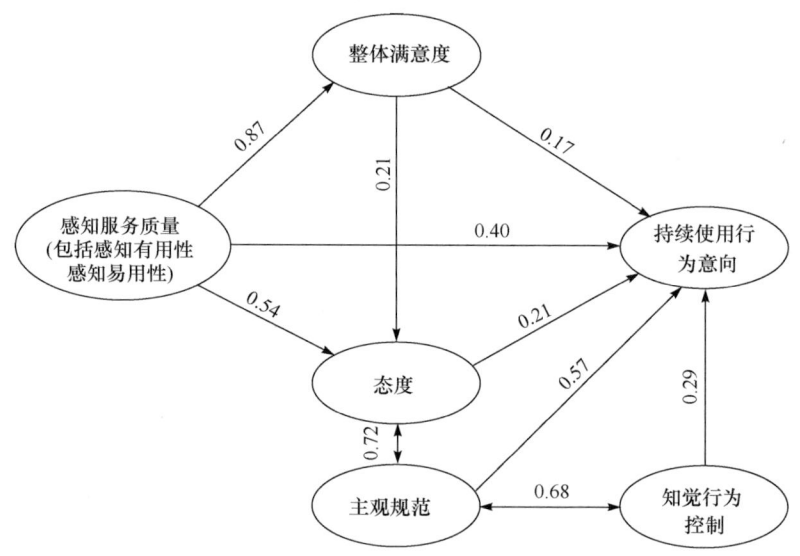

图 2.14 潜变量之间路径系数结果

对于不同的出行者人口特征、在不同的出行特性以及交通出行环境下，为了分析租赁自行车与公共交通组合出行持续使用意向的差异性，进行了多群组结构方程模型差异性分析。

(1) 不同出行者个人特征多群组结构方程差异性分析。

出行者具有性别、年龄、职业、收入、教育程度等多种不同个人特征,由于篇幅有限,以出行者平均月收入为例,进行租赁自行车与公共交通组合出行持续使用意向行为差异性分析,结果见表2.8。对于1万元以下收入者,影响其持续使用意向的主要变量为主观规范和感知服务质量;对于1万元以上收入者,影响其持续使用意向的主要变量为主观规范和使用后的整体满意度和态度。

表2.8 不同平均月收入人群的路径系数估计及检验结果

路径			平均月收入/元			
			<3000	3000～6000	6000～10000	>10000
整体满意度	→	持续使用意向	0.184	0.389	0.254	0.272*
态度	→	持续使用意向	0.132	0.260	0.191	0.144**
知觉行为控制	→	持续使用意向	0.118	0.253	0.103	0.263
主观规范	→	持续使用意向	0.102**	0.128**	0.543**	0.403**
感知服务质量	→	持续使用意向	0.253*	0.277*	0.177	0.562

* 表示 $p<0.01$;

** 表示 $p<0.001$。

(2) 不同出行者出行特征多群组结构方程差异性分析。

以不同出行目的为例,租赁自行车与公共交通组合出行持续使用意向差异性分析结果见表2.9。对于上学出行,知觉行为控制对持续使用意向的影响不显著;对于上班出行,知觉行为控制对持续使用意向的影响最显著;对于购物出行,主观规范对持续使用意向的影响不显著;对于娱乐休闲出行,感知服务质量对持续使用意向的影响不显著;对于旅游出行,只有感知服务质量对持续使用意向的影响显著。

表2.9 不同出行目的的路径系数估计及检验结果

路径			出行目的				
			上学	上班	购物	娱乐休闲	旅游
整体满意度	→	持续使用意向	0.107*	0.280*	0.155*	0.009**	−0.105
态度	→	持续使用意向	0.114*	0.382**	0.220*	0.106*	0.07
知觉行为控制	→	持续使用意向	0.314	0.394*	0.183*	0.155*	0.331
主观规范	→	持续使用意向	0.170*	0.192*	0.521	0.283*	−0.07
感知服务质量	→	持续使用意向	0.133**	0.311*	0.147*	0.265	0.232*

* 表示 $p<0.01$;

** 表示 $p<0.001$。

(3) 不同出行环境多群组结构方程差异性分析。

以不同租赁点位置条件为例,租赁自行车与公共交通组合出行持续使用意向差异性分析结果见表2.10。当出发地或目的地距离租赁点小于200m时,感知服务质量对持续使用意向的影响最显著;200~300m时,主观规范对持续使用意向的影响最显著;大于300m时,知觉行为控制对持续使用意向的影响最显著,而且随着出发地或目的地距离租赁点的距离增加,该显著性影响逐渐增大。

表2.10 不同租赁点位置条件下的路径系数估计及检验结果

路径		出发地或目的地距离租赁点的距离/m					
		<100	100~200	200~300	300~400	400~500	>500
整体满意度	→ 持续使用意向	0.269*	0.273*	0.282	0.267**	0.286**	0.272*
态度	→ 持续使用意向	0.105	0.004**	0.166	0.361*	0.343*	0.397*
知觉行为控制	→ 持续使用意向	0.141*	0.123*	0.232*	0.367*	0.379*	0.394*
主观规范	→ 持续使用意向	0.221*	0.244*	0.476	0.238*	0.219*	0.327*
感知服务质量	→ 持续使用意向	0.324**	0.292*	0.273	0.223*	0.188*	0.152*

* 表示 $p<0.01$;

** 表示 $p<0.001$。

模型结果表明,对于全样本数据,影响持续选择意向的最显著性的两个因素为主观规范和感知服务质量。因此为鼓励和提高租赁自行车使用意向,应该从提高个人主观规范入手,加大社会宣传力度,制定有效的交通政策,改变出行者的主观意识;对于感知服务质量,包括感知有用性和感知易用性,应该从租赁自行车网点布局、信息服务、换乘效率等方面进行改善,提高出行者感知服务质量。

多群组结构方程模型差异性分析结果表明,对于不同的出行者人口特征,在不同的出行特性以及交通出行环境下,影响租赁自行车与公共交通组合出行持续使用意向显著性因素不同。

(1) 对于1万元以下收入者,影响其持续使用意向的主要变量为主观规范和感知服务质量;而对于1万元以上收入者,影响其持续使用意向的主要变量为主观规范和使用后的整体满意度和态度。由此说明,越高收入者越关注影响态度的影响变量,如便利、快捷、经济、安全、舒适等,因此为鼓励和引导高收入人群使用租赁自行车和公交方式组合出行,要从多方面进行策略的制定,不仅要保障租赁自行车方式出行的便利、快捷、经济,而且要提高租赁自行车方式出行的安全和舒适。

(2) 对于不同的出行目的,影响租赁自行车与公共交通组合出行持续使用意向显著性因素不同。例如,对于上班出行,知觉行为控制对持续使用意向的影响最显著,所以为鼓励上班出行继续使用租赁自行车和公交方式组合出行,应该为出行者提供更多的使用租赁自行车的机会和资源;对于旅游出行,只有感知服务质量对持续使用意向的影响显著,因此对于旅游景区应该注重租赁自行车网点布局、信息服务、换乘效率等方面的改善,提高出行者感知服务质量。

(3) 租赁自行车站点位置不同,租赁自行车与公共交通组合出行持续使用意向重要的显著性因素有所不同,随着出发地或目的地距离租赁点的距离增加,知觉行为控制的显著性影响逐渐增大。所以,当出行者出发地或目的地距离公共交通换乘站的租赁自行车站点距离较远时,应该为出行者提供更多的使用租赁自行车的机会和资源。

第 3 章 小汽车使用者出行链及出行方式链选择机理分析

3.1 出行链定义及时空聚类

3.1.1 出行链相关定义

(1) 活动,是指在一个连续的时间段内为达到某种目的而完成的事件。人类活动的产生是由人们生理、心理和经济需求驱动的。活动概念的引入解释了出行者选择出行的原因,使得研究的对象不再仅仅为单纯的出行,而是将活动与出行结合考虑。

(2) 往返行程,是指由某地出发,经过多个出行后又回到原点的移动。根据基于活动的出行理论,往返行程是为了满足一个或多个活动的出行过程。通常根据研究的需要将家或单位作为往返行程的起终点,将往返行程分为基于家的往返行程和基于单位的往返行程。

(3) 一阶往返行程、二阶往返行程。以基于家的往返行程为例,出行者从家出发,完成一系列活动后最终回到家;然后又以家为起点,参加完另一系列活动后回到家的过程,即两个往返行程,前一个往返行程称为一阶往返行程,后一个往返行程称为二阶往返行程。

(4) 子往返行程。以基于家的往返行程为例,出行者从家出发到单位上班,中间又以单位为起终点的往返行程称为工作子往返,即子往返行程。当然,若该行程距离较长或该次出行在整个一天所有出行中出行目的很重要,也可将中间以单位为起终点的往返行程独立视为一次基于单位的往返行程。

(5) 中途驻停点,是指若出行者在一次往返行程中有一个主要出行目的地,那么在起终点和主要出行目的地之外的活动地点。

(6) 基于活动的出行链。一般来讲,一个出行个体在一天之内可能根据实际需要进行至少一次活动或基于家的往返,一天中的所有活动称为活动链(又称为日活动计划)。基于活动的出行者的出行链可以描述为为实现活动的多次往返行程之间的链接。一方面,出行链是对出行者一天不同时间出行顺序的描述,同时在空间上反映了出行者的出行活动的规律。在以往研究中提出了多种出行链的定义。韩先科等对出行链描述的是居民出行从家出发再返回家这样一个过程[101]。隽志才认为出行链是指人们为完成一项或多项活动而在时间上顺序排列的出行目的所组成的往返行程[102]。杨敏定义出行链是指以家为起点和终点将居民一天当中各种目的出行按发生顺序连接起来形成的若干闭合链[103]。总体而言,基于活动的出行链包含出行主要起讫点及停留点、出行目的及按时间排列的顺序信息。图 3.1 展示了一个出行者一天基于活动的出行链。家—上班的中间过程被称为一次出行。家—上班—购物—家的过程为一个基于家的往返行程。从上班—吃饭—上班的过程为一次子往返行程。按照活动顺序,家—上班—购物—家的往返为一阶往返,从家—接送人—家的往返行程为二阶往返。

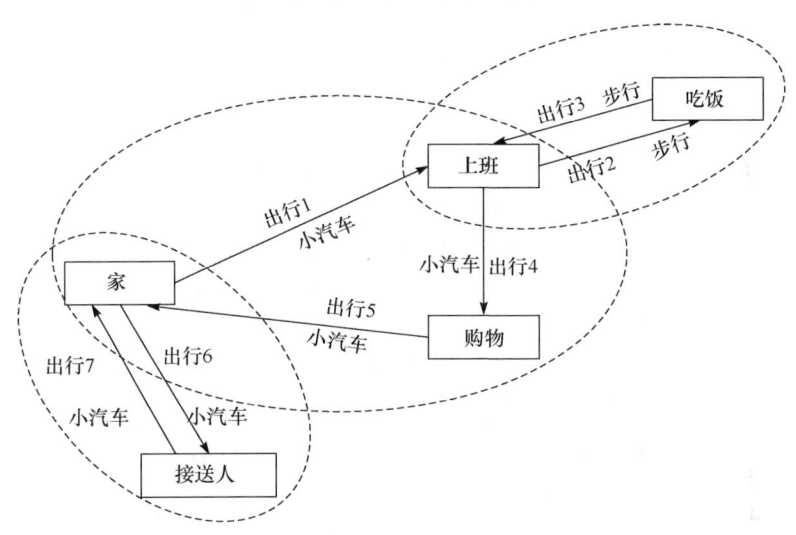

图 3.1 出行者活动链示意图

3.1.2 出行链类型划分

出行链是对出行者一天不同时间出行顺序的描述,同时在空间上反映了出行者的出行活动规律。根据出行链包含的起讫点、停留点及出行目的信息,出行链一般可以分为以下几种主要类型[104],见表 3.1(表中"＋"表示有停留点)。对 2010 年北京市交通大调查数据进行整理后,得到有效出行链记录数据 3762 条,各类出行链所占比例统计见表 3.1。可以看出,出行者全天只有一次上班活动的出行链类型所占比例最高,接近 50%;有一次基于家的非工作往返的活动链比例为 11%;其余单种出行链类型所占比例很小。另外,值得关注的是,7.6% 的通勤出行在上下班途中有停留。

表 3.2 为出行链中活动持续时间统计结果。由于 HWH 和 HOH 两类出行链所占比例最高,因此对两类出行链中的出行者活动持续时间进行统计,在 HWH 出行链中,上班活动持续时间较长,其中活动持续时间为 8～12h 的比例占到

83.7%，活动持续时间为 12h 以上的占 6.4%，即在该出行链类型中超过 90% 的出行者在单位所待时间超过 8h，其中又以活动时间为 9～10h 的比例最高，占总比例的 40.7%。在 HOH 出行链中，出行者活动持续时间相对较短，活动持续时间以 0～4h 为主，其中活动持续时间在 1h 以下的比例为 26.9%，持续时间在 1～2h 的比例为 25.9%，其他类型（除上班、上学、公务外）活动持续时间在 2h 以下的比例超过 50%。这类出行通常以家附近的短距离出行为主。

表 3.1 出行者出行链类型统计

编号	出行链类型	出行链描述	比例/%
1	HWH	一次基于家的通勤往返	45.1
2	HOH	一次基于家的非上班往返	11.1
3	HWHWH	两次基于家的通勤往返	3.0
4	H+W+H	一次通勤往返，在上下班途中均有停留	2.7
5	H+WH	一次通勤往返，在上班途中有停留	2.5
6	HW+WH	一次通勤往返，中途有基于单位的往返	2.4
7	HOHOH	两次基于家的非工作往返	2.2
8	HW+H	一次通勤往返，在下班途中有停留	2.4
9	HWHOH	一次通勤往返，在下班后有其他类型活动	1.5
10	其他		27.0

表 3.2 出行链中活动持续时间统计

出行链类型	活动持续时间/h		比例/%	合计/%
HWH	0～4		1.9	1.9
	4～8		8.0	8.0
	8～12	8～9	19.6	83.7
		9～10	40.7	
		10～11	17.0	
		11～12	6.4	
	>12		6.4	6.4
HOH	1～4	<1	26.9	26.9
		1～2	25.9	47.3
		2～3	14.1	
		3～4	7.3	
	4～8		13.2	13.2
	>8		12.6	12.6

此外,从家出发时间和活动结束回程时间对于出行链的描述也有重要意义。表3.3为出行链中出发及回程时间统计,可以看出,HWH类出行链中从家出发的时间集中在5:00~9:00时段,所占比例超过90%,而回程出发时间则主要在16:01~19:00时段(所占比例为82%),这主要是由活动的性质和活动的持续时间决定的,从家出发时间为5:00~9:00,回程出发时间为16:01~19:00的HWH出行链类型占比例为80%,说明这类出行链中离开家的时刻和回程时刻都十分集中;此外从家出发时间为5:00~9:00时段,回程出发时间为19:01~24:00时段的HWH出行链类型比例为9%,说明在19:00之后仍然有一定比例的工作回程出行。HOH出行链类型中由于活动时间约束性与工作类出行相比较为弹性,因此该类出行链中从家出发的时间和回程出发时间相对比较分散。出行出发时间在5:00~9:00时间段的比例在50%左右,选择在9:01~16:00非高峰时段出发的比例也超过30%。此外,由于该类出行链中活动持续时间较短,有50%左右的活动在中午12:00之前即结束,出行者选择在该9:01~12:00时段返回家中。综上所述,该类活动从家出发时间与通勤出行高峰重叠率较高,超过50%;而回程时段与晚高峰重叠较低,仅有15%左右。

表3.3 出行链中出发及回程时间统计

出行链类型	从家出发时间	回程出发时间	比例/%
HWH	5:00~9:00	12:01~16:00	5
		16:01~19:00	80
		19:01~24:00	9
	9:01~12:00	16:01~19:00	2
		19:01~24:00	1
	12:01~16:00	19:01~24:00	1
	其他		1
HOH	5:00~9:00	5:00~9:00	13.3
		9:01~12:00	24.9
		12:01~16:00	7.7
		16:01~19:00	8.8
	9:01~12:00	9:01~12:00	11.3
		12:01~16:00	10.5
	12:01~16:00	12:01~16:00	6.6
		16:01~19:00	6.2
	其他		10.7

H+WH、HW+WH、HW+H 三种出行链也是常见的出行链类型,分别表示在上班途中有停留活动、两次上班之间有其他类型活动及下班途中有停留活动的出行链类型,其统计结果见表 3.4。三种出行链所链接的其他类型活动在活动分类、持续时间及比例分布上存在很大不同。

H+WH 类型出行链中,在上班中途所链接活动通常持续时间较短,平均持续时间为 0.4h,即不到半小时,其中以接送人为主,该类型比例占 78%,活动持续时间在 10min 左右(0.16h),其他类型活动所占比例较少。由此可以看出,受到上班活动的刚性约束影响,出行者在上班之前的活动以短时接送家人上班或孩子上学活动为主。

HW+WH 类型出行链中,活动持续时间平均在 1h 左右,活动类型较为单一,以吃饭/休息为主,占 86%,其次为探亲访友/照看家人/陪同他人类型活动,占 10%。这与实际的规律较为相符,即两次上班活动之间通常会在单位周边吃饭、休息,且受第二次上班活动约束影响,该类活动持续时间不会太长,约 1h。

HW+H 类型出行链在下班途中所链接的活动又有所区别,活动类型较为多样,其中探亲访友类活动所占比例最高,为 46%,其次是吃饭/休息、接送人和休闲娱乐类活动,分别占 18%、18% 和 10%。这类活动持续时间长短不一,其中吃饭/休息类活动持续时间明显比 HW+WH 类出行链中该类活动持续时间长,同时接送人类型活动也比 H+WH 出行链中同类型活动持续时间长,说明在下班之后,出行者受到的刚性约束较少,在进行活动时可以较为自主地安排时间。活动的平均持续时间约为 1.2h。

表 3.4 通勤过程中链接其他类型活动的出行链类型特性统计

出行链类型	活动类型	活动持续时间/h	比例/%	平均持续时间/h
H+WH	吃饭/休息	0.4	5	0.4
	学习	5.1	1	
	探亲访友/照看家人/陪同他人	1	9	
	娱乐/购物/个人事务	1.7	3	
	接送人	0.16	78	
	其他	1.4	4	
HW+H	吃饭/休息	2	18	1.2
	学习	3.7	2	
	探亲访友/照看家人/陪同他人	0.8	46	
	娱乐/购物/个人事务	2.6	10	
	接送人	0.7	18	
	其他	0.5	6	

续表

出行链类型	活动类型	活动持续时间/h	比例/%	平均持续时间/h
HW+WH	吃饭/休息	0.9	86	1
	学习	0	0	
	探亲访友/照看家人/陪同他人	1.1	10	
	娱乐/购物/个人事务	0.1	1	
	接送人	1.9	3	
	其他	1.9	1	

在通勤链类型中还存在均链接其他活动的出行链类型。根据上下班途中分别链接的活动个数多少,主要分为 HOWOH、HOW＋H、H＋WOH、H＋W＋H 四种类型,四种出行链分别表示上下班途中均链接一个非通勤活动的出行链、上班途中有一次停驻,下班途中链接多次停驻的出行链、上班途中有多次停驻、下班途中链接一个非通勤活动的出行链、上下班途中均有多次停驻的出行链。

上下班途中接送人这种活动仍然是主要的活动类型,其统计结果见表 3.5。其中,在 HOWOH 出行链中,上下班均为接送人的出行链类型占 88%;在 HOW＋H 出行链中,上班途中有接送人停驻的比例为 81%,其次为吃饭/休息类活动,下班途中包含接送人活动的(接送人＋其他类型活动)的比例为 67%;在 H＋WOH 出行链中,上班途中活动类型组合中包含接送人活动(接送人＋其他类型活动)的比例为 82%,下班途中活动类型为接送人活动的比例为 70%,其次为探亲访友/照看家人/陪同人类型的活动和吃饭/休息类活动。

在 H＋W＋H 出行链中,上班之前接送人-回家活动组合的出行链类型占 24%,两次接送人组合的比例为 28%,接送人与多个其他活动组合的类型(接送人＋)所占比例为 26%;下班先回家后再去接送人,然后回家的比例为 24%,下班之后两次接送人,然后回家的比例为 27%,下班之后活动类型为接送人与多个其他活动组合的类型(接送人＋)的比例为 20%。

综合以上内容,上班前后接送人活动为主要的活动类型,其中上班途中有接送人的出行链比例要大于下班途中有接送人的出行链比例,说明下班后由于时间的刚性约束较小,更适合安排诸如休闲娱乐/探亲访友等其他类型的活动,而在上班途中,由于上班活动对时间的刚性约束较强,只适合安排接送人等持续时间较短的活动,同时由于小汽车使用者的家人存在上班或上学等出行需求,从而导致在上班途中接送人活动的比例更高。

表 3.5 其他类型通勤出行链属性统计

出行链类型	上班前活动		下班后活动		前后活动	
	类型	比例/%	类型	比例/%	组合	比例/%
HOWOH	吃饭/休息	1	吃饭/休息	2.0	接送人-接送人	88
	学习	0	学习	0.3	接送人-其他	5
	探亲访友/照看家人/陪同他人	3	探亲访友/照看家人/陪同他人	5.8	其他-接送人	1
	娱乐/购物/个人事务	2	娱乐/购物/个人事务	1.2	其他-其他	6
	接送人	94	接送人	90.4	—	—
	其他	0	其他	0.3	—	—
HOW+H	吃饭/休息	9	接送人+其他	67	—	—
	学习	0			—	—
	探亲访友/照看家人/陪同他人	5			—	—
	娱乐/购物/个人事务	2	其他+	33	—	—
	接送人	81			—	—
	其他	3			—	—
H+WOH	接送人+其他	82	吃饭/休息	8	—	—
			学习	0	—	—
			探亲访友/照看家人/陪同他人	12	—	—
	其他+	18	娱乐/购物/个人事务	4	—	—
			接送人	70	—	—
			其他	6	—	—
H+W+H	接送人-回家	24	回家-接送人	24	—	—
	接送人-接送人	28	接送人-接送人	27	—	—
	接送人+	26	接送人+	20	—	—
	其他组合	22	其他组合	29	—	—

3.2 小汽车使用者个人、家庭属性与出行特征分析

小汽车使用者是绿色出行引导的主要群体。在北京市 2010 年第四次居民出行调查中,专门针对拥有小汽车家庭的车辆使用信息进行了调查,其中一项内容为家庭中车辆的主要使用者信息。由于这类人员对家庭小汽车的使用拥有优先的支配权,在实际交通的小汽车出行中占有绝大多数比例,因此本书中的小汽车使用者特指该类人员。调查样本中有出行(即调查当日至少有一次在家之外的活动)的小汽车使用者 9714 人,家庭数为 9516 个。

因个人属性和家庭属性对出行链及出行方式链有着重要影响,为充分了解小汽车使用者的活动和出行选择机理与特性,从而制定有效的绿色出行方式引导政策,本节重点从小汽车使用者的个人属性和家庭属性两个方面对小汽车拥有者的特征进行统计分析。这里小汽车使用者的概念是日常以小汽车作为主要交通方式的出行者。

3.2.1 小汽车使用者家庭及个人属性分析

小汽车使用者一般来自于有车家庭,通过有车家庭和无车家庭属性对比,能够了解两类家庭之间的差异,有利于更好地认识小汽车使用者出行选择的相关特性。本节家庭属性主要选取家庭人口数、家庭工作人数、家庭年收入、家庭是否有其他类型车辆、家庭小汽车数量和车辆月花费 6 个指标,具体统计结果见表 3.6。

表 3.6 有车家庭与无车家庭属性信息

家庭属性		有车家庭		无车家庭	
		数量	比例/%	数量	比例/%
家庭人口数	1	571	6	5702	17
	2	3045	32	15507	47
	3	3997	42	8870	27
	4	1142	12	2255	7
	5	761	8	958	3
工作人数	0	761	8	12210	37
	1	2750	29	10803	32
	2	5149	54	8951	27
	3	761	8	1141	3
	4	95	1	187	1
家庭中是否有 12 岁以下儿童	有	1564	16	2639	8
	无	7952	84	30654	92

续表

家庭属性		有车家庭		无车家庭	
		数量	比例/%	数量	比例/%
家庭年收入	<5万元	3806	40	24997	75
	5万~10万元	4092	43	7044	21
	10万~15万元	1047	11	890	3
	15万~20万元	345	4	220	1
	>20万元	226	2	141	0
其他类型车辆	有	6281	66	22393	68
	无	3235	34	10899	32
小汽车数量	1	8805	92.5	—	—
	2	698	7.3	—	—
	>2	13	0.2	—	—
车辆月花费	≤500元	4092	43	—	—
	500~1000元	4092	43	—	—
	1000~1500元	761	8	—	—
	1500~2000元	476	5	—	—
	>2000元	95	1	—	—

从家庭构成上,小汽车使用者的家庭构成中,以2~3人家庭为主,两类家庭占总样本家庭的74%,而单人家庭比例较少,家庭中平均人数为2.6人。无车家庭构成中也以2~3人家庭为主,但是单人家庭占在比例远高于有车家庭中的比例。两类家庭的工作人口比例分布相差较大,无车家庭中以1人或无工作人口的比例较多,而家庭中工作人口数以1~2人为主,其中家庭中2人工作的样本数超过总样本的一半。家庭结构中,有车家庭中有12岁以下儿童家庭人口所占比例高于无车家庭中的比例。从收入统计上来看,小汽车使用者家庭年收入多在10万元以下,无车家庭的年收入则以5万元以下为主。66%的拥有小汽车的家庭还拥有自行车、电动车、摩托车等其他类型车辆,主要以自行车为主,而无车家庭有其他类型车辆的比例为68%,两类家庭之间的该属性差别不大;绝大多数拥有小汽车的家庭中小汽车数量为1辆,占92.5%,拥有两辆以上的家庭仅为7.5%;超过80%的家庭中车辆月花费在1000元以下,月花费在1000~2000元之间的家庭占13%。

综合以上内容,有车家庭与无车家庭在家庭结构、家庭年收入等方面存在较为显著差异,有车家庭收入较高、有儿童及工作、人口也较多,结合可以看出,这也是影响小汽车使用者使用小汽车作为自己及接送家人上班上学的出行方式的重要因素。尤其是,大多有车家庭也拥有自行车,这也为其他出行方式的转移提供了可能性。

出行者的个人属性通常被认为是影响方式选择的重要因素,因此选取小汽车使用者的性别、年龄、有无职业、公交票证持有情况来对小汽车使用者的个人属性进行分析,统计结果见表3.7。家庭小汽车使用者中男性使用者的比例远高于女性,达到74%;小汽车使用者的年龄多集中在26岁到55岁之间,25岁以下以及55岁以上的小汽车使用者所占比例较少;统计结果显示90%的小汽车使用者有固定工作,无具体职业的使用者仅占10%;这也意味着,小汽车使用者通勤也采用小汽车,同时从小汽车使用者的公交票证持有情况可以看出,87%的小汽车使用者持有公交IC卡或其他类型票证,说明在日常出行中,对于这部分人群也存在选择乘坐公交出行的可能。

表3.7 小汽车使用者个人属性

个人属性		数量	比例/%
性别	男	7188	74
	女	2526	26
年龄	≤25岁	487	5
	26~35岁	3108	32
	36~45岁	3011	31
	46~55岁	2234	23
	>55岁	874	8
有无职业	有	8743	90
	无	971	10
公交票证持有情况	有	8451	87
	无	1263	13

3.2.2 小汽车使用者出行总体特征

1. 出行目的

小汽车使用者出行目的中,上班工作出行为首要出行需求,所占比例达到51%;其次为探亲访友/陪同他人/照看家人类型的出行和接送人出行,所占比例分别为17%和13%;此外,娱乐/休闲/个人事务出行所占比例为8%,吃饭/休息出行所占比例为6%,公务出行比例为4%(如图3.2所示)。

2. 吃饭/休息出行特性

小汽车使用者的吃饭/休息类出行中,从单位出发的比例最高,占到46%;其次是从家出发，比例为29%；还有25%的出行是从其他地方出发的（如图3.3所示）。

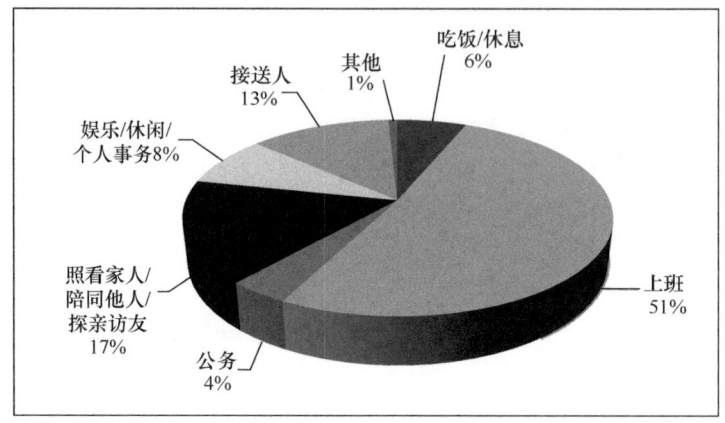

图3.2 小汽车使用者出行目的构成分布

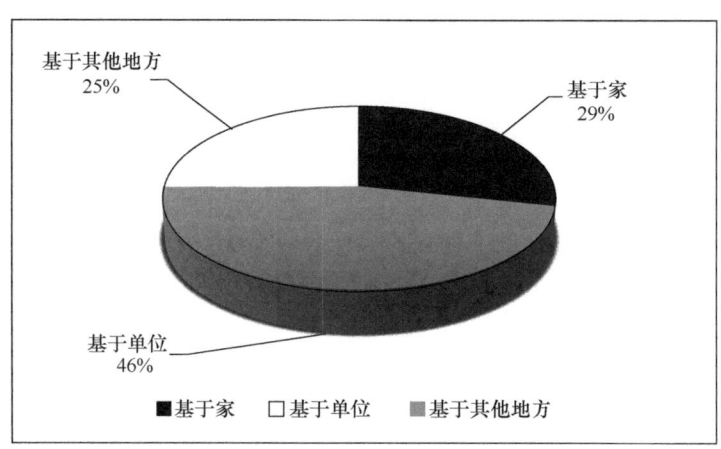

图3.3 吃饭/休息类出行出发地分布

该类出行的出发时间主要集中在三个时间段，即早上6:00～9:00、11:00～13:00、17:00～20:00，其中11:00～13:00最为集中，如图3.4所示。11:00～13:00时间段内，基于单位的吃饭/休息类出行所占比例最高。

从图3.5和图3.6可以看出，此类出行的距离和时耗通常较短，时耗在20min以下的出行接近60%，时耗在40min以下的出行比例接近90%，其中出行时耗在10～19min的出行比例最高，占到43%；80%的出行距离在5km以下，其中1.5km以下的出行比例为42%。由此说明，除17:00～20:00外，出行者主要受上班等活动约束，相对自由的时间有限，因此在进行该类型的活动时，更倾向于选择在家或单位附近，以节省时间。

第 3 章　小汽车使用者出行链及出行方式链选择机理分析

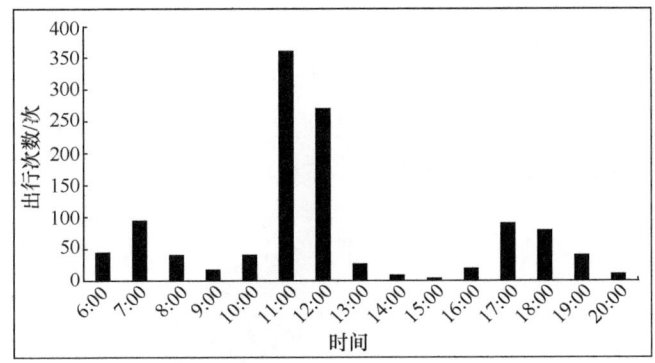

图 3.4　吃饭/休息类出行出发时间分布

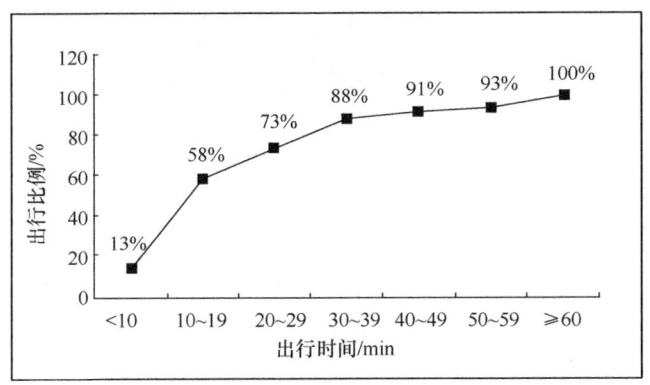

图 3.5　吃饭/休息类出行出行时耗累计分布

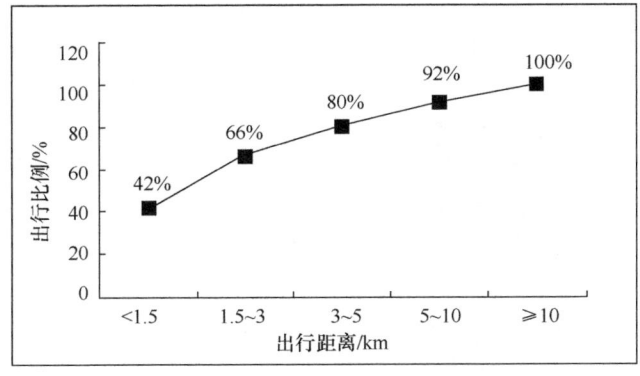

图 3.6　吃饭/休息类出行出行距离累计分布

3. 上班出行特性

小汽车使用者上班出行中79%的出行是从家出发直接到达单位的,21%的出行是从家和单位以外的其他地方出发,这种类型的出行主要是在上班途中完成接送人活动后再从停驻点去单位(如图3.7所示)。

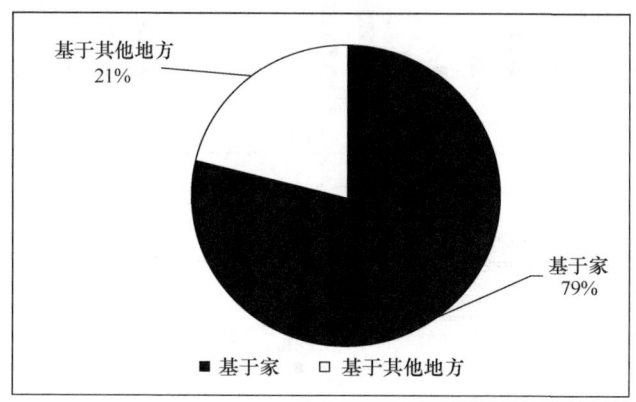

图 3.7 上班出行出发地分布

上班出行主要集中在6:00~9:00时间段内,该时段内的上班出行比例达到76%。此外,在12:00~14:00还有一个小高峰,主要是在该时段内由于出行者在单位附近结束完吃饭/休息或回家等活动后再返回单位的上班出行(如图3.8所示)。

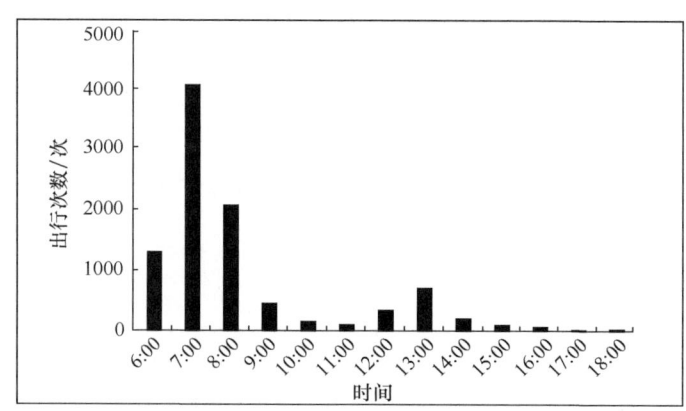

图 3.8 上班出行出发时间分布

与吃饭/休息类出行不同,上班出行通常以中长距离为主,出行时耗较大(如图3.9和图3.10所示)。上班出行时耗在20min以内的仅占9%,接近70%的单程上班出行时耗在40min以上,其中时耗在40～59min的上班出行所占比例最高,达到26%。在出行距离方面,5km以下的短程上班出行比例为37%,其中21%的出行距离为3～5km,5～10km的出行比例为33%,10km以上的上班出行比例为30%。

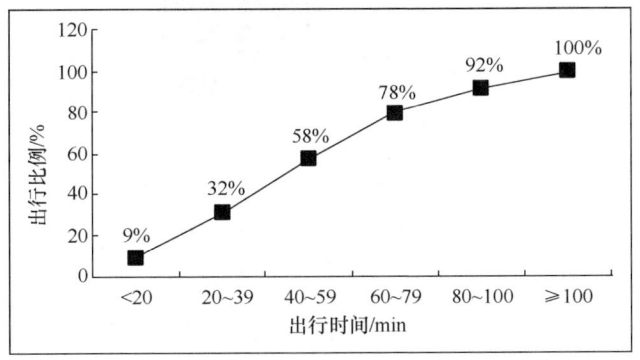

图3.9 上班出行出行时耗累计分布

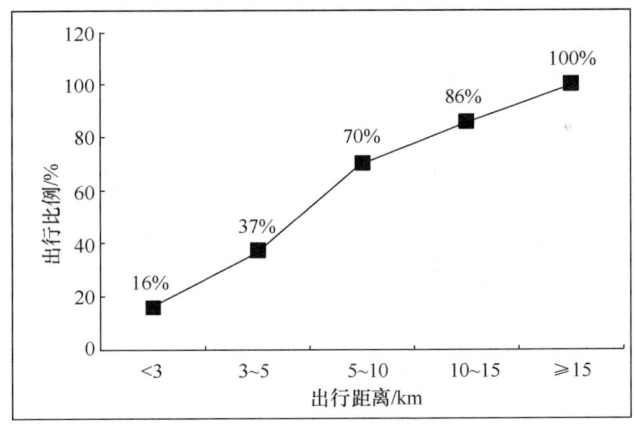

图3.10 上班出行出行距离累计分布

4. 公务出行特性

在公务出行中,从单位出发的比例最高,占36%;从家直接出发的公务出行比例与基于单位的比例接近,为35%;此外,还有29%的公务出行是从家和单位以外的其他地方出发(如图3.11所示)。

从出发时间上可以看出,公务出行出发时间有两个较为明显的集中时段,分别为7:00～10:00和13:00～15:00。在7:00～10:00,公务出行的出发时间要晚于上班出发时间,可能在该时段内,出行者可能先到单位,然后从单位再进行公务外

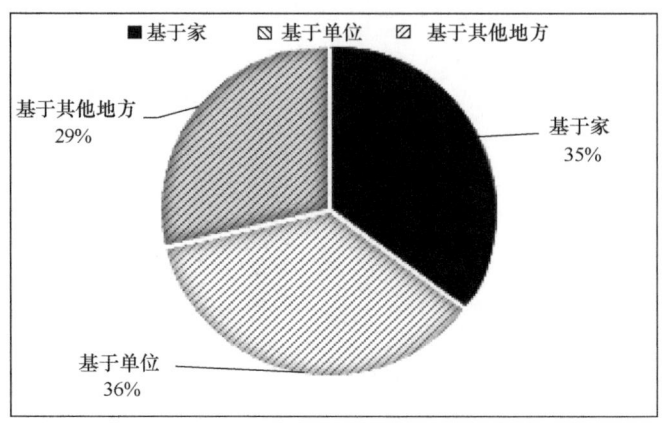

图 3.11　公务类出行出发地分布

出活动。在 13:00～15:00,该时段内的公务外出也是以从单位出发为主(如图 3.12 所示)。

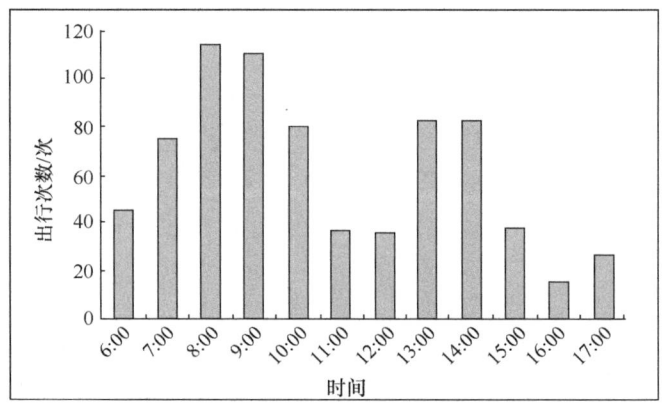

图 3.12　公务类出行出发时间分布

公务外出的出行时耗和出行距离也相对较长。超过 90% 的公务外出时间在 20min 以上,其中 1h 以上的比例占到半数以上(如图 3.13 所示)。公务外出的出行距离在 5km 以上的比例超过 70%,其中 10km 以上的比例接近 50%(如图 3.14 所示)。

5. 照看家人/陪同他人/探亲访友出行特性

照看家人/陪同他人/探亲访友类出行中,从家出发的比例为 60%,从其他地方出发的比例为 27%,而从单位出发的比例很少(如图 3.15 所示)。在出发时间上,除 6:00～10:00 时段外,其他时段出行较为均匀(如图 3.16 所示)。该类出行的高峰时段持续时间较长。

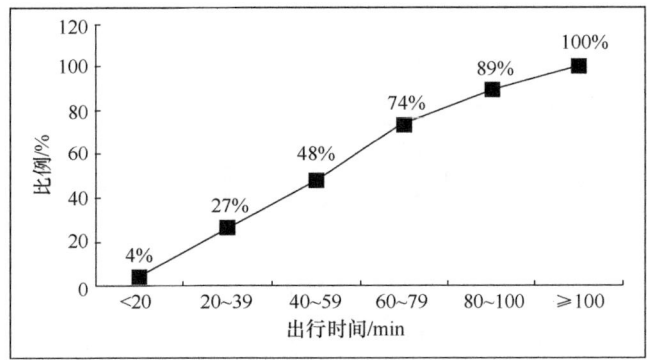

图 3.13　公务出行出行时耗累计分布

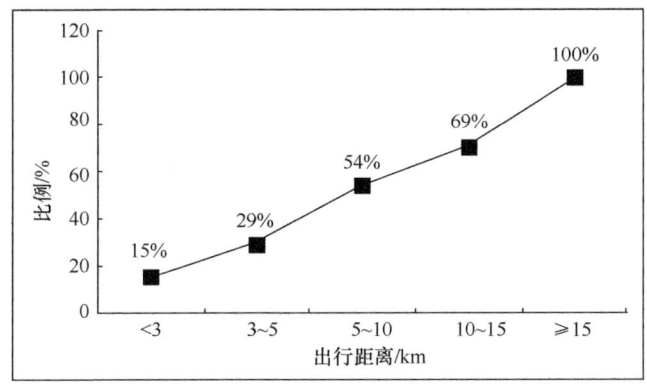

图 3.14　公务出行出行距离累计分布

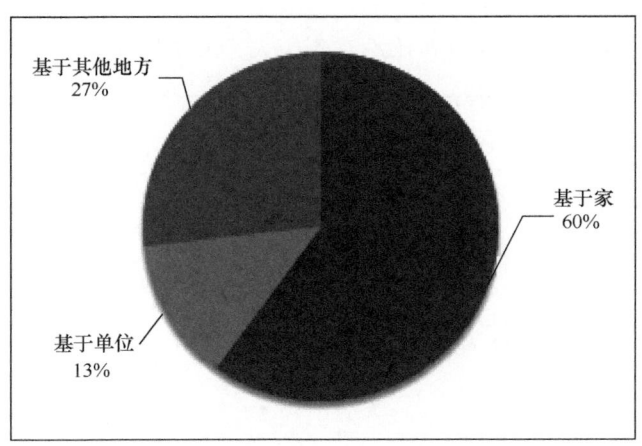

图 3.15　照看家人/陪同他人/探亲访友类出行出发地分布

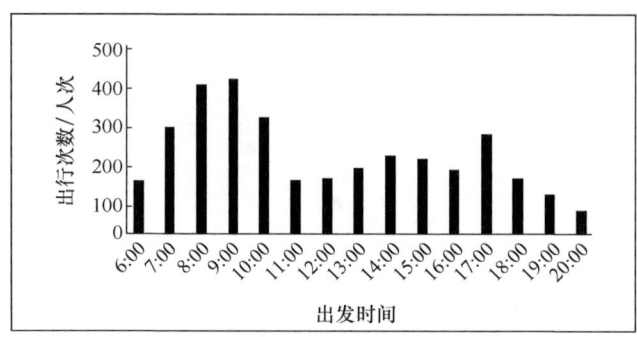

图 3.16　照看家人/陪同他人/探亲访友类出行出发时间分布

该类出行的出行时耗和出行距离较短(如图 3.17、图 3.18 所示)。出行时耗在 40min 以下的比例超过 80%,其中时耗在 20min 以下的比例接近 50%。该类出行的出行距离多在 5km 以下。

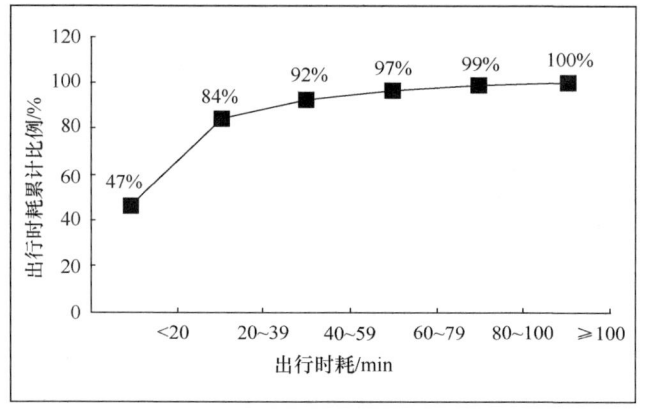

图 3.17　照看家人/陪同他人/探亲访友类出行出行时耗累计分布

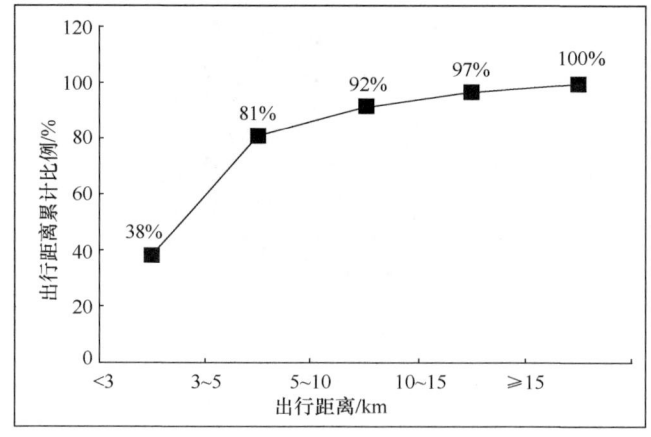

图 3.18　照看家人/陪同他人/探亲访友类出行出行距离累计分布

6. 娱乐/休闲/个人事务出行特性

娱乐/休闲/个人事务类出行中，从家出发的比例接近80%，从其他地方出发的比例为18%，而从单位出发的比例仅占5%（如图3.19所示）。从出发时间上看（如图3.20所示），出行者更倾向于将该类活动安排在早、晚两个时段。6:00～10:00时段和18:00～20:00时段是该类活动较为集中的出行时段，说明在下班之后出行者通常将该类活动安排在吃饭/休息或回家等活动之后进行，而非从单位直接到达该类活动地点。

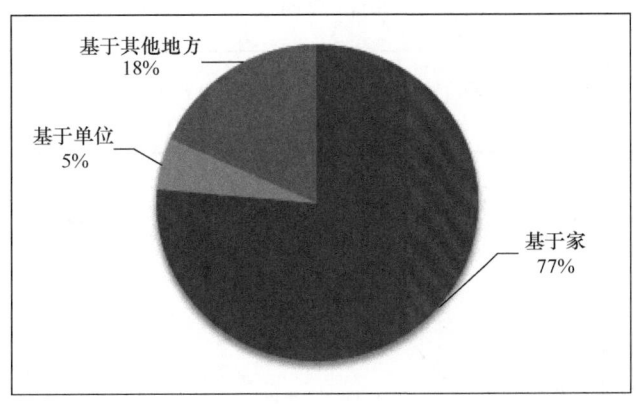

图3.19　娱乐/休闲/个人事务类出行出发地分布

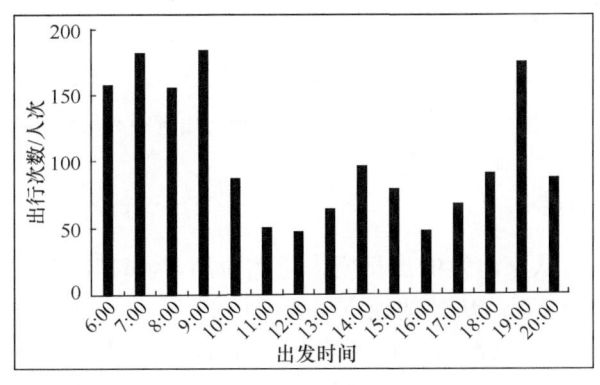

图3.20　娱乐/休闲/个人事务类出行出发时间分布

娱乐/休闲/个人事务类出行以短距离和短时出行为主（如图3.21、图3.22所示）。40min以下的出行比例为80%，其中20min以下的出行超过40%。出行时耗在1h以上的比例仅为10%。娱乐/休闲/个人事务类出行以5km以下的短距离出行和5～10km的中等出行距离为主，15km以上的长距离出行仅为4%。

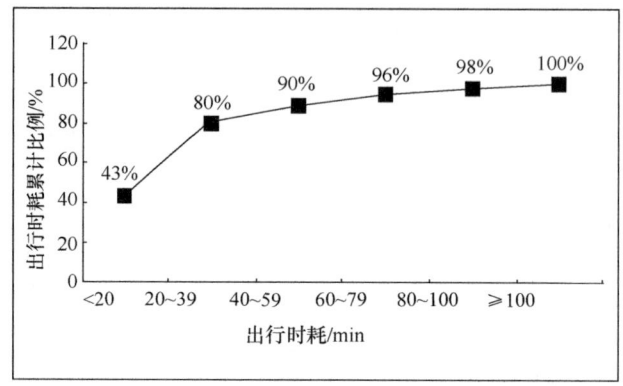

图 3.21 娱乐/休闲/个人事务类出行出行时耗累计分布

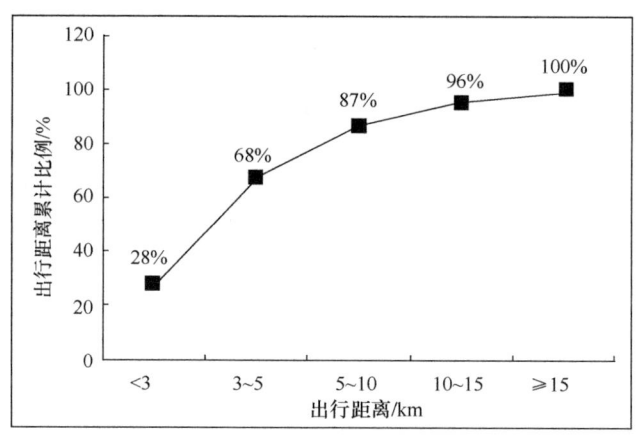

图 3.22 娱乐/休闲/个人事务类出行出行距离累计分布

7. 接送人出行特性

接送人出行中,从家出发的出行所占比例最高,为64%,其次为从单位出发的接送人出行,比例为21%,从其他地方出发的比例为15%(如图3.23所示)。从出发时间上看(如图3.24所示),出行者接送人出行集中在早、晚两个高峰,其中早高峰集中程度明显高于晚高峰。早高峰开始时间较早,集中在6:00~8:00时间段,晚高峰集中在16:00~18:00。在早高峰时段,该类出行主要从家出发,而在晚高峰时段,该类出行主要从单位出发。

接送人出行以30min以下的短时出行为主,其中20min以下的出行占半数以上,其中42%的出行在10~20min(如图3.25所示)。出行距离方面(如图3.26所示),31%的出行在3km以下,65%的出行在5km以下。这说明接送人出行的停驻地方在家或单位的附近,通常所花费时间较短。

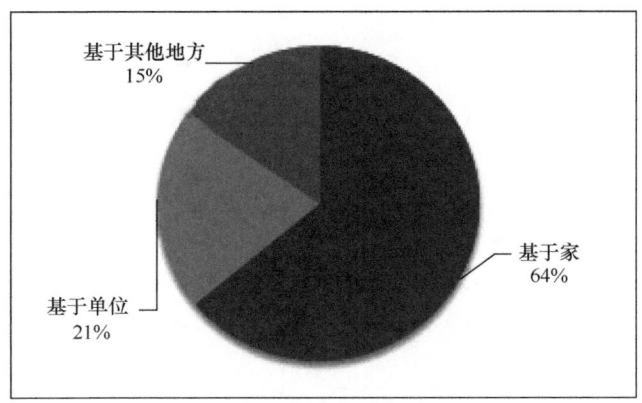

图 3.23　接送人出行出发地分布

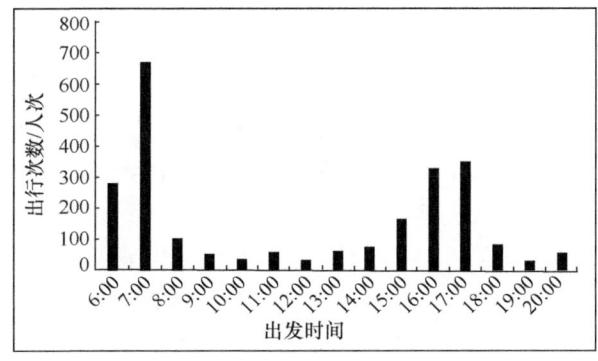

图 3.24　接送人出行出发时间分布

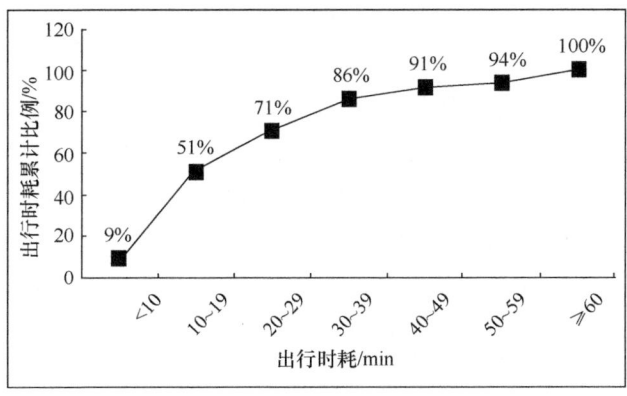

图 3.25　接送人出行出行时耗累计分布

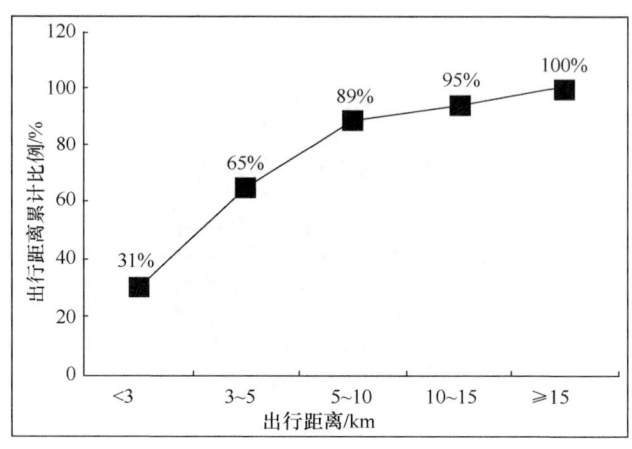

图 3.26　接送人出行出行距离累计分布

综合以上内容,各类出行在出发时间、出行时耗、出行距离、出发地等方面都有所不同。吃饭/休息类出行通常是从单位出发,时间集中在 11:00～13:00 时段,出行时耗在 20min 以下;上班出行则主要是从家出发,出发时间高度集中,出行时耗和出行距离也相对较长;公务类出行出发时间滞后于上班出发时间,并且从单位出发的比例较高,说明部分出行者在公务外出时,先选择到单位,然后再从单位出发进行公务,通常出行时耗和出行距离较长,在 5km 以上;探亲访友/陪同他人/照看家人类出行以及娱乐/休闲/个人事务出行也以从家出发类型为主,这两类出行通常出行距离和出行时耗较短,并且出发时间呈现早晚两个高峰;接送人出行通常从家出发,并在到达单位之前或下班之后完成,因此出发时间呈现早晚两个高峰,并且早高峰时间较早,该类出行通常出行时耗和出行距离较短。

3.3　小汽车使用者出行链特征分析

3.3.1　小汽车使用者出行链总体特征

由于出行链类型众多,在实际的研究中通常根据出行链中所链接活动个数将出行链分为简单链和复杂链,其中简单链是指仅有一个中途活动地点的出行链,而复杂链是指涉及一个以上活动地点的出行链[105]。通常出行链中所链接活动的个数也被称为出行链的长度,简单链的长度为 1,而复杂链的长度则大于 1。根据统计,小汽车使用者出行链类型为简单链的比例为 76%,类型为复杂链的比例占 24%。

表 3.8 为小汽车使用者出行链的统计结果,平均长度(活动个数)为 1.5,而复杂链中活动平均长度为 3.1。由以上信息看出,小汽车使用者在一天的出行多为

简单出行链,而当活动个数大于1时,该类人群倾向于将多个活动链在一个出行链中,从而减少出行的次数。

表 3.8 小汽车使用者出行链信息

出行链类型	出行链指标	
	数量	比例/%
简单链	7383	76
复杂链	2331	24
出行链平均长度	1.5	—
复杂链平均活动次数	3.1	—

3.3.2 小汽车使用者基本属性与出行链类型选择分析

表 3.9 为小汽车使用者个人属性与出行链交叉统计结果,表明男性出行链的复杂程度高于女性,其原因可能是男性需要在家庭分工、社会分工中承担较多的工作;性别对出行链类型的影响也较大,由于出行链类型较为复杂,因而男性的机动化出行比例较高。年龄对出行链类型的影响较为显著,随着年龄增长,出行的复杂程度逐渐降低。有职业者较无职业者的出行复杂程度更低;受教育程度不同的小汽车使用者的出行链选择比例接近,受教育程度越高的人,简单链比例越高。

表 3.9 小汽车使用者个人属性与出行链交叉统计 （单位:%）

个人属性类别	属性值	出行链类型	
		简单链	复杂链
性别	男	53	47
	女	73	27
年龄	≤25 岁	65	35
	26~35 岁	69	31
	36~45 岁	70	30
	46~55 岁	78	22
	>55 岁	81	19
有无职业	有	82	18
	无	71	29

续表

个人属性类别	属性值	出行链类型	
		简单链	复杂链
公交票证持有情况	有	63	37
	无	73	27
受教育程度	高中及以下	70	30
	大学	73	27
	研究生	75	25

表 3.10 为小汽车使用者家庭属性与出行链交叉统计结果，在对出行链类型的影响上，家庭人口数量越多，小汽车使用者选择复杂链的比例越高；家庭中有无儿童对出行链类型的影响较为显著，有儿童家庭的小汽车使用者出行链类型为复杂链的比例较高；家庭年收入越高，则出行链结构越为复杂，原因是高的家庭收入会促使家庭成员进行更多出游、娱乐、购物等活动；家庭中有其他类型车辆对小汽车使用者出行链的为复杂链的比例要高于家庭中无其他类型车辆的使用者；家庭拥有小汽车的数量对出行链类型选择存在影响，其中家庭中小汽车数量为一辆的小汽车使用者出行链类型为复杂链的比例高于家庭中有两辆及以上车辆的小汽车使用者，而家庭中有两辆及两辆以上的小汽车使用者出行链类型选择比例比较接近；车辆月花费对出行链类型选择存在一定影响，月平均花费为1500～2000元的小汽车使用者选择复杂链的比例最高；不同居住区位的小汽车使用者出行链类型选择比例差异不大。

表 3.10 小汽车使用者家庭属性与出行链交叉统计 （单位：%）

家庭属性类别	属性值	出行链类型	
		简单链	复杂链
家庭人口数	1	77	23
	2	76	24
	3	71	29
	4	71	29
	5	72	28

续表

家庭属性类别	属性值	出行链类型	
		简单链	复杂链
工作人数	0	81	19
	1	77	23
	2	69	31
	3	77	23
	4	71	29
家庭中是否有12岁以下儿童	有	65	35
	无	75	25
家庭年收入	<5万元	77	23
	5万~10万元	72	28
	10万~15万元	69	31
	15万~20万元	67	33
	>20万元	65	35
其他类型车辆	有	74	26
	无	82	18
小汽车数量	1	63	37
	2	72	28
	>2	75	25
车辆月花费	≤500元	78	22
	500~1000元	69	31
	1000~1500元	63	37
	1500~2000元	58	42
	>2000元	78	22
居住区位	2环以内	68	32
	2~4环	71	29
	4~5环	72	28
	5环以外	75	25

3.4 小汽车拥有者出行方式链特征分析

3.4.1 小汽车拥有者出行方式链类型划分

所有小汽车拥有者全天的出行方式链可能有多种组合,不同出行方式链所占比例不同,个别组合所占比例小,针对每一种出行方式链进行研究并无太大意义。

因此根据在小汽车拥有者的出行方式链中有无采用小汽车出行将其出行方式链分为三类：出行链的出行全部有小汽车完成（AllCar）、出行链中出行采用了小汽车与其他方式组合（PartsOfCar）、出行链中出行均采用其他方式完成（NonCar）。由以上划分标准，得到三种类型出行方式链的统计结果和所占比例见表3.11。小汽车拥有者在一天的出行中选择第一种和第三种出行方式链类型比例较高，其中选择全部采用小汽车出行完成的比例为63%，选择小汽车与其他方式组合的比例最低。这说明小汽车拥有者在出行链的出行倾向于选择方式一致的出行方式链。

表 3.11 出行方式链信息

出行方式链类型	数量	比例/%
AllCar	7787	63
PartsOfCar	1655	13
NonCar	3015	24

3.4.2 小汽车拥有者基本属性与出行方式链交叉分析

小汽车个人属性与出行方式链类型选择的统计结果见表3.12。性别对方式链类型的影响也较大，由于出行链类型较为复杂，因而男性的机动化出行比例较高。不同年龄段的出行者在出行方式链类型选择方面的比例差别不大；有职业者在出行方式上更倾向于机动化出行，且与无职业的小汽车拥有者出行方式链类型选择比例差别较大。持有公交票证的小汽车出行者选取非小汽车出行链的比例略大于无公交票证的情况。受教育程度对出行方式链类型影响的显著水平较低。

表 3.12 小汽车拥有者个人属性与出行方式链类型选择　　（单位：%）

个人属性类别	属性值	出行方式链类型		
		AllCar	PartOfCar	NonCar
性别	男	59	15	26
	女	45	20	35
年龄	≤25岁	60	16	24
	26~35岁	66	13	21
	36~45岁	60	15	24
	46~55岁	54	15	31
	>55岁	38	19	43
有无职业	有	62	14	24
	无	40	18	42

续表

个人属性类别	属性值	出行方式链类型		
		AllCar	PartOfCar	NonCar
公交票证持有情况	有	66	15	19
	无	70	13	18
受教育程度	高中及以下	54	14	32
	大学	60	16	23
	研究生	62	11	26

小汽车拥有者家庭属性与出行方式链类型选择结果统计见表 3.13。不同家庭人口数对出行方式链类型的影响差异性不大。工作人数对出行方式链类型选择存在一定影响；在对出行方式链类型方面，有儿童家庭更倾向于采用私家车出行，其原因可能是出于爱护儿童的角度考虑。家庭收入越高则更倾向于选择私家车出行，可见较好的经济条件是私家车出行的重要原因。是否拥有其他类型车辆对出行链的复杂程度影响较小；对于拥有其他类型车辆的家庭，由于出行方式具有更多的选择空间，因而完全采用私家车出行的比例较低。家庭小汽车数量越多，采用 AllCar 出行链比例越高，导致小汽车出行方式比例越高。居住区位对出行方式链类型的影响程度较大，四环路和五环路之间采取私家车出行的比例最高，其原因是五环路以内家庭工作场所大部分位于中心城区，而四环路和五环路之间距离中心城区最远，私家车出行需求最高。

表 3.13　小汽车拥有者家庭属性与出行方式链类型选择　（单位：%）

家庭属性类别	属性值	出行方式链类型		
		AllCar	PartOfCar	NonCar
家庭人口数	1	58	15	27
	2	56	14	29
	3	59	15	26
	4	61	15	24
	5	58	17	25
工作人数	0	37	20	42
	1	58	15	27
	2	62	14	24
	3	58	14	28
	4	63	26	11

续表

家庭属性类别	属性值	出行方式链类型		
		AllCar	PartOfCar	NonCar
家庭中是否有12岁以下儿童	有	58	16	26
	无	58	15	27
家庭年收入	<5万元	53	14	33
	5万~10万元	60	15	25
	10万~15万元	64	14	22
	15万~20万元	65	16	20
	>20万元	66	19	15
其他类型车辆	有	53	16	31
	无	67	13	20
小汽车数量	1	55	15	30
	2	70	14	15
	>2	78	11	10
车辆月花费	≤500元	38	13	49
	500~1000元	82	18	0
	1000~1500元	87	13	0
	1500~2000元	85	15	0
	>2000元	79	21	0
居住区位	2环以内	46	16	38
	2~4环	55	14	30
	4~5环	66	13	22
	5环以外	59	16	25

3.4.3 小汽车拥有者出行链与出行方式链选择分析

小汽车拥有者出行链类型与出行方式链交叉分析结果见表3.14。小汽车拥有者在简单出行链出行中选择往返小汽车出行的比例高达62%,选择其他方式往返的比例为34%,在活动个数为1时,有34%的日常小汽车拥有者在调查全天中并未采用小汽车出行,而选择小汽车与其他方式混合出行的人数比例仅为4%,即在往返两次出行中分别使用小汽车和其他方式的人数所占比例很少,这也说明在一定程度上出行者的交通方式存在一致性。

小汽车拥有者日出行链为复杂链时,选择全部使用小汽车出行的比例为57%,为三种出行方式链中比例最高。选择混合出行方式的比例为32%,该类型出行方式比例远高于在简单链中被选择的比例,说明在复杂链中可能存在大量非基于家的子往返出行,在这类出行者小汽车拥有者并未使用小汽车。小汽车拥有者全天均采用其他方式出行的比例为 11%,较简单链中被选择的比例大幅下降,说明在全天中的活动数较多时,小汽车拥有者更倾向于选择使用小汽车作为交通工具。

表 3.14 小汽车拥有者出行链类型与出行方式链交叉分析

出行链类型	AllCar		PartsOfCar		NonCar	
	人数	比例/%	人数	比例/%	人数	比例/%
简单链	3722	62	249	4	1569	34
复杂链	2385	57	1323	32	466	11

3.5　小汽车拥有者出行链与出行方式链关系建模

国内外很多学者就出行链与出行方式之间的关系进行了研究。研究方法主要是基于效用理论的非集计模型方法。在利用非集计模型建立出行选择模型时,研究人员通常凭借自身经验选取变量,直接将变量代入模型进行参数标定,通过参数标定的结果判断所选变量对出行选择的影响是否显著及显著程度。当考虑因素较少时,这种流程不会对建模效率和参数标定结果的精度造成影响,但是当影响因素较多时,直接将主观认定对选择结果有影响的因素变量带入模型进行标定则可能会对建模的效率和精度造成影响。此外,在研究出行链与方式链选择之间的关系时,通常先假定出行链与方式链选择之间的某种关系,然后通过模型标定检验两者关系是否跟假设一致,最后根据参数结果解释两者之间的关系。若两者之间的关系不符合假设,需要重新调整模型结构,对模型标定。因此,在选定模型结构和影响因素之前,对准备代入模型的变量进行初步地筛选以及对出行链与方式链之间的关系初步校验是一项重要工作。

根据结构方程模型理论,本节选择出行者个人属性、区位属性、家庭属性、出行时间、出行费用、出行链方式和出行链类型为潜变量。假设出行者个人属性、区位属性、家庭属性、出行时间以及出行费用不仅对出行方式链有正向的直接影响,还对出行链类型有正向的直接影响;而出行者的出行链类型会正向影响出行方式链,同时出行者个人属性、区位属性以及家庭属性之间存在相关关系,出行时间和出行费用之间也存在相关关系,它们之间具体的关系如图 3.27 所示。

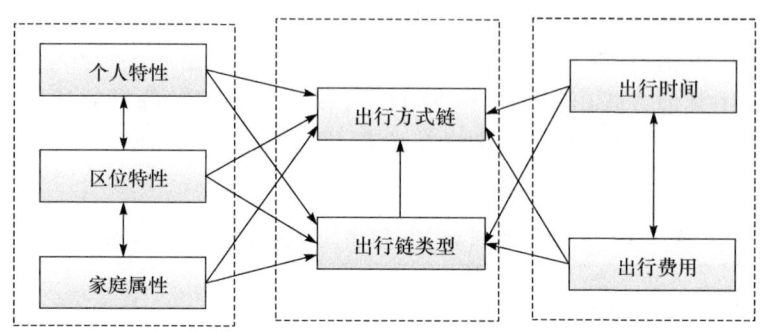

图 3.27 出行链与出行方式链结构方程模型

3.5.1 指标的选取

根据北京市小汽车出行具体情况,总结出各潜变量所包含的观测变量。对于出行者个人属性,观测变量主要包括性别、年龄、职业类型与受教育程度以及有无公交票证;对于区位属性,观测变量用居住区所处北京交通环带综合代表;对于家庭属性,观测变量主要包括家庭小汽车数量、家庭工作人口数、家庭中是否有其他类型车辆、家庭中是否有上学的小孩(包括学龄前儿童、小学生以及初中生)以及家庭年收入;出行费用主要用所花费的燃油费来衡量;出行时间主要分为早晚高峰和平峰;出行链类型划分成简单链和复杂链两类;出行方式链类型主要包括三类:完全小汽车出行、小汽车与其他方式混合使用、完全采用其他方式。各指标的具体描述见表 3.15。

表 3.15 出行链与出行方式链结构方程模型潜变量所包含的观测变量具体描述

属性类型	变量名	变量取值
个人属性	性别	1.男性;0.女性
	年龄	1.≤25 岁;2.26~35 岁;3.36~45 岁;4.46~55 岁;5.>55 岁
	有无职业	1.有;0.无
	受教育程度	1.高中及以下;2.大学;3.研究生
	公交票证持有情况	1.持有;0.不持有
家庭属性	家庭是否有小孩上学(7~12 岁)	1.有;0.无
	家庭人口数	1.1 人;2.2 人;3.3 人;4.3 人以上
	家庭工作人口数	1.无;2.1 人;3.2 人;4.3 人;5.3 人以上
	家庭年收入	1.<5 万元;2.5 万~10 万元;3.10 万~15 万元;4.>15 万元
	家庭是否有其他类型车辆	1.有;0.无
	家庭中小汽车数量	1.1 辆;2.2 辆及以上

续表

属性类型	变量名	变量取值
区位属性	居住区位	1.2环以里；2.2环与4环之间；3.四环与5环之间；4.5环以外
出行费用	月平均花费	1.＜500元；2.500～1000元；3.1000～2000元；4.＞2000元
出行时段		1.早晚高峰；0.平峰
出行链		1.简单链；2.复杂链
出行方式链		1.完全小汽车出行；2.小汽车与其他方式混合使用；3.完全采用其他方式

3.5.2 模型的结构化

利用AMOS21.0软件把上述理论模型结构化。个人属性和家庭属性命名具体情况见表3.16。理论模型结构及估计结果见图3.28。

表3.16 个人出行和家庭属性命名表

潜变量	测量变量	测量AMOS相应的名称
个人属性	性别	个人属性1
	年龄	个人属性2
	职业	个人属性3
	受教育程度	个人属性4
	公交票证	个人属性5
家庭属性	家庭是否有小孩上学(12岁以下)	家庭属性1
	家庭人口数	家庭属性2
	家庭工作人口数	家庭属性3
	家庭年收入	家庭属性4
	家庭是否有其他类型的车辆	家庭属性5
	家庭中小汽车数量	家庭属性6

3.5.3 模型结果分析

从潜变量与观测变量之间的权重以及潜变量之间的权重模型估计结果,可以看出:

(1) 个人属性和家庭属性都对出行方式链类型和出行链类型产生了直接的正向影响。对于个人属性来说,性别、年龄、职业和公交票证对出行链类型和出行方

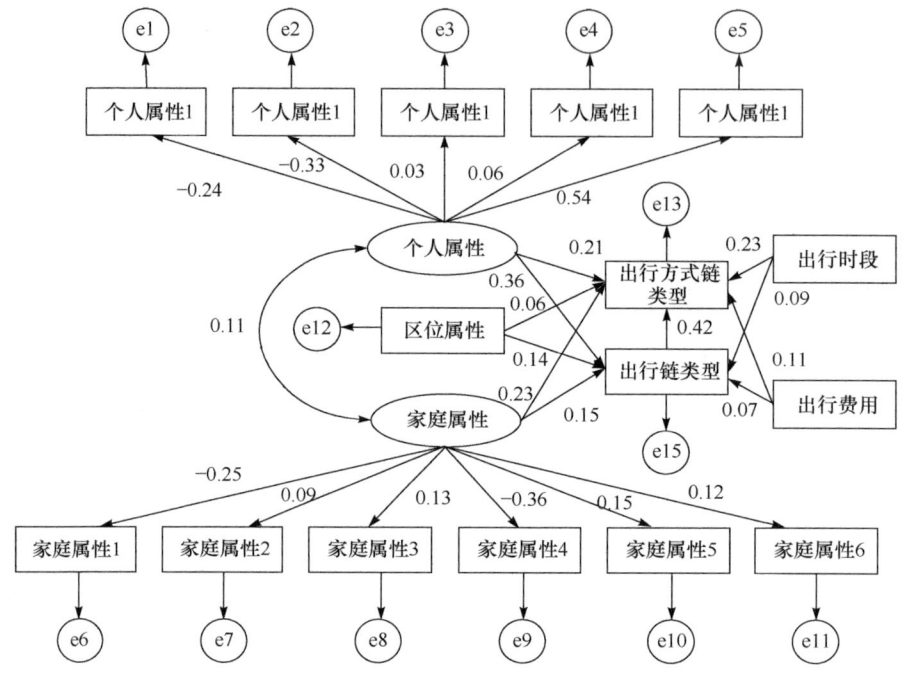

图 3.28 出行链与出行方式链结构方程模型估计最终结果图

式链的选择影响较为显著,而受教育程度的影响相对不显著。男性、年龄越大、有固定职业的小汽车拥有者更倾向于选择复杂链的类型,且倾向于全程完全小汽车出行。

对于家庭属性来说,家庭工作人口数对家庭属性影响最显著,家庭是否有小孩上学对家庭属性影响最不显著;家庭人口数和工作人口数越多、家庭年收入越高、家庭拥有车辆数越多、月出行费用越高则表明出行者的出行链越可能是复杂链,且越可能选择小汽车出行。

(2) 区位属性对出行方式链类型和出行链类型都产生了直接的正向影响,但是影响效果不是很显著,随着北京市居民出行距离的增大,出行距离将成为影响出行方式链类型的重要因素。

(3) 出行时间对出行方式链和出行链都产生了直接的负向影响。但是,出行时间对出行方式链类型的影响相对来说更显著一些。居民出行时段的选择具有更加严格的限制,多数为通勤出行,将会显著地影响出行方式链类型的选择。

(4) 出行费用对出行方式链类型和出行链类型都产生了直接的正向影响。但是,出行费用对出行方式链类型的影响相对来说更显著一些。这说明出行费用会显著地影响出行方式链的选择。

根据上述分析结果，个人及家庭因素，如性别、年龄、有无职业、有无公交票证、家庭工作人口数、家庭中拥有小汽车数量、家庭中是否有其他类型的车辆、家庭年收入、家庭人口数、家庭中是否有小孩上学对于小汽车拥有者的出行链类型和出行方式链类型存在直接的正向影响，而受教育程度及区位对出行方式链类型的选择影响并不显著，出行时段、出行费用以及出行链类型对于出行方式链类型也存在直接的影响。出行费用是影响出行方式链类型的最显著因素，如果想引导居民转移出行方式链类型，需要考虑对出行费用进行调整，制定有效的交通需求管理政策进行引导。

第4章 群体出行特征与城市用地及交通设施的关系分析

对个体出行在群体水平上进行统计分析可以更深刻地了解城市用地规划、区域交通规划及政策多个层面对特定区域或特定人群出行产生的引导作用。本章利用移动信令采集到的海量个体出行链信息,重点对群体出行特征与城市用地及交通基础设施的关系进行分析。

4.1 基于信令数据的个体出行信息提取方法

4.1.1 手机通信原理

移动定位技术最早源于20世纪军事技术的发展。随着移动通信的普及和GSM网络的飞速发展,移动定位技术也逐渐民用化。

1996年,美国联邦通信委员会(Federal Communications Commission,FCC)公布了E-911(emergency call'911'),成为民用领域最早的无线定位系统。E-911要求在2001年10月1日前,各种无线蜂窝网络必须能对发出E-911紧急呼叫的移动台提供精度在125m内的定位服务,而且满足此定位精度的概率应不低于67%;在2001年以后,系统必须提供更高的定位精度及三维位置信息。1999年12月FCC 99-245对E-911需求进一步细化,对网络设备和手机生产厂商、网络运营商对定位技术在网络设备和手机中的实施和支持提出了明确要求和日程安排。在定位精度要求方面规定:基于网络的定位方案,要求对67%的呼叫精度不低于100m,95%的呼叫精度不低于300m;基于移动台的定位方案,要求对67%的呼叫精度不低于50m,95%的呼叫精度不低于150m。美国FCC的这一规定明确了提供E-911定位服务将是今后各种蜂窝网络,特别是3G网络必备的基本功能。世界各国政府也都对基于位置的服务提出了一些规范和基本要求。

按定位计算主体的不同,移动定位可以分为三种方法:基于移动台的定位方法、基于网络的定位方法以及混合的定位方法。

基于移动台的定位在GSM系统中也被称为前向链路定位。其定位过程是由移动台接收多个已知位置的发射机发出的与移动台位置有关的特征信息(如场强、传播时间、时间差等),再由集成在移动台中的位置计算模块根据有关定位算法计算出移动台的估计位置,如GPS定位。

基于网络的定位在GSM系统中也被称为反向链路定位。其定位过程是由多个固定位置的接收机接收移动台(如手机)发射的信息,并将接受到的与位置有关的特征信息送到网络中的移动定位中心进行处理,计算出移动台的位置,如各种 GSM 网络中的定位方法。

混合定位方法则是以上两种方法的综合,如 A-GPS 定位。

GSM 无线通信系统中基站子系统(BSS)在移动台(MS)和移动网子系统(NSS)之间提供和管理传输通路,特别是包括了 MS 与 GSM 系统的功能实体之间的无线接口管理。NSS 是整个 GSM 系统的控制和交换中心,它负责所有与移动用户有关的呼叫接续处理、移动性管理、用户设备及保密性等功能,并提供 GSM 系统与其他网络之间的连接。MS、BSS 和 NSS 组成 GSM 系统的实体部分,操作支持子系统(OSS)则提供运营部门一种手段来控制和维护这些实际运行部分。图 4.1 为 GSM 无线通信系统结构图。

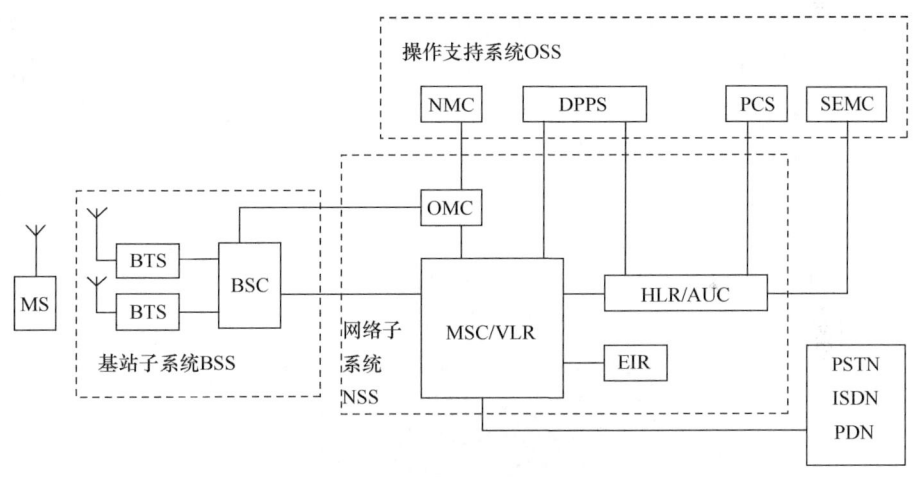

图 4.1 GSM 无线通信系统结构图

由于移动用户 MS 具有移动性,MS 作被叫时,网络需要找到其漫游在何地。其过程是这样的:其他用户拨打 GSM 用户的号码时,就近进入当地的 MSC,由 MSC 根据被叫 MS 的号码分析出此用户属于哪里的 HLR,并发出相关信号去 HLR 处查询此用户目前所在的位置,得到被叫用户所漫游的 MSC/VLR 的号码;然后 HLR 将被叫所在的 MSC 号码送至主叫所在 MSC,主叫 MSC 将话路指向被叫 MSC/VLR,被叫 MSC 在 VLR 指示的 LA 区域内寻呼被叫 MS。此时,完成话路的接续。

由 MSC 在 LA 区域广播找到 MS 的过程,称为一次寻呼。通过寻呼,就能得到用户所在的 Cell-ID。

发生以下情况时 MS 会上传信息(包括上传的时间、事件编号、所用的基站编号即 Cell-ID)。

(1) 需要使用网络通信时,如接打电话、收发短信等;
(2) 开关机;
(3) 长时间没有上报位置信息时;
(4) 在移动中打电话切换了所使用的基站时;
(5) 在待机状态下跨越了位置区时(位置区包括多个基站)。

基于移动通信的这些特性,经提取扩样,可以获取交通所需求的某些信息,如区域居住人口数量、工作岗位数量、居民出行OD、路段流量、路段车速、区域停车场数目等。

4.1.2 基于移动终端的个体交通出行链提取方法

首先采集某人一天的出行轨迹,如图4.2所示,在分析结果出来之前,是不知道哪些基站点对应的是居住地或者工作地,但是居住地和工作地都有一定的特性,例如,若该基站对应的区域为居住地,则在晚上一定时间段内出行者大都需要回到该区域休息;若该基站对应的区域为工作地,则他在工作日的白天一定时段内可能大部分时间都在该区域内,如图4.3所示。这其中可能有一部分是外来人口,到该区域暂住一、两天也会出现上述特性,因此,需要做一个统计分析,以一个时间段为界限,比如一个月,若某人在这一个月的时间内出行大部分满足上面的特性,则认为他是属于该区域的常住居民,若在一个月时间内,只有少量的几天满足上述特性,则同样认为他不属于这个区域的常住居民。

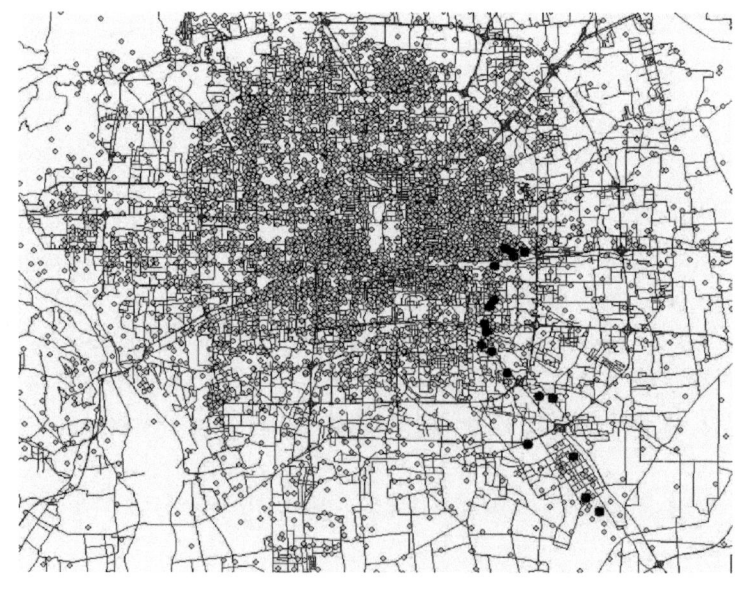

图4.2 一个用户在一天的出行轨迹图

第 4 章　群体出行特征与城市用地及交通设施的关系分析

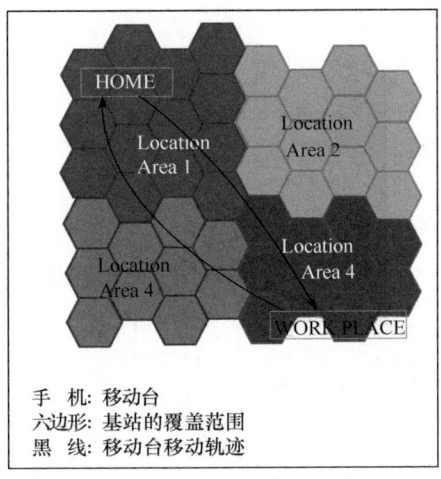

图 4.3　手机信息获取居民出行链

基于以上的这些特性,可以利用计算机程序反复计算、判定、统计出基站对应区域的居住人口数和工作岗位数。

通过手机获取的信息数量巨大,以上千万人口的城市为例,每天产生的记录多达几亿条,为了方便管理和使用这些海量数据,把数据存储至数据库,再通过编写程序来读取数据,最后经计算、识别、判定居住地和工作岗位地。整个过程如图 4.4 所示。

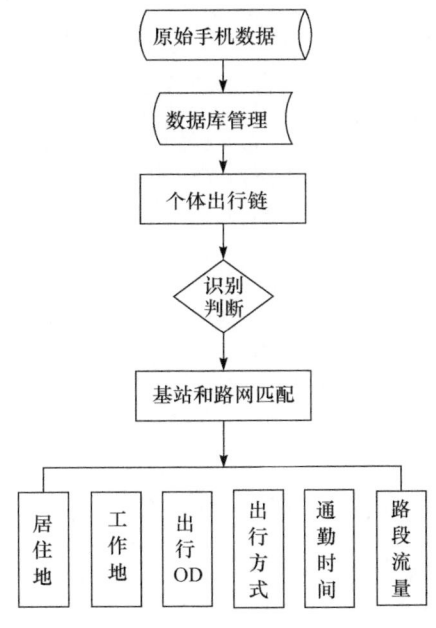

图 4.4　通过手机信息提取交通数据原理

一个带有手机的人每天出行的时候,都会上报自己所处的位置区对应的基站点,追踪其一天的出行轨迹就能得到全天的出行链。要从这个出行链中判别出哪些点是属于O点,哪些点是属于D点,就需要知道用户在对应基站点的停留时间,若停留时间达到一定的阈值,就认为该点为一个停留点,用其把一天的出行链分隔为几个OD段。如图4.5所示,用户从Start点出发,经过一天的路径后,又回到End点,若经过一定的算法,判定出该用户一天当中的停留点(图中的SP1和SP2),便可以把一天的出行链,划分为3次OD出行,即Start到SP1,SP1到SP2,SP2到End,于是得到了该用户一天的所有的OD。

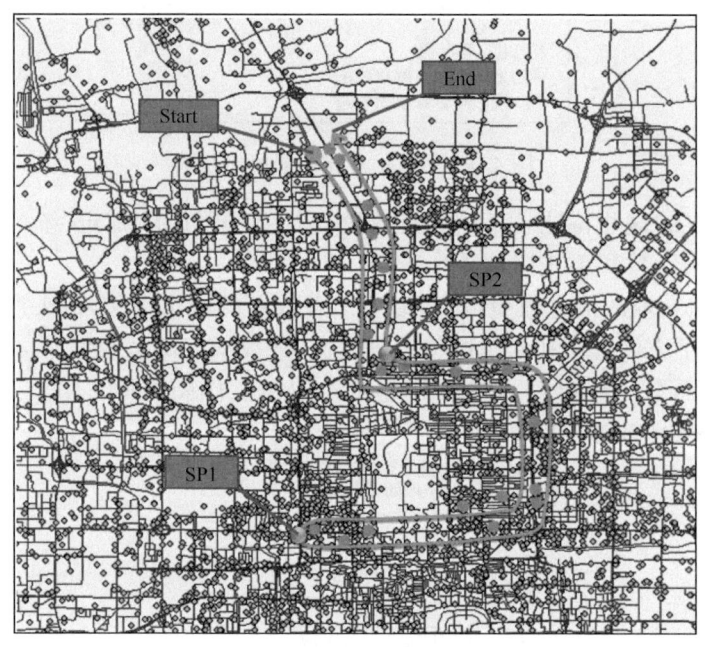

图4.5 居民出行OD提取原理

停留点判定出来后,通过判断其和交通小区的归属关系,即可以获取交通小区之间的OD量。然而,如何来确定交通小区划分的大小是一个难点,区域过小导致OD精度下降,因为基站的位置和用户实际点的位置是有差异的,精度一般在300~2000m;区域过大,虽然可以提高OD精度,但大量的区域内部出行无法反映出来。因此,除了考虑传统的交通小区划分的因素外,还要考虑手机数据的特殊性。

4.1.3 工作地居住地模糊识别及通勤出行辨识方法

通勤出行是城市居民最主要的一种出行。本节内容根据用户在居住、工作时段的通信事件数据,判别用户的居住地与工作地位置。工作地的判别结果中不包括有流动性特征用户的工作地,如快递员、出租车司机等。通过居住人口与工作岗位判别进而辨识出通勤出行。判别方法是模糊模式识别法。

1. 基本原理

由前文介绍移动定位数据特性可以知道,用户通信事件密度与比例,以及通信事件的类型,在时间分布上存在巨大差异,利用该特性及较长时间周期内的停留时间与地点关联关系可进行用户居住地及工作地判别。

用户每天的通勤过程中,会在居住地与工作地之间发生移动。当两者处于同一区域时,用户发生移动的距离较短,否则需要发生更远距离的移动。为分析用户在时间空间上的位置轨迹长期变化,以每天发生的第一个位置点作为起点,之后发生了位置点移动,以移动的距离作为横轴,不计方位,以时间为纵轴画图,该图称为用户出行时空图。该图可以直观地展现用户在时间空间上的关系,如图4.6所示,它表示一位手机用户一周的出行时空图,该用户在夜间基本在家停留不动,而白天向另一处移动;周一、周二、周四在工作时段的时空图形状类似,未发生移动,周三则在12:00外出午餐时有一个短距离的移动,而周五上、下午不在同一地方,周六10:00有一娱乐购物出行活动,直至15:00左右回到居住地,周日则没有任何出行活动。

不管是利用通信事件发生的特性,还是连续的时空位置图,任何单一指标判别出来的居住地与工作地均存在与正确结果接近的模糊概率,可以称为隶属度。该特性与模糊理论一致,因此,本书提出采用模糊模式识别的方法对用户的居住、工作地进行判断。通过连续多天比较用户在区域停留的时段与时长,可以计算用户居住地、就业地是否属于此区域的隶属度,如当用户连续多天夜间停留在某一区域,则可以认为用户居住地是此区域的隶属度较高,工作地同理。

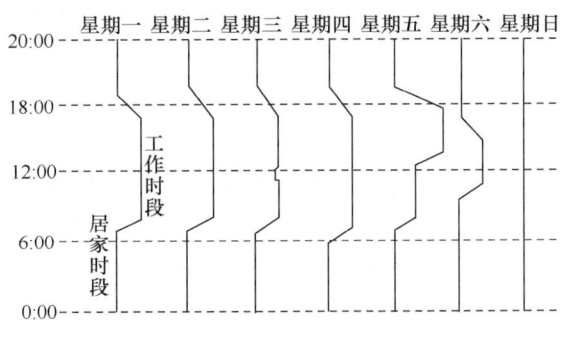

图4.6 手机用户一周出行时空图

当用户停留在相同位置未发生运动时,理论上其连接的基站扇区都是相同的,但实际上,受基站信号、用户手机等多种因素的影响,往往会在多个基站间发生"乒乓切换",对应的用户位置也被记录成"乒乓切换",当用户所处信号覆盖薄弱时,这一现象更为明显。如图4.7所示,三角形所处位置为用户一天中的实际工作地,这期间与周边的三个基站扇区发生联系：CI_1，CI_2，CI_3，时长分别是 1h、2h 和 2.5h，三个基站扇区分别归属于小区 2、6 和 5，因此，任何一个能够连接的基站扇区所处的小区均有一定的可能是用户所在的实际小区，甚至于不在基站扇区所处的小区。为了减少对结果的影响，本书通过以连续多天的数据比较、用基站扇区加权平均位置表示单一基站扇区位置等方法进行修正。

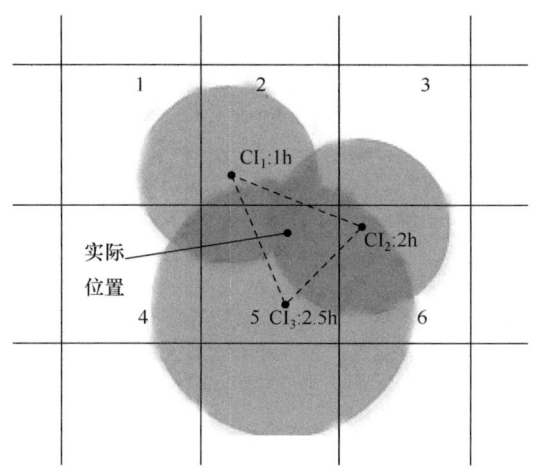

图 4.7　用户基站连接分布示意

具体方法流程如图 4.8 所示，采集包含通信事件的原始信令数据，经过预处理后，根据工作与居住时段分布，结合通信事件数据特性和用户停留时间特性，对用户工作、居住数据特征进行特征指标抽取，建立隶属度函数，在此基础上，构建标准特征向量，形成标准特征向量与待测数据之间的判决规则，最后得到用户的工作地和居住地信息。

2. 基本方法

以北京约 1200 万用户数据为基础进行居住地和工作地辨识。依据北京市错峰上下班政策，上午上班时间有 8:00、8:30、9:00，而中午大部分 12:00 下班；下午上班时间一般为 13:30，下班时间有 17:00、17:30、18:00。因此，为将绝大部分人群能包括在覆盖时段内，对工作时段与居住时段进行划分，全天工作时长取 5.5h，家里居住时长取 6h，如表 4.1 所示。

1) 通信事件分布特征

根据通信数据特点，在工作时段与休息时段，居民的通信事件特性存在较大差异，差异越大，越容易区分工作或者非工作，选定下列指标用于表征这种差异：打接电话密度 ρ_c、打接电话比例 p_c、正常位置更新密度 ρ_{nu}、周期性位置更新比例 p_u、收发短信密度 ρ_m。

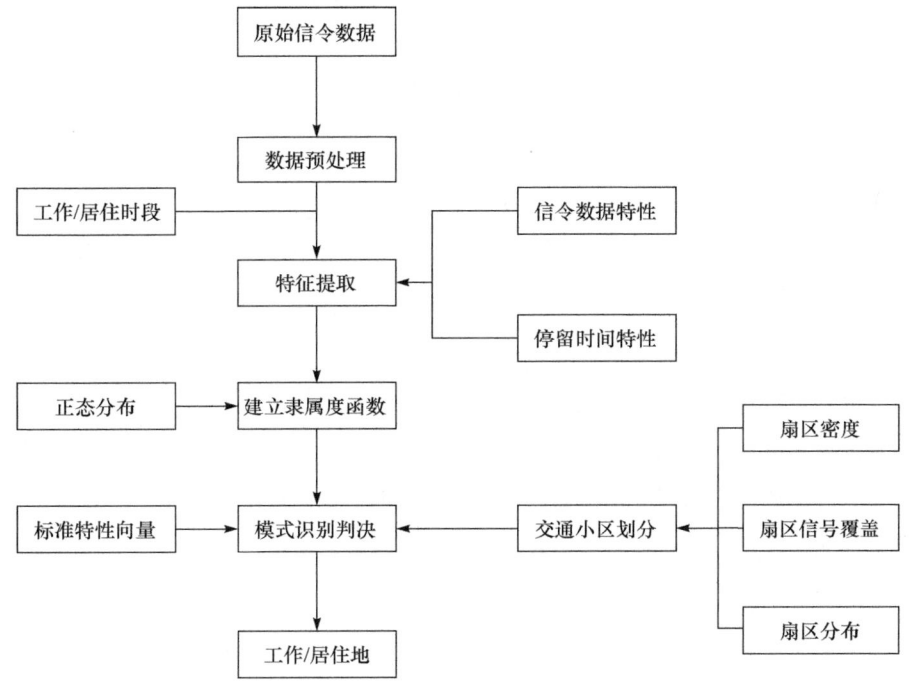

图 4.8 居住地和工作地判别流程图

表 4.1 居住与工作时段划分

居住时段	工作时段		居住时段
T_1 时段	T_2 时段	T_3 时段	T_4 时段
0:00～5:00	9:00～11:30	14:00～17:00	23:00～24:00

2) 停留时间特征

而用户在区域的停留时间也是一项重要特征,以统计周期内的实际停留的时长与最大可停留时长的比值,用 μ_{t_i} 表示,上面的分析表明,由于用户社会活动的偶然性,仅通过一天的数据确定其居住地和工作地是不合理的,因此可以联合多天进行比较。例如,以 n 个工作日为分析对象,工作时段连接到 CI_1 的总时长为 T_{CI_1},则 $\mu_{t_i} = T_{CI_1} / [n(T_2+T_3)]$。

关于工作地的识别,其论域表示为:$U_R = \{\rho_c, p_c, \rho_{nu}, p_u, \rho_m, \mu_t\}$,居住地的论域表示为:$U_W = \{\rho_c, p_c, \rho_{nu}, p_u, \rho_m, \mu_t\}$,各特征指标分别表示在工作时段和居住时段的统计值,如工作地识别中,统计 T_2 与 T_3 时段内的各特征值,居住地统计 T_1 与 T_4 时段内的特征值。

定义两个标准模糊向量集合族:$X_R = \{x_{\rho_c}, x_{p_c}, x_{\rho_{nu}}, x_{p_u}, x_{\rho_m}, x_{\mu_t}\}$ 和 $X_W = $

$\{x_{\rho_c}, x_{p_c}, x_{\rho_{nu}}, x_{p_u}, x_{\rho_m}, x_{\mu_t}\}$。通过抽取约1万个有效用户,周期性位置更新时长约120min,对特征值取平均值和方差,如表4.2所示。

表4.2 标准模糊向量集合族

特征指标		x_{ρ_c}	x_{p_c}	$x_{\rho_{nu}}$	x_{p_u}	x_{ρ_m}	x_{μ_t}
X_R	$\bar{x}$	2.75	14.2	1.066	0.089	1.70	0.82
	σ	9.09	0.138	3.32	0.099	11.74	0.16
X_W	$\bar{x}$	6.28	27.2	1.48	0.05	1.987	0.53
	σ	9.37	0.164	2.12	0.06	4.97	0.14

3. 建立隶属度函数

隶属函数确定方法主要包括5种[106]:

(1) 专家确定法。该方法是指根据个人主观认识或经验,主要根据专家经验,给出对象隶属度的具体数值。

(2) 借用已有的"公认"尺度。有些模糊集所反映的模糊概念已有相应成熟的公认"指标",这种"指标"经过长期实践检验已成为对客观事物的真实而又本质的刻画。

(3) 模糊统计法。以统计结果得出的经验曲线作为隶属函数。采用集值统计——模糊统计的方法来确定隶属函数。

(4) 对比排序法。有些模糊概念,人们很难直接给出其隶属函数,但可以较方便地比较两个元素相应隶属度的大小,此时,可以先排序再用一些数学方法处理其隶属函数。

(5) 综合加权法。对于一个由若干模糊因素复合而成的模糊概念,可以先求出各个因素的模糊集的隶属函数,再用综合加权的方法复合出这个模糊概念的隶属函数。

通常采用的几类隶属函数,包括矩形分布、梯形分布、正态分布等。这里假定隶属函数服从正态分布 $\mu_x = \exp\left[-\left(\frac{x-\bar{x}}{\sigma}\right)^2\right]$。

4. 模式识别判决

通常用于模式识别判决的方法有三种:最大隶属度原则[107]、择近原则、阈值原则。下面对几种判决方法进行简单介绍:

1) 最大隶属度原则

设 $A_i(i=1,2,\cdots,c)$ 是论域 U 上的模糊集,这里每个模糊集 $\underset{\sim}{A_i}$ 表示一个模糊模式类 ω_i。设论域中各个元素 x 对每个 $\underset{\sim}{A_i}$ 的隶属度为 $\mu_{\underset{\sim}{A_i}}(x)$,如果对于给定的

$x_j \in U$ 有
$$\mu_{\underset{\sim}{A_k}}(x_j) = \max_i [\mu_{\underset{\sim}{A_j}}(x_j)]$$
则判 $x_j \in A_k$,即判 x_j 属于 ω_k 类,或说 x_j 相对地属于 ω_k 类。该方法称为最大隶属度原则。

2) 择近原则

设 $A, B \in F(U), i=1,2,\cdots,n$,若存在 i_o,使
$$N(A_{i_o}, B) = \max_i [N(A_1, B), N(A_2, B), \cdots, N(A_n, B)] \quad (4.1)$$
则认为 B 与 A_{i_o} 最贴近,即判 B 与 A_{i_o} 为一类,该原则称为择近原则。

3) 阈值原则[108]

假设条件同最大隶属度原则,令 λ 为阈值,若 $\max_i [\mu_{\underset{\sim}{A_j}}(x_j)] \geqslant \lambda$,则认为识别可行。

本书将在择近原则与阈值原则的基础上,提出一种基于权重的改进判别方法。为了将待识别的特征向量与标准模糊向量进行比较,同样利用隶属函数,计算标准模糊向量的隶属值,可得居住地的标准向量隶属度:$\mu_{X_R} = \{1,1,1,1,1,1\}$,工作地标准向量隶属度:$\mu_{X_W} = \{1,1,1,1,1,1\}$。

计算待识别的特征向量与标准模糊向量之间的距离,现有的研究中采用海明距离和欧氏距离[109],本书采用加权欧氏距离,即
$$d(X, x_i) = \sqrt{\sum_{j=1}^{6} \alpha_j (1-\mu_{x_{i,j}})^2} \quad (4.2)$$
式中,$\sum_{j=1}^{6} \alpha_j = 1$,$\alpha_j$ 为待标定值,实际应用中可以通过多次经验测算得到;计算 $d(X, x_i)$ 最小值,表明待识别的特征向量与标准模糊向量最接近值,当该值小于 λ_1 时,认为用户就业或居住地属于此区域。λ_1 为待标定值。
$$\begin{cases} d(X, x_L) = \min\{d(X, x_1), d(X, x_1), \cdots, d(X, x_n)\} \\ d(X, x_L) \leqslant \lambda_1 \end{cases} \quad (4.3)$$
则 x_L 对应 CI 所在的小区为工作/居住所在地,该过程称为改进方法 1。

用户连接的基站并非其真实位置,以上面的方法判决得到用户的工作地必属于 CI_i 中的一个,而根据手机选择基站连接的最强信号原则,用户处于 CI_i 构成多边形中的概率要远高于多边形外。因此,本节提出以多边形的加权中心点作为判别位置点,称为改进方法 2。步骤如下:

步骤 1:取待识别的特征向量与标准模糊向量距离小于 λ_2 的集合,$A = \{x \mid d(X, x_n) < \lambda_2\}$,$\lambda_2$ 是待估计的定值。

步骤 2:计算 A 中各元素的权重,权重值 ω_n 由对应的 μ_{t_n} 决定,$\omega_n = \dfrac{\mu_{t_n}}{\sum_{i=1}^{n} \mu_{t_i}}$。

步骤3:计算工作/居住的加权中心,$x_L = \sum \omega_n x_n$。

5. 区域工作人口及居住人口的获取方法

通过扩样方法可将通勤出行转化为区域居住人口及工作岗位。

扩样是指将抽取样本根据抽样比例扩大至总体的一个过程,扩大的比例值称为扩样系数。利用移动定位信息计算用户时,分析的数据并非城市人口全样本数据,因此,在实际应用中,需要对计算结果进行扩样,才能真实反映城市居住人口的分布地、工作地特征。传统的扩样系数是由抽样率决定的,由上层方案决定整体抽样比例,再往下落实到各独立小区控制样本量的过程,保证抽样的均匀性,是一种自上而下抽样控制过程,扩样方法简单。而利用移动定位信息进行扩样时,先有各独立小区的抽样计算结果,但不知道抽样的比例,是一种自下而上的扩样过程。其核心思想是将丢失的样本补回各小区,难点在于寻找丢失的样本,将丢失的样本合理分配至不同小区。下面对丢失样本的过程进行分析,见图4.9。

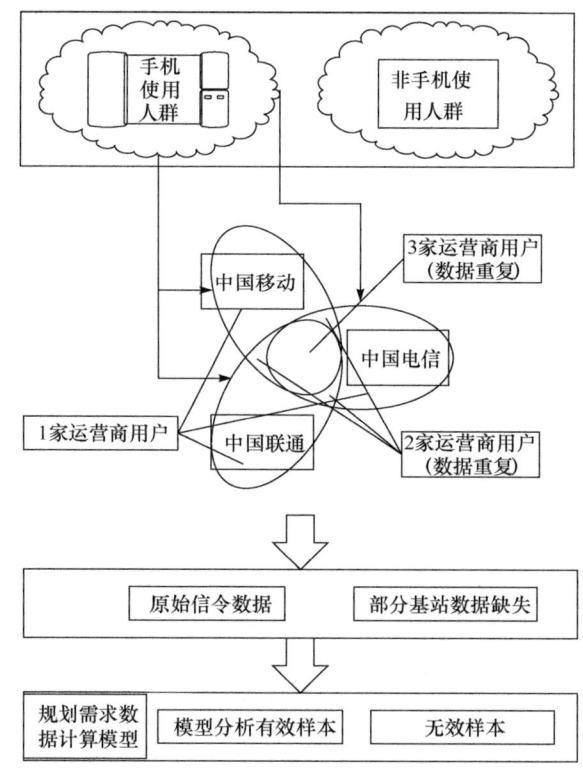

图4.9 移动定位信息样本丢失影响因素

由于不同运营商覆盖的人群比例有差异，且并非人群全覆盖，对于没有手机通信终端的用户无法分析其工作和居住地信息，且该比例在不同区域也存在差异，如城区和郊区，收入的差异可能导致城市手机持有率高于郊区。为研究该差异对结果扩样的影响，首先定义如下变量。

定义小区 i 数据使用源的通信运营商手机持有率 $P_{M,i}$：

$$P_{M,i} = \frac{N_{M,i}}{N_{T,i}} \tag{4.4}$$

式中，$N_{M,i}$ 为小区 i 内居住人口采用数据源运营商手机的数量；$N_{T,i}$ 为小区 i 内居住人口数量。

不同年龄阶层手机持有率有较大差异，进一步扩展根据年龄阶层分别计算手机持有率 $P_{M,i}^{a_j}$，可用于反推不同年龄层次的用户居住地分布。

$$P_{M,i}^{a_j} = \frac{N_{M,i}^{a_j}}{N_{T,i}} \tag{4.5}$$

式中，$N_{M,i}^{a_j}$ 为小区 i 内居住人口处于年龄 a_j 段采用数据源运营商手机的数量；a_j 为年龄阶层，可根据需求划分为不同时间长度区间。

定义小区 i 数据使用源的通信运营商用户人均持有该运营商的常用 SIM 卡(用于区别用户身份唯一性的卡)数量 λ_i，该值应大于或等于 1。

$$\lambda_i = \frac{N_{S,i}}{N_{M,i}} \tag{4.6}$$

式中，$N_{M,i}$ 为意义同前；$N_{S,i}$ 为小区 i 内居住人口采用数据源运营商手机常用 SIM 数量。

以上指标在实际应用时，可以采用辅助问卷调查的方式获知。通过抽取不同区位的用户，得到不同类别的标准数值。

手机用户的移动定位信息采集之后，有些用户的数据异常或者并非有效居住用户，均无法直接判断出其居住和工作地信息，主要包括以下几类：

（1）用户数据异常，连接基站位置大尺度漂移，用户在数据预处理阶段被过滤。

（2）触发通信事件数量有限，导致轨迹点较少，无法正确判断用户的居住、工作地信息。

（3）计算模型参数选择影响，参数阈值的选取直接影响计算结果，阈值标准越高，丢失的用户越多。

同理，为研究模型分析造成的数据丢失对结果扩样的问题，定义如下变量。

定义模型过滤用户比例 P_F：

$$P_F = \frac{N_S - N_C}{N_S} \tag{4.7}$$

式中,N_S 为待分析用户样本总量。该值须经过连续多天比较,确认用户是具有居住或工作性质的地方,排除过境用户或旅游、出差等临时性停留用户;N_C 为模型实际计算用户数量。

因此,通过对判别模型判别过程的系统分析,可以得出居住地扩样系数 I_R:

$$I_R = \sum_{i=0}^{n} \frac{\lambda_i}{P_{M,i} \cdot P_F} \tag{4.8}$$

经与人口调查数据相对比,该方法精度可达 90% 以上。

由模型分析得到北京市居住地与工作地的分布分别如图 4.10 和图 4.11 所示。居住地主要分布在城区的 2~4 环路,且在东面的密度高于西面,南面高于北面,外围则分布在天通苑、通州、大兴黄村等。

工作地分布范围较集中,主要包括三大商业聚集区:东面的 CBD、王府井区域,西面的金融街区域,北面的中关村区域。

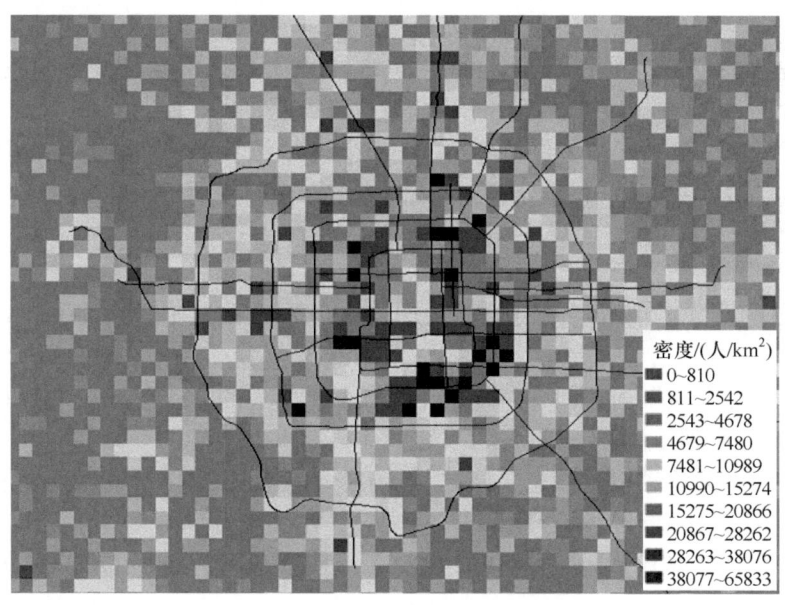

图 4.10 居住地分布

居住人口数量与工作人口数量在空间的分布关系如图 4.12 所示,工作与居住分布密度最高的区域都是在二环与三环之间,且工作人口密度约是居住人口密度的 1.5 倍,表明该区域将吸引大量的通勤出行,形成显著的潮汐交通。在四环路以内,工作人口数量与密度均高于居住人口,而在四环外,工作人口数量小于居住人口,必然形成由外向内的向心交通。

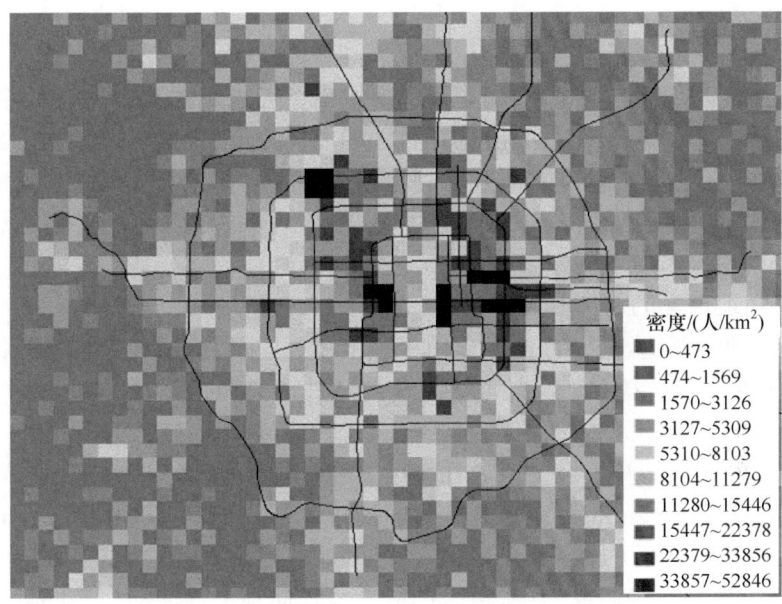

图 4.11 工作地分布

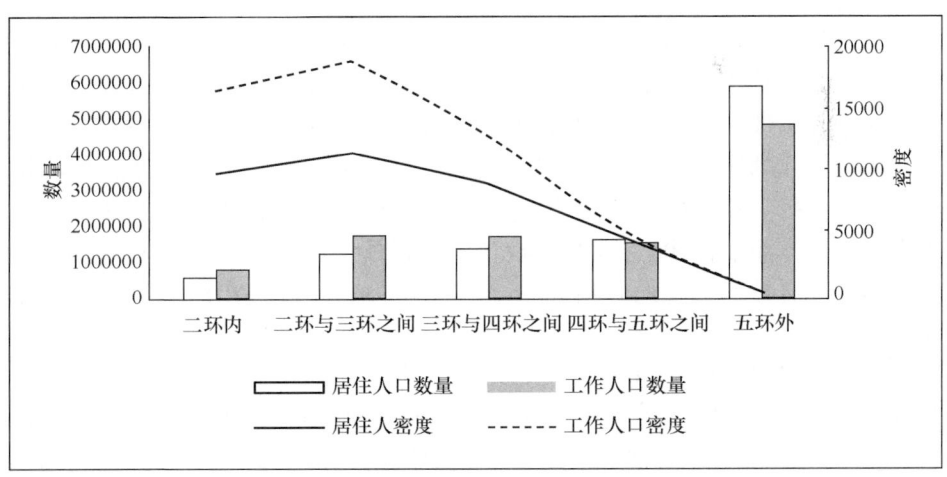

图 4.12 就业人员与居住人员分布特征

4.1.4 基于地理时空学的出行链模糊分类辨识模型

对于手机信令产生的大样本出行数据,需采用自动识别办法根据出行链的特征对其进行分类。本节基于地理时空学的方法对出行链进行自动模糊分类。

1. 时间地理学简介

在以往的研究当中,四阶段法是研究居民出行需求的主要方法,但是随着城市可利用空间的减少、居民出行时所选择目的的多样化,以及居民的家庭因素对居民出行的制约性越来越强,四阶段法在反映居民个体及家庭属性中的缺点便越发暴露出来。因此,一种更加贴合居民出行及其出行所相关的限制因素的思想方法便应运而生。

1) 时间地理学的起源和发展

时间地理学理论,是一种可以应用于城市规划中,研究居民日常出行活动的基选集模拟模型的理论学说。在20世纪60年代,瑞典地理学家Hagerstrand和其所代表的德隆学派率先提出了这一观点。之后,Carlstein、Pred、Thrift等人对他的思想进行了详尽的补充及推广。在70年代末以前,对于时间地理学的研究和应用基本上遵从于Hagerstrand所提出的最初理论。然而,在80年代后,时间地理学理论在应用上变得更加多元化,所涉及的领域也更加广泛,不仅仅局限于对区域地理规划、人地关系等研究当中,更是创造性地延伸到个人活动行为同社会结构等因素间的相互关系、女性地理学、福利地理学以及城市地域研究和城市交通规划等领域当中。

在通常的研究活动当中,为了降低研究的复杂性和计算上的强度,常常将发生活动的出行者归结成为一个整体集群来看待,其结果就是所研究的成果往往无法将人类的个人属性结合起来,从而对提高个人生活质量以及环境保护等起不到重要的作用。以往的研究当中,往往只用点、线、面来对人类的生命活动进行描述,无法将出行人在每一瞬间的生命活动在空间中直观地表达,这也就造成了通常在表示人类活动时不能如描述路边的建筑、植被那样的清晰准确。如何将人类生命活动与空间坐标有效而直观地联系起来,成为Hagerstrand提出时间地理学理论的主要起因。

2) 时间地理学的核心思想

Hagerstrand认为,人类的出行活动会受到时间、地理因素等多方面条件的限制,而这个理论正是接近于分析在时间、地理等复杂环境因素下,个体出行活动的特征与规律。首先,为了更加直接地表达个体出行活动,Hagerstrand架构了一个三维的正交立体模型。该模型包含了两个空间坐标和一个时间坐标,其中两个空间坐标用来记录个体在出行时所处在的详细位置;而时间坐标则用来记录个体整个出行时的出行事件发生的次序等。

Hagerstrand的核心思想是,人类活动从出生开始就一直在持续,通过将人类的活动行为以空间时间的坐标进行表示,可以客观地记录下人类在发生活动的瞬时轨迹,这条代表着人类生命活动的轨迹曲线,不停地随着人类发生各种活动而不断延伸,一直持续到人类生命活动终结为止。因此,在所建立的三维坐标模型中,任何一个瞬时间的点,最少都有一项出行活动与它相关。通过这个定义,个体出行活动在三维坐标体系中所表现出来的形式,可以是一刻不停地从一个位置移动到下一个位置,也可以是固定处在一个位置不再移动。在三维坐标体系中,一个持续固定位置的活动,在坐标轴中反映出来的就是一根垂直空间轴向上的直线;而持续改变位置的活动,在坐标轴中反映出来的就是一条带有倾斜的斜线,该斜线会随着出行活动的变化而不停改变斜率。

3) 时间地理学的限制因素

时间地理学主要关注的是,在相应环境条件下,对于人类出行活动所造成的制约条件。Hagerstrand 认为,人的出行活动通常是充满不确定性的,不能通过观察其以往的活动行为来对其之后的活动行为作出推测。通过研究周边环境条件对其出行活动的限制和制约,将会得出更加合理客观的研究成果。

Hagerstrand 在考虑时间和空间等周边环境对人类出行活动所造成的影响时,主要从以下几个方面进行考虑:第一,人类是一个不可分割的整体,即人类发生活动只能在一个地点;第二,人类的生命活动是有限的,有开始,有终结;第三,人类在发生所有的活动时都需要占用一定的时间;第四,空间即对于人类来说就是地表所能承受的容纳能力是有限的;第五,人类的出行活动必然受到以往的经历所制约;第六、人类在处理多种活动时,所展现出的能力是有限的。这其中,Hagerstrand 既考虑了人类自身的生理条件对出行活动的发生所带来的影响和限制,同时又考虑了外部环境因素以及人类以往生命活动对即将发生的活动所带来的影响和限制,分别从人类主观因素和外界环境所造成的客观因素来考虑人类的出行活动特征,是较为客观和理性的一种分析手段,这是时间地理学理论的主要核心特点。

4) 时间地理学的概念与表示方法

时间地理学理论在表达人类出行活动的活动轨迹时,通常采用的方法是在空间时间坐标中标示出人类在出行活动中的路径曲线。这种路径的表示方法在标示尺度的确定上完全可以自由设定。例如,在空间尺度中,可以以国家、地区、城市等分别作为表示所采用的计量单位;而在时间尺度中,包括人的一生、一年、一个节气、一个月、一周、一日甚至一个小时、一分钟等都可以作为计量单位;在针对的对象上,出行者个人、出行活动的一个群体组织等也可以作为计量单位。

另一方面,由于出行人在选择出行方式时的不同,其在进行出行活动时所能达到的范围也将不完全一样。人类在出行活动时,会受到诸如上下班时间、商店营业时间、公共交通工具运营时间、回家时间的等各种条件制约,其在各个时间带所能达到的空间移动范围也将不尽相同。这种在特定时刻、特定地点所选取的对象个体,在一定时间内所能达到的可移动的空间范围,称为可达范围。将可达范围与时间空间坐标轴用二维坐标进行表示,其出行人在出行活动时的可达范围可以用时空棱柱来表示。

时间-空间路径为我们提供了一种在时间和空间系统中有效记录个体发生出行活动的整个活动过程的方法。从中我们可以直观明了地观察出,个体在整个出行活动当中,每一个瞬间距离家的距离、活动发生时的瞬时时间、整个出行所经过的时间、每一项出行活动所持续的时间、发生的个体活动的先后顺序、出行活动的频率以及出行活动的可达范围等特征属性,对其后的深一步研究探索有着重要的意义。

2. 基于时间地理理论的活动链聚类

时间地理理论虽然提供了一个很好的个人出行活动分析方法,但对于某些出行人的出行活动集体特征的分析,仍然尚有一定的缺陷。例如,将两个人的出行活动链在时间和空间坐标所构成的三维坐标体系当中进行比较,即使两个人的出行活动链比较相似,但是由于两者相聚的地理位置较远,没有任何交集的可能,使用传统的聚类方法也很难将它们归为一类,如图4.13(a)所示。因此,虽然时间地理学对于个人出行链的可视化和相关分析是很好的工具,但是在研究和实践中通常希望在分析个人出行行为的基础上,对多人或者集群的行为进行研究,试图探索研究其中某类人或某几类人的出行行为。但是,这样的目标用惯常的时间地理学方法进行研究是难以实现的。所以,必须要在这一方法的基础之上进行改进或变通。

因为出行人的出行活动的时空路径,在时间和空间坐标所构成的三维坐标体系当中,即使两个人的出行活动轨迹相似,但可能由于两者地理位置相距较远,仍无法对其进行聚类处理。所以,在这里需要做一个转换,将每个人的出行活动链的三维坐标转换成二维坐标的形式。通过将三维坐标转换成二维坐标的形式,不同出行人的出行链在二维坐标中就可能发生交集,进而为出行链进行聚类处理提供了可能。通过对出行链进行转化,再经过一系列后续处理,就可以将行人出行链进行合理聚类。

具体方法为:将个人出行活动所产生的出行活动链,投射到一个由时间轴和距离轴所构成的二位坐标体系当中,如图4.13(b)所示。由于所研究的是基于家的出行活动,绝大部分的人一天的出行活动都是从家开始的,所以在所规定的坐标系中,代表距离的坐标轴的原点是家的位置距离越大代表某个人某一时刻的活动位置,距离家的位置越远,距离越小代表这个人活动的位置距离家的位置越近。时间轴代表活动随时间的变化情况,时间轴的原点代表零点。

在对出行链进行转化的时候,主要需要考虑出行链的以下三个特征属性:①出行活动的发生和终止时间,这一因素反映在二维坐标中就是出行人的路径曲线离开和回到时间坐标的起点和终点。通过这两点,可以定义出行人整个出行活动的整体时间。②出行活动的距离,这一因素反映在二维坐标中就是出行人的路径曲线,在每一次出行活动中,在纵坐标上的投影也就是出行人从所在地出发所经过的离家在直线长度上的距离。③活动持续时间,这一因素反映了出行人在每一活动中所消耗的时间。这三个主要考虑因素不仅在二维坐标中易于用图形或者数学符号进行表示,并且能够用来进行数学计算。因为出行人的这三个属性并不会全部相同,所以这三个因素在二维坐标中所围成的图形可以用来作为对出行人的出行活动链进行聚类的依据。

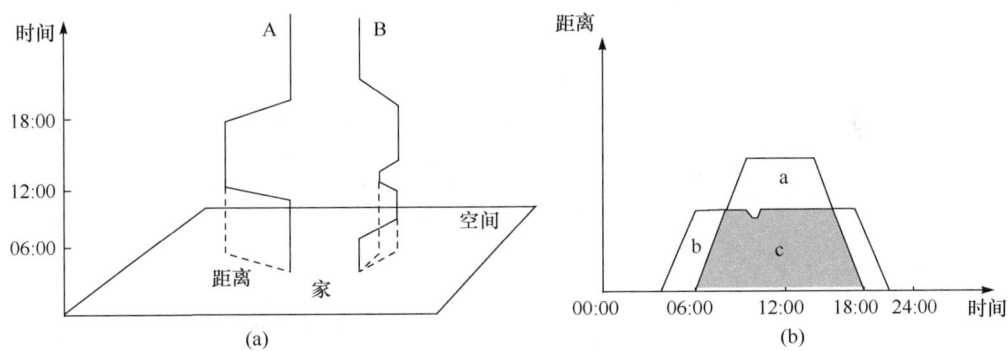

图 4.13 时空轨迹相似性计算图

1) 活动链相似度计算方法

通过上述将三维坐标转化成为二维坐标的方法,每个人的出行活动链都能在这样一个距离和时间轴上表示,而且对于分析出行活动链最关键的几个信息,如出行起始时间、活动持续时间、出行时间、出行距离等都没有丢失。这样就可以对两个人的出行活动链形状进行两两比较,计算两个活动链的相似程度,以此来作为出行链归类的依据。在这里引入一个计算两者相似程度的方法,公式如下所示:

$$D=\frac{c}{a+b-c} \qquad (4.9)$$

式中,a 代表样本 A 的出行活动链跟时间轴围成的区域面积;b 代表样本 B 的出行活动链与时间轴围成的区域面积;c 为两个人出行活动链的形状的交集部分。图 4.13(b)中所表示深色区域。如果 $D=0$,则说明样本 A 和样本 B 的出行活动链没有交集;如果 $D=1$,说明样本 A 和样本 B 的出行活动链完全相同。

使用这个公式就可以将任意两个样本的出行活动链进行两两比较,将比较的结果在一个矩阵表中表示即可。通过将出行活动链进行两两相互比较,可以计算出两条出行活动链的相似程度,进而可以以此为依据将出行活动链进行聚类处理。图 4.14(a)表示了 A_0,A_1,A_2,A_3 四个人的出行活动链形状,图 4.14(b)表示计算

了 A_0, A_1, A_2, A_3 每两个人的出行活动链的相似程度。

通过这样的比较计算,可以得出这样一个结论:当某两个出行活动链相似度较高时,可以认为这两个出行人的出行活动的出行目的是相似或相同的,从而可以将其暂时归为同一类出行活动链。但事实上,出行活动链相似度较高,并不一定说明两者的出行目的相似或相同,还需要针对每一类出行活动链进行进一步研究和讨论,来确定该类出行活动链的主要出行目的。

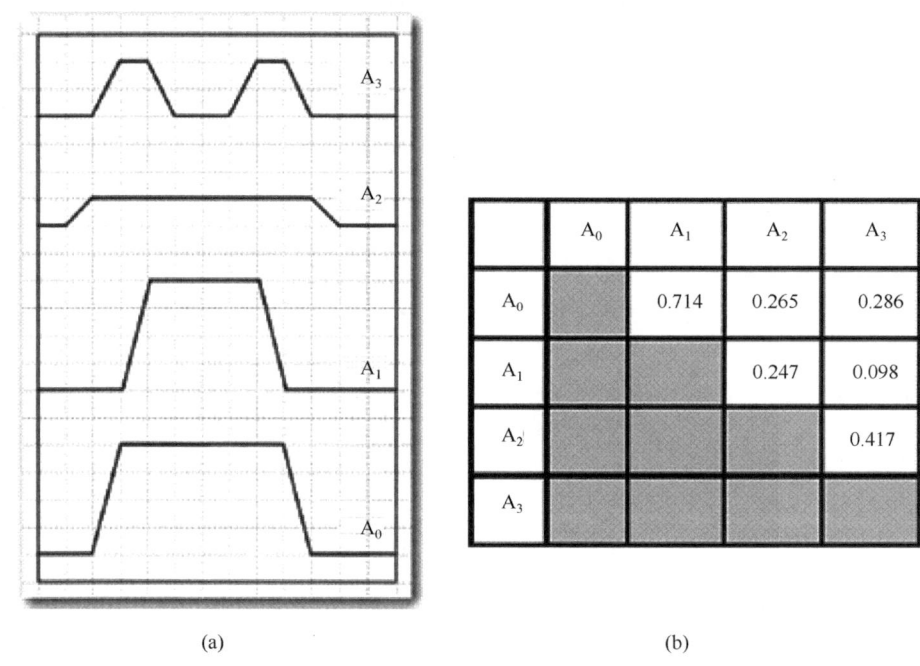

图 4.14 活动链相似性矩阵图

2) 活动链的聚类方法

接下来将要进行出行活动链的聚类,由于个体出行在出行距离上会有一定的差异,所以这里采用一种基于平均距离的层次聚类方法,该方法可以首先设定几个初始的典型的活动链的类型,以这几个不同出行距离、不同出行次数的出行活动链作为基类进行聚类。例如,如图 4.15 所示,最左边的 6 种出行链就是首先设定的有代表性的出行链类型,以这 6 类作为基类和模板进行聚类工作。

在对出行活动链进行聚类的过程中,首先需要将统计得到的出行链信息处理成如上图 4.14(a)所示的出行活动链的形式,这一步的工作是在得到出行链信息的基础上进行的,并借助 MATLAB 等统计分析工具实现的。

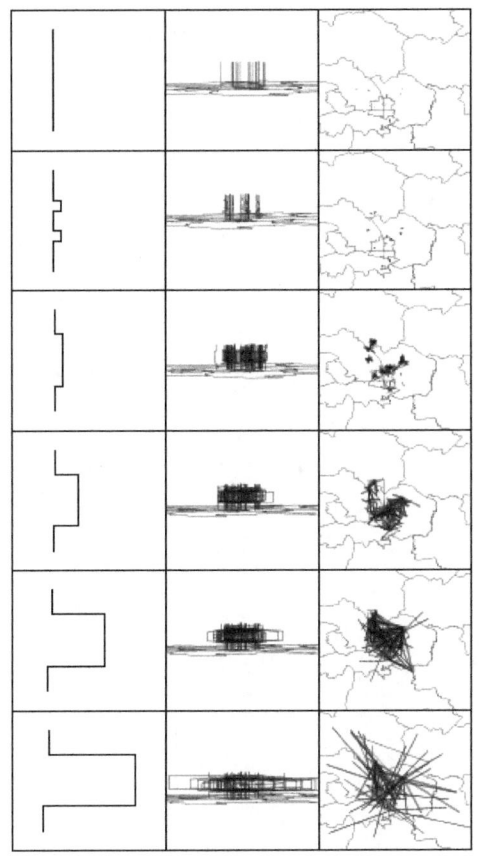

图 4.15 时空轨迹的几个基类模式

MATLAB 是一款提供科学计算、数据可视化以及交互式程序设计等的高级技术计算语言和交互环境的商业数学软件,它是由美国 MathWorks 公司研究并发布的。与传统的非交互式程序设计语言相比,MATLAB 的优势在于,它可以将很多强大的功能,如数值分析、矩阵计算、科学数据可视化以及非线性动态系统的建模和仿真等,全部在一个更容易使用的视窗环境中进行展示。MATLAB 的出现为我们的科研工作提供了一种全面的解决方案,对于科学研究、工程设计以及必须进行有效数值计算的众多科学领域的研究有着巨大的支持意义。

3)基于时间地理理论的活动链聚类实例

利用北京市 1600 万手机用户数据,将所抽样的 134 个出行者出行活动链进行分类,如图 4.16 所示。图中,横坐标为时间,纵坐标为出行者所处位置与家的距离,单位为 km。其中,

(1) 对于图(a)所示出行链，出行人为一次活动两次出行，早上离开家的时间大约在 8:00，经过一次长时间的活动，下午回到家的时间大约在 18:00 左右，离开家的距离约为 5km。

(2) 对于图(b)所示出行链，出行人在一次主要活动当中，早上 7:00 从家出发，在某一地点发生了短时间的中间驻停，其后经过一段时间的活动，在中午 12:00 之前返回家中，出行距离约为 3km。

(3) 对于图(c)所示出行链，出行人早上 7:00 从家出发，晚上 20:00 回到家中，发生了二次活动三次出行，其中第一次出行时间较长，第二次出行活动时间较短；第一次出行距离大约为 5km，第二次出行距离大约为 2km。

(4) 对于图(d)所示出行链，出行人中午 12:00 从家出发，下午 14:30 左右回到家中，发生了一次短时间的活动，出行距离大约为 2km。

(5) 对于图(e)所示出行链，出行人早上 8:00 左右从家出发，下午 18:00 左右回到家中，期间还伴随着一次短时间的出行；之后在晚上 20 点左右又从家出发，直到 22:30 左右回到家中。出行人发生了多次活动多次出行，出行活动时间不等，出行距离也不相同。

(6) 对于图(f)所示出行链，出行人早上 8:00 从家出发，9:00 即回到家中，发生了一次活动两次出行，出行距离大约为 0.6km。

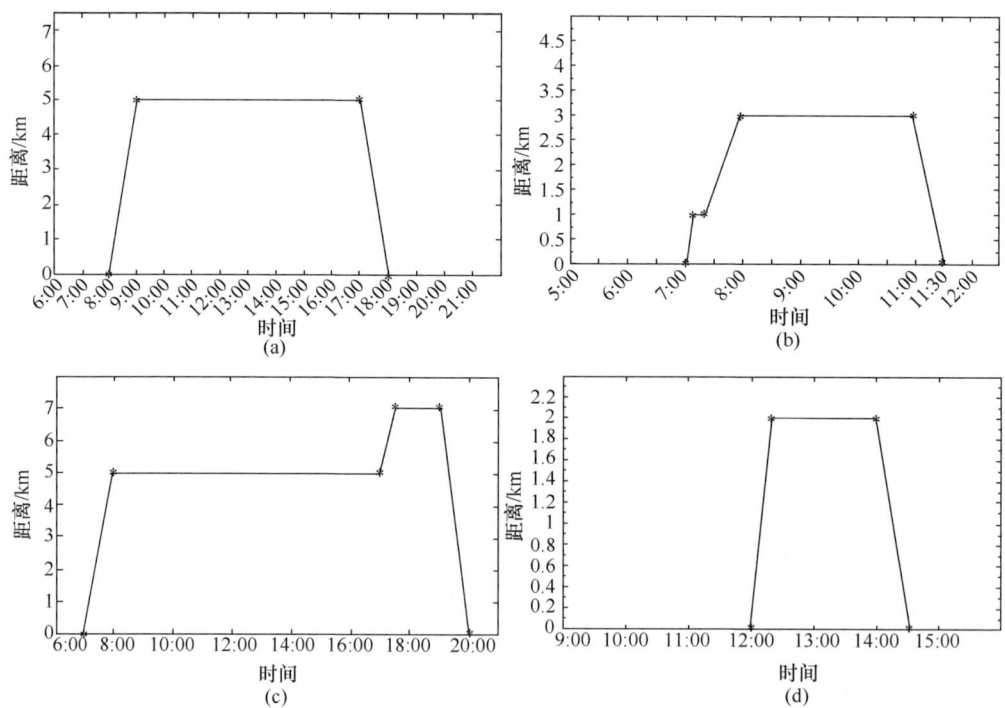

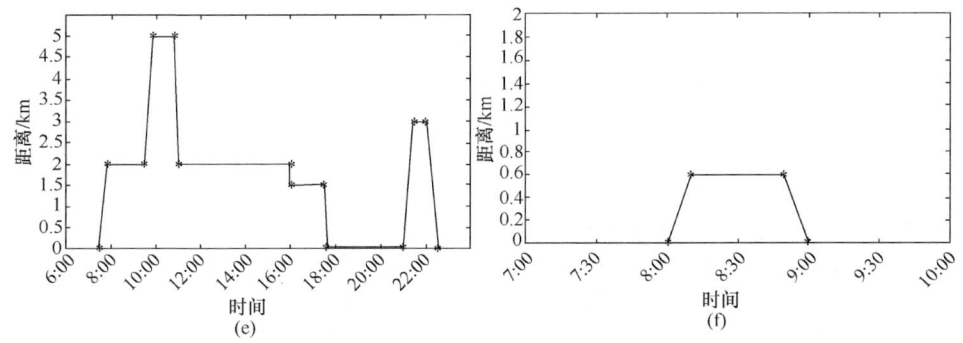

图 4.16 出行链分析结果

通过 MATLAB 统计工具软件,可以计算并得出各出行活动链的相似度矩阵。现抽取前 9 个出行者的出行活动数据作为展示,如图 4.17 所示。

```
ans=
  1.0000        0        0        0   0.1298   0.0041   0.0145   0.0184   0.0736
       0   1.0000        0        0   0.1558   0.0049   0.0174   0.0221   0.0755
       0        0   1.0000        0        0   0.0180   0.0591        0   0.0052
       0        0        0   1.0000        0   0.0074   0.0265   0.0256   0.0095
  0.1289   0.1558        0        0   1.0000   0.0308   0.0723   0.1299   0.3477
  0.0041   0.0049   0.0180   0.0074   0.0308   1.0000   0.2813   0.2225   0.0556
  0.0145   0.0174   0.0591   0.0265   0.0723   0.2813   1.0000   0.1887   0.1586
  0.0184   0.0221        0   0.0256   0.1299   0.2225   0.1887   1.0000   0.1352
  0.0736   0.0755   0.0052   0.0095   0.3477   0.0556   0.1586   0.1352   1.0000
```

图 4.17 出行活动链相似度矩阵

通过 MATLAB 统计工具计算得出相似度矩阵后,可以对这些出行活动链进行聚类处理。以相似度为依据,以图 4.17 所示的几个出行活动链基类为参照模型,比较两两出行链的相似程度。MATLAB 统计工具可以将这些出行活动链自动聚类成若干大类。聚类结果如表 4.3 所示。

表 4.3 出行链聚类统计表

类别	比例/%	特性	图形
第一类	25	这类出行链的特性为:大多数为一次主要活动,两次出行。活动的持续时间较短,通常少于 1.5h。出发时间一般是在早上 7:00~9:00,出行结束时间在 12:00 左右,再无后续出行。	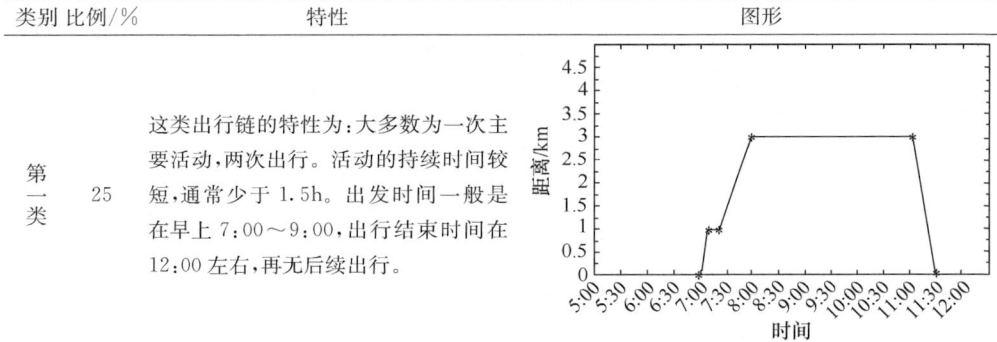

续表

类别	比例/%	特性	图形
第二类	30	这类出行链的主要特性为一次长时间活动,两次出行。多数活动时间在 7h 以上。出发时间一般是在早上 7:00～9:00,出行结束时间有较大差异。	
第三类	18	这类出行链的特性多为三次活动,四次出行。第一次和第三次活动持续时间较长,第二次活动持续时间较短。	
第四类	3	这类出行链的特性多为一次活动,两次出行。活动的持续时间较短,通常少于 2h,出发时间一般是在 10:00 之后,出行结束时间在 14:00 左右,出行距离不超过 3km。	
第五类	13	这类出行链的特性为一天内有多个活动和多次出行,通常活动次数在 4 个以上,出行次数在 5 次以上,活动的持续时间长短各不相同。	

续表

类别	比例/%	特性	图形
第六类	6	这类出行链的特性为两次活动,三次出行。第一次的出行活动较长,第二次的出行活动较短。	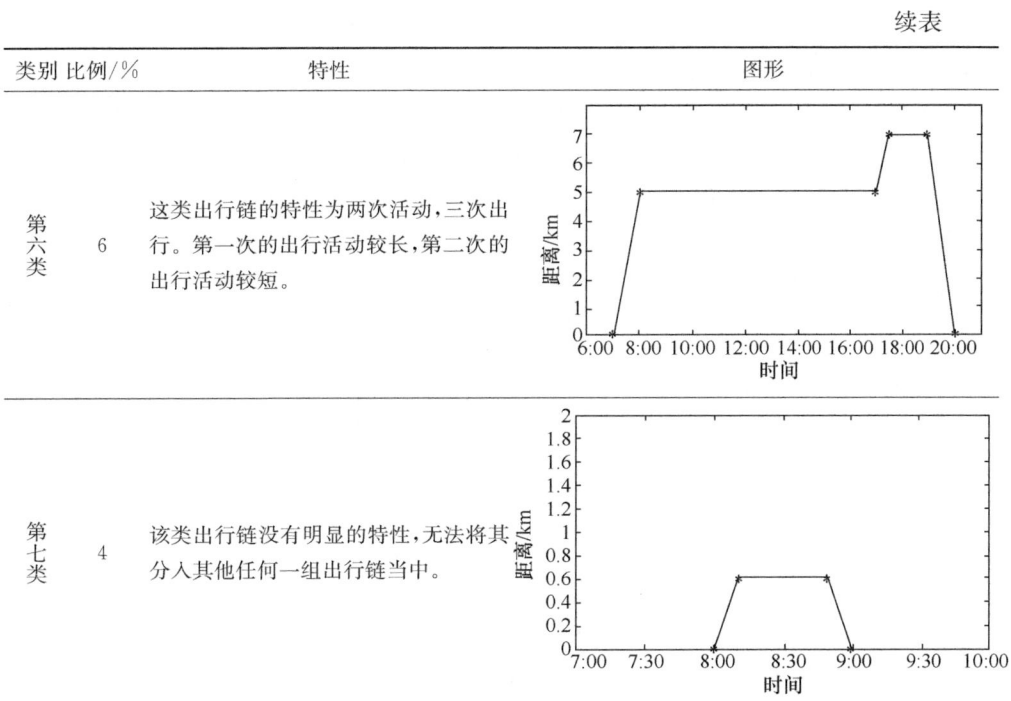
第七类	4	该类出行链没有明显的特性,无法将其分入其他任何一组出行链当中。	

4.2 区域出行时空特性

为满足生存需要,人们必须从事社会经济活动,但同时也需要满足休憩需求,每天在居住地和工作地之间发生流动。以往因数据的匮乏,对这种流动特性主要以出行 OD 进行表征,OD 可以较好地反映区域用户出行方向、出行量大小,但对 OD 形成过程无法较直观地表现出来。本节通过移动信令数据分析,确定出行者出行轨迹,以特定区域人口为研究对象,利用最小凸多边形方法、区域平均出行距离、人员密度、莫兰(Moran's)指数等分析方法,对出行者在时间与空间上的流动规律进行描述。

4.2.1 不同区域居住者出行空间活动范围

空间活动范围表明了城市人口在空间上的活动区域。它与城市规模、城市形态密切相关,反映了人们出行距离需求。本节用最小凸多边形方法来描述不同类型区域居住者出行空间活动范围。

最小凸多边形方法最早用于生物学领域,研究动物栖息地特征、社会组织等重要生态学及生物学信息,帮助人们了解人或动物在时间、空间上的迁徙移动规律[110]。本书借用数学里面的凸包(convex hull)概念描述个体用户活动范围,其定义:在一个实数向量空间 V 中,对于给定集合 X,所有包含 X 的凸集的交集 X 被称为 X 的凸包。二维欧几里得空间中,点集 Q 的凸包是指一个最小凸多边形,满足 Q 中的点或者在多边形边上或者在其内,图 4.18 中黑色线段围成的多边形就是点集 $Q=\{p_0, p_1, \cdots, p_{12}\}$ 的凸包。

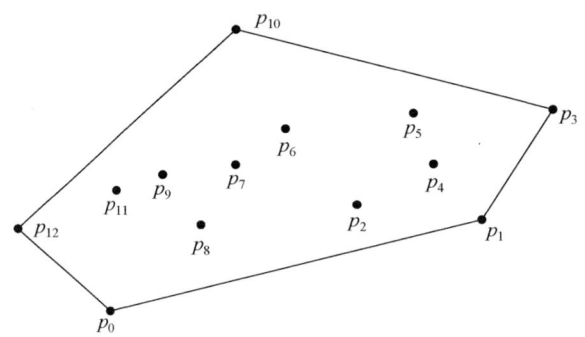

图 4.18 凸包的定义

以凸包表示个体出行者的活动范围,是出行者一天出行轨迹在空间上的最小边界几何。凸包的面积以 S_{ch} 表示,S_{ch} 值越大,表明出行者需要进行大范围的活动才能实现社会经济活动目标,一般情况下职住分离越远;S_{ch} 值越小,表明出行者仅需小范围的空间移动就能完成社会经济活动,一般情况下职住越平衡。

对商业用地为主的北京 CBD 区域和以居住用地为主的天通苑区域进行分析。CBD 区域样本用户 S_{ch} 均值为 32.2km²,以 S_{ch} 的自然对数 $\ln S_{ch}$ 为横轴,统计 $\ln S_{ch}$ 的频数及累积频率,如图 4.19 所示,由 $\ln S_{ch}=11$(约 0.06km²)开始,累积频率曲线急剧变陡,直到 $\ln S_{ch}=17$(约 24.16km²),约占全部居民比例的 70%。天通苑区域样本居民 S_{ch} 均值为 98.9km²,统计 $\ln S_{ch}$ 的频数及累积频率,如图 4.20 所示,由 $\ln S_{ch}=14$(约 1.20km²)开始,累积频率曲线急剧变陡,直到 $\ln S_{ch}=19$(约 180.90km²),约占全部居民比例的 68%,在小范围活动居民样本中,$\ln S_{ch}=2$(约 3.00km²)时,样本比例显著高于其他值。

CBD 和天通苑地区用地性质差异大,图 4.19 和图 4.20 分别为两个地区的居民日活动频数和累积频率图。由图可以看出,天通苑居民的平均活动范围约为 CBD 区域居民的 3 倍,导致这一现象的主要原因有:CBD 和天通苑所处的城市区位差异,CBD 处于城市中心核心功能区,居住人员一般无须经过长距离移动到达城市工作集聚区域;而天通苑处于城市郊区,居住人员一般必须经过长距离移动才

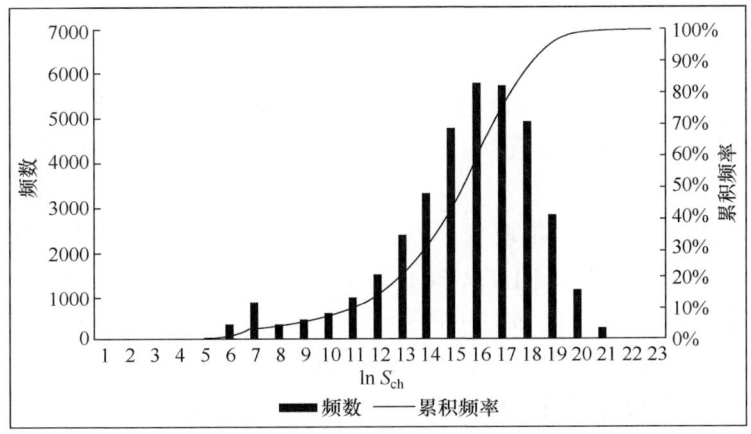

图 4.19　北京市 CBD 区域居民活动范围

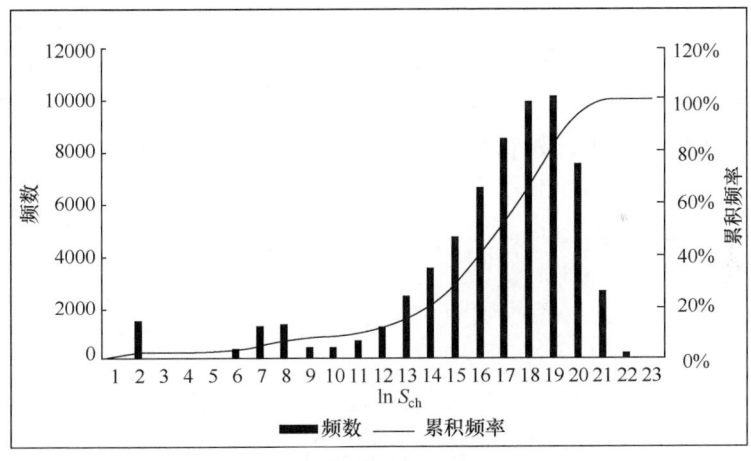

图 4.20　北京市天通苑区域居民活动范围

能到达城市工作集聚区域。在出行活动范围较小的样本比较中,天通苑用户高于 CBD 用户,导致这一现象的主要原因为:以居住为主的天通苑区域居民除了工作通勤出行需求外,其他出行需求不便,出行活动范围较大。

4.2.2　不同区域工作者出行时空积聚分析

在特定区域的工作者一天的出行空间分布可用密度表示法进行分析。密度表示法是指以统计的方法分析在特定时间范围内区域人口数量。本节以 Kernel 密度值表明人口在空间上的密度分布,计算方法如式(4.10)所示。

$$f_n(x) = \frac{1}{nh} \sum_{i=1}^{n} \left[K\left(\frac{d(x,x_i)}{h} \right) \right] \quad (4.10)$$

式中，n 为距离阈值范围内包含的空间实体数量；$K(\cdot)$ 为核密度函数，常用的有高斯核函数；h 为距离阈值；$d(x,x_i)$ 表示两点之间的欧氏距离；f 为 Kernel 密度。

采用前文提及的方法，抽取 3.8 万有效手机用户，借用 ArcGIS 里面的工具将 Kernel 密度结果呈现在空间上，从图 4.21 可以看出，在白天 16:00～18:00，用户较集中，密度分布较高的区域是 CBD；而在夜间 22:00～24:00，密度分布则由 CBD 向周边扩散，同时，CBD 区域仍保持较高的密度。这些表明在 CBD 区域工作的人的居住地还是以分布在 CBD 周边居多，其次是分布在郊区的通州、天通苑等大规模居住聚集区。

城市人口在空间范围内流动，在特定的时间段内，总人口数量不变，只是在不同区域之间流动，因此，一个区域少了一个人，必将存在一个区域会增加一个人。空间人口的增加与减少将存在空间上的积聚特性，例如，早上通勤时段居住为主的用地人口数量减少，而工作为主的用地人口数量则增加。通过对空间积聚特性的分析，有助于了解人口流动转移的规律，为城市管理者提供决策支持。

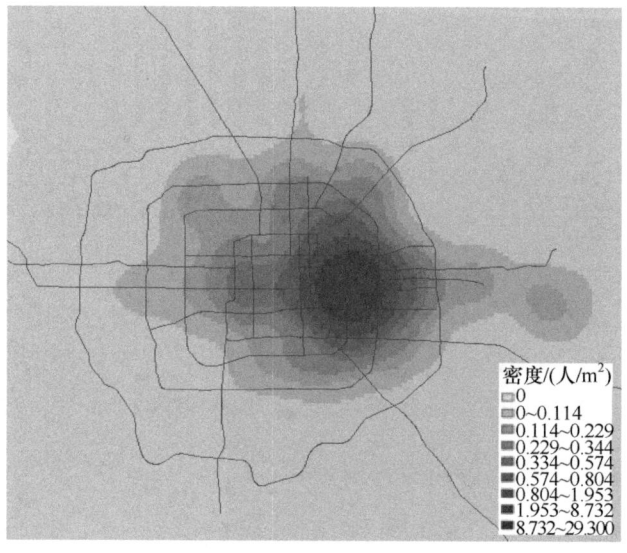

(a) 16:00～18:00

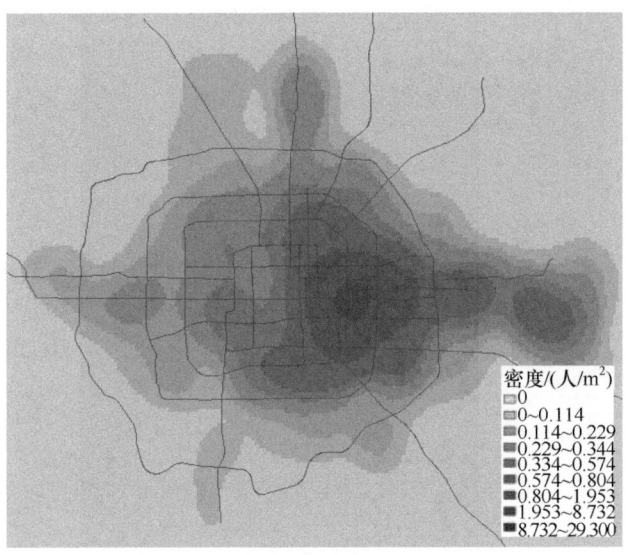

(b) 22:00~24:00

图 4.21 区域实时人口密度分布

空间积聚现象属于空间自相关(spatial autocorrelation),即指属性值在空间上相关,或者说属性值的相关性是由对象或要素的地理次序或地理位置造成的。本节采用统计学中常用的莫兰指数 I(Moran's I)进行人口流动特性空间自相关分析。莫兰指数最早是由 Moran 提出的,通常称为全局莫兰指数 I(global Moran's I),后来 Anselin 在此基础上提出了空间局部自相关分析方法,称为局部莫兰指数 I(local Moran's I),进一步完善了莫兰指数 I 的应用范围。根据莫兰指数 I 统计方法,可将研究区域划分成一定数量的网格,以网格内人口数量的变化值进行分析。两者的计算方法如下:

(1) 全局莫兰指数:

$$I = \frac{ng \sum_{i=1}^{n} \sum_{j=1}^{n} \omega_{i,j} z_i z_j}{S_0 g \sum_{i=1}^{n} z_i^2} \tag{4.11}$$

式中,$\omega_{i,j}$ 为方格网 i 和 j 之间的空间权重;n 为方格网的数量;S_0 为所有空间权重的聚合,$S_0 = \sum_{i=1}^{n} \sum_{j=1}^{n} \omega_{i,j}$。

全局莫兰指数有效性检验,通常以标准化以后的值进行,如公式:

$$z_I = \frac{I - E[I]}{\sqrt{V[I]}}$$

当人口增加高值聚集在其他人口增加高值附近；人口减少低值聚集在其他人口减少低值附近，认为全局人口流动过程中在空间上发生聚集现象，对应 I 值为正。如果人口增加高值周边聚集倾向于人口减少低值时，I 值为负。

（2）局部莫兰指数：

$$I_i = \frac{x_i - \overline{X}}{S_i^2} \sum_{j=1,j\neq i}^{n} \omega_{i,j}(x_j - \overline{X}) \tag{4.12}$$

式中，x_i 为空间单元格 i 代表的人口变化量；$x_i - \overline{X}$ 指第 i 个方格网内的人口变化数量与其平均值的差值，x_i 大于 0 表示人口数量增加 $|x_i|$ 人，小于 0 表示人口数量减少 $|x_i|$；$\omega_{i,j}$ 为 i,j 之间的空间权重值；S_i^2 的计算公式如下：

$$S_i^2 = \frac{\sum_{j=1,j\neq i}^{n}(x_j - \overline{X})^2}{n-1-\overline{X}^2}$$

式中，n 为所有单元格的数量；其他变量意义同前。

局部莫兰指数有效性检验，通常以标准化以后的值进行，如公式

$$z_{I_i} = \frac{I_i - E[I_i]}{\sqrt{V[I_i]}}$$

式中

$$E[I_i] = -\sum_{j=1,j\neq i}^{n} \frac{\omega_{ij}}{n-1}$$

$$V[I_i] = E[I_i^2] - E[I_i]^2$$

城市人口流动特性可以通过区域内人口数量的变化值进行反映。例如，单位面积区域人口增加越多，表明此区域人口流动性越强。

正值 I_i 表示当前单元格与邻近的单元格人口数量增大或减小的趋势一致，此单元格的值具有聚集性；负值 I_i 表示当前单元格与邻近的单元格人口数量增大或减小的趋势不一致，此单元格的值不具有聚集性。

在 95% 的置信度 1 下，z_{I_i} 大于 1.96 时或者小于 -1.96 时，表示人口数量变化具有显著相关性；而 z_{I_i} 位于 -1.96 与 1.96 之间时，表示人口数量变化相关性不强。

以在北京市 CBD 工作的相关人员为对象进行分析，说明人口的空间流动特性。北京 CBD 处于长安街、建国门、国贸和燕莎使馆区的汇聚区，是摩托罗拉、惠普、三星、德意志银行等众多世界 500 强企业中国总部所在地，也是中央电视台、北京电视台传媒企业的新址，是国内众多金融、保险、地产、网络等高端企业的所在地，也拥有众多微型信贷服务机构，是金融工具的汇集之处，是北京主要就业聚集区。

CBD 人口流动特性分析流程图如图 4.22 所示。先将北京市划分为 1000m×1000m 的方格网区域,利用移动定位信息统计方格内的人口数量变化值,分别计算全局莫兰指数和局部莫兰指数,研究人口流动的聚集特性。

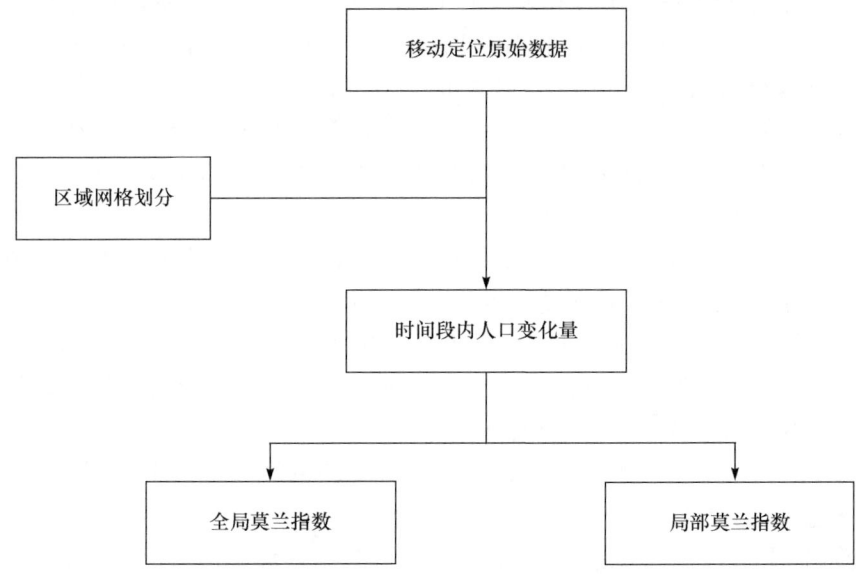

图 4.22　CBD 人口流动特性分析流程图

全局莫兰指数结果如图 4.23 所示,以横轴为时间分段,由凌晨 1:00 开始,每隔 2h 统计各网格内的人口数量变化,计算全局莫兰指数,从整体上看,在白天时段均

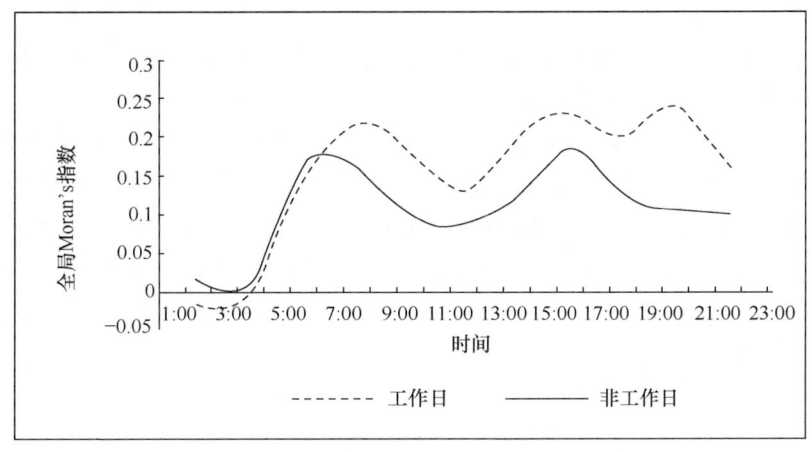

图 4.23　工作日与非工作日全局莫兰指数

为正值，呈现出两个高峰，分别位于7:00~9:00、17:00~18:00，表明人口流动均表现为聚集性，但在早晚高峰时段聚集性更强。

相较于非工作日，在工作日全局Moran's指数要持续高于非工作日，表明工作日人口聚集性更强；工作日和非工作日第一个人口流动聚集高峰形成的起始时间基本一致，但工作日持续时间跨度长于非工作日，这主要受目前北京市错峰上下班政策影响；从下午开始到晚上的时段，工作日全局Moran's指数呈现两个小高峰，分别在17:00与20:00左右，在非工作日则仅有一个高峰，在17:00左右，该现象表明CBD区域工作人口晚上加班或在该区域休闲活动比例较高，形成两波离开峰值。

通过全局莫兰指数的分析，可以看到人口流动在整体上的聚集规律，而在空间上流动的方向则通过计算局部莫兰指数进行研究。

根据CBD相关人员在时间与空间上的变化情况计算局部莫兰指数，由统计学相关知识可知，z_{I_i}大于1.96时，认为显著性水平达到0.05，此时区域人口增加或者减少，具有高聚集性，人口增加聚集记为HH，人口减少聚集记为LL。以2h为间隔划分时段，结果见表4.4，当表现为HH时，以黑色填充小网格，当表现为LL时，以灰色填充小网格。

整体上看，以CBD区域为中心，在15:00之前，区域人口变化表现出增加性聚集，而周边区域如东四五环之间、通州，以及南面的二四环之间等，表现出人口减少性聚集；在15:00之后，CBD区域人口变化表现出减少性聚集，周边区域则表现出增加性聚集。因此，可以认为，在CBD工作的相关人员主要居住在其区域东面四五环之间、通州以及南面的二四环之间等，西面则较少，呈开口向右的"卧倒状"Y形。

通过工作日与非工作日的局部莫兰指数比较也可以看出，两者差异主要表现在白天时段，而夜间两者相差不大。首先，在工作日上午9:00~12:00，CBD北面的惠新里区域呈现人口减少性聚集，但在非工作日没有体现该现象，如表4.4中图e和f表明，该区域非工作日外出活动与进入区域的人员数量基本平衡，未表现出较强的人口增加或减少聚集特性。其次，在下午15:00~17:00，如表4.4中图h所示，处于CBD西面的复兴路沿线区域在非工作日表现出较强的人口增加聚集性，导致该差异的主要原因是该区域休闲、娱乐设施较集中，吸引大量周末出行。

第 4 章 群体出行特征与城市用地及交通设施的关系分析

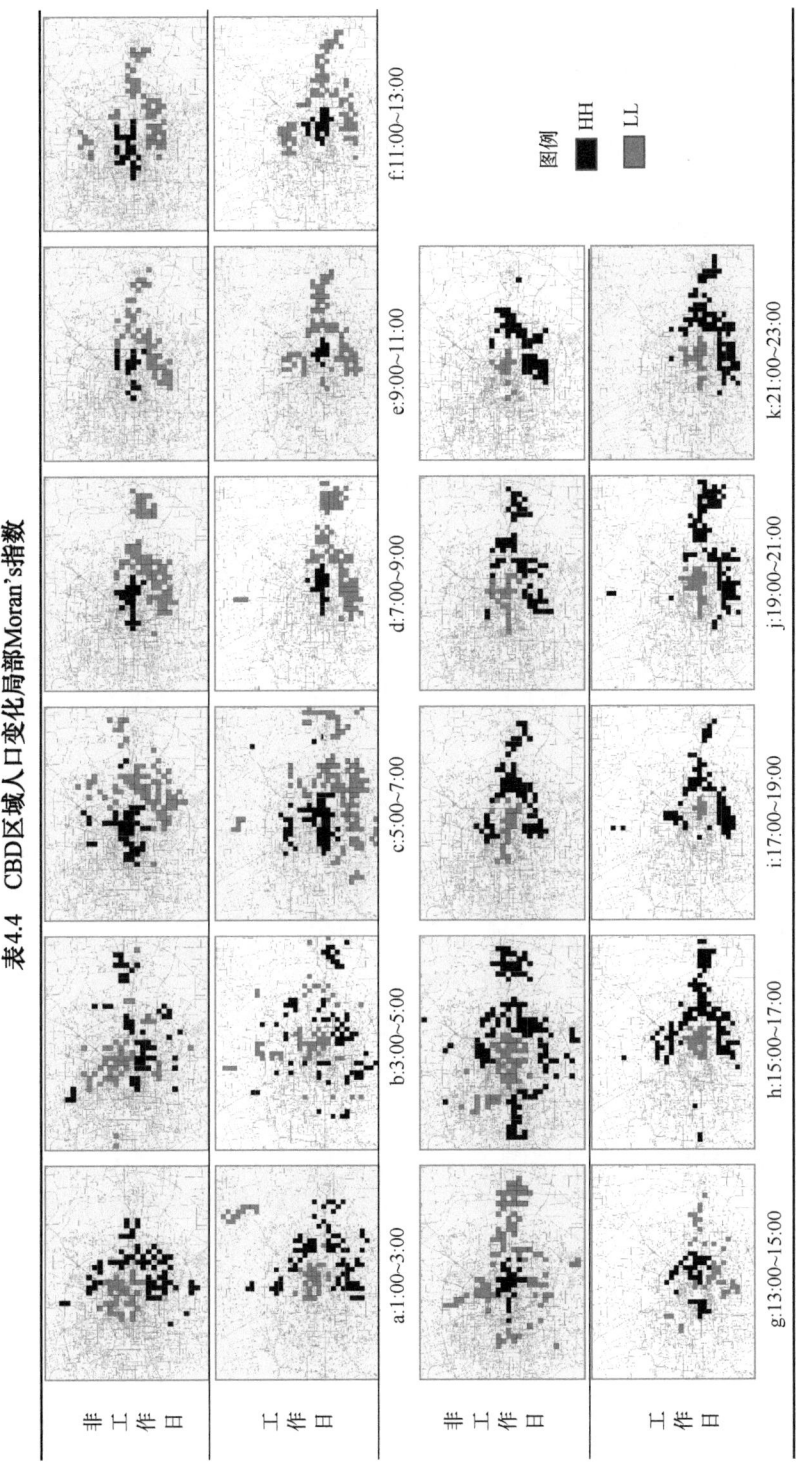

表4.4 CBD区域人口变化局部Moran's指数

4.3 北京平均出行距离与通勤距离分布

出行距离是表征一个区域群体出行特征的主要指标,选取出行距离的表征参数有平均出行距离和平均通勤距离。

1) 平均出行距离

出行距离是反映出行行程长短的出行指标。小区 i 平均出行距离可用下式表达:

$$D_{\text{avg}}^i = \frac{D^i}{P^i} \tag{4.13}$$

式中, D_{avg}^i 为小区 i 内平均出行距离(m/次); D^i 为小区 i 内总出行距离(m); P^i 为小区 i 内出行量(次)。

2) 平均通勤距离(D_{wavg})

平均通勤距离指小区 i 内居住人口从居住地到工作地的距离平均值。在由居民完成的所有出行当中上下班出行是最重要的。因为这种出行刚性强,时间集中且有重复性。小区 i 平均通勤距离可用下式表达:

$$D_{\text{wavg}}^i = \frac{D_{\text{w}}^i}{P_{\text{w}}^i} \tag{4.14}$$

式中, D_{wavg}^i 为小区 i 内平均通勤距离(m/次); D_{w}^i 为小区 i 内总通勤距离(m); P_{w}^i 为小区 i 内通勤出行量(次)。

以下为北京市出行距离与通勤距离空间分布统计。

1)平均出行距离与通勤距离空间分布

图 4.24 和图 4.25 分别为平均出行距离与通勤距离空间分布图(单位:m)。由图可以得到,平均出行距离和平均通勤距离呈相似分布,主要区别在于主要工作区域的平均通勤距离相对较短。

2) 平均出行距离与通勤距离频数分布

图 4.26 和图 4.27 分别为平均出行距离与通勤距离频数分布图(横坐标单位:m,纵坐标单位:个)。由图可以得到,平均通勤距离分布相对更加均衡,均值约 12.84km,略大于平均出行距离 12.59km。

第 4 章　群体出行特征与城市用地及交通设施的关系分析　　·111·

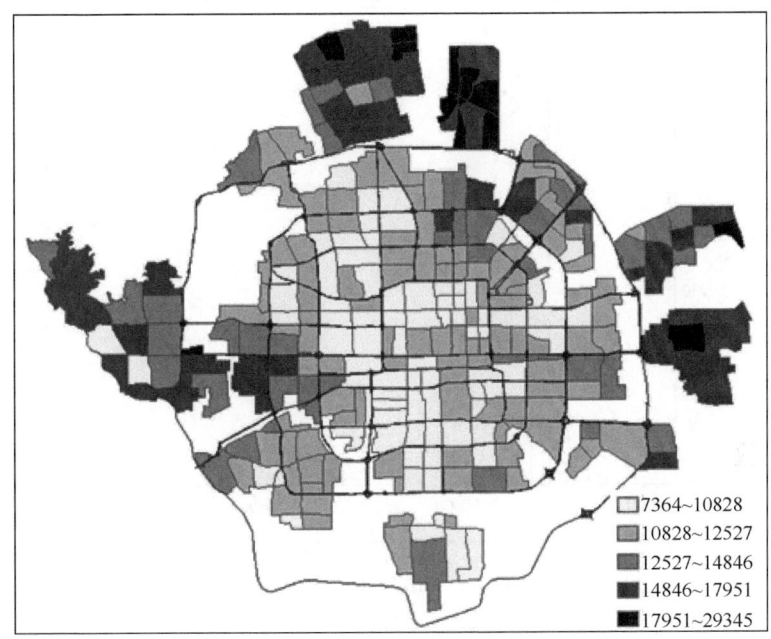

图 4.24　平均出行距离分布图(单位:m)

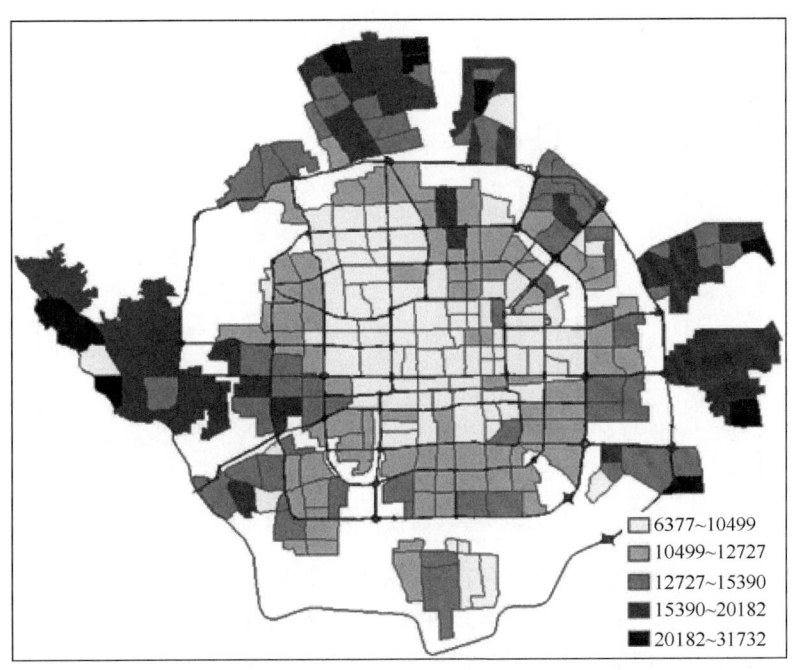

图 4.25　平均通勤距离分布图(单位:m)

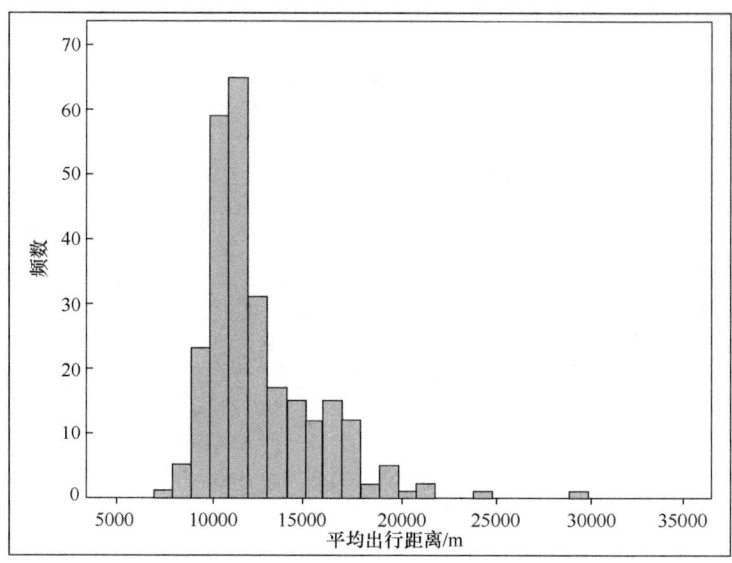

图 4.26　平均出行距离频数分布图

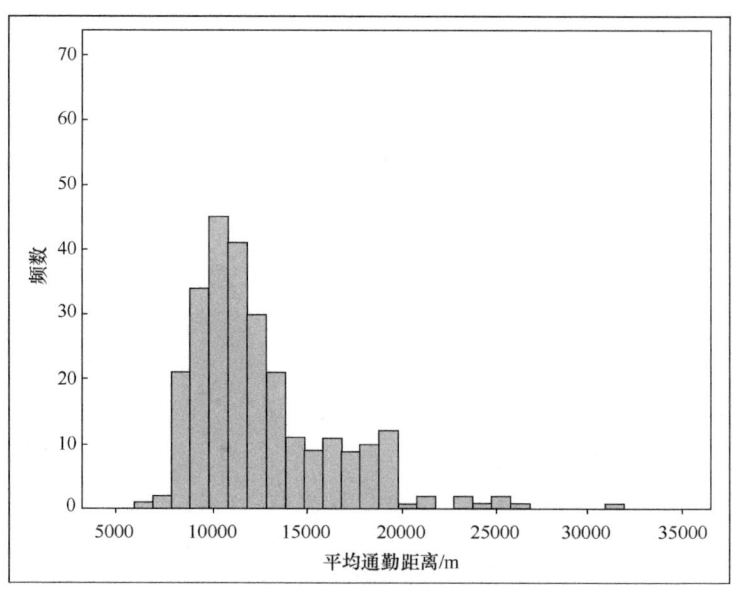

图 4.27　平均通勤距离频数分布图

3) 平均出行距离与通勤距离百分率分布

图 4.28 和图 4.29 分别为平均出行距离与通勤距离分布对比图(距离单位:km)。由图可以得到,北京市通勤短距离出行(0～5km)比平均出行短距离(0～5km)所占比率较大。

第4章 群体出行特征与城市用地及交通设施的关系分析

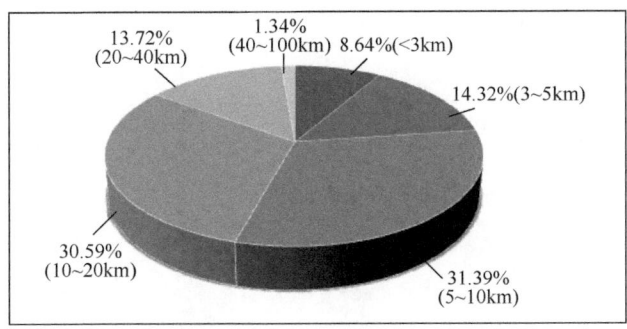

图 4.28 出行距离分布图

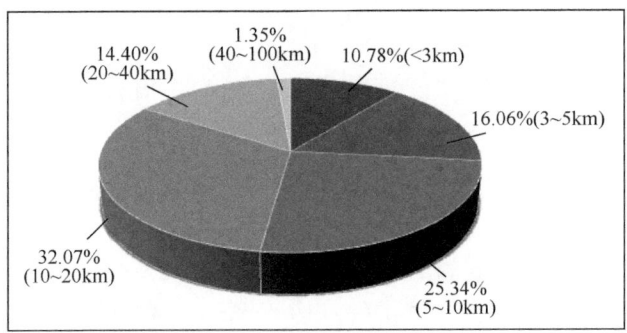

图 4.29 通勤距离分布图

4) 平均出行距离与通勤距离环带分布

图 4.30 和图 4.31 分别为平均出行距离与通勤距离环带分布图（横坐标为环带，纵坐标单位为 m）。由图可以得到，随着环带的增长，区域平均出行距离和平均通勤距离均逐渐增加，其中通勤距离增加幅度更大。

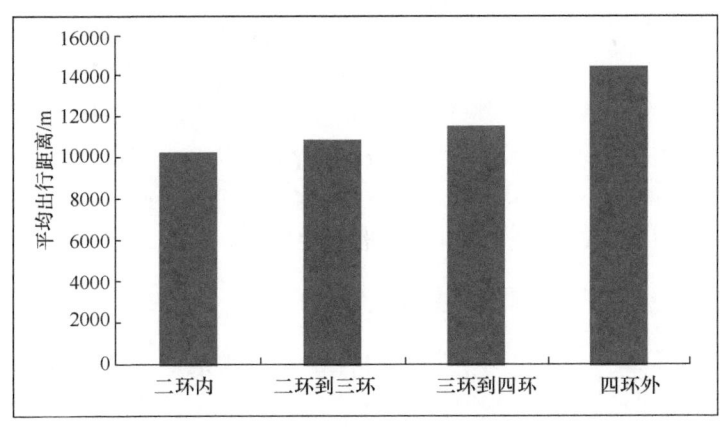

图 4.30 分环带平均出行距离分布图

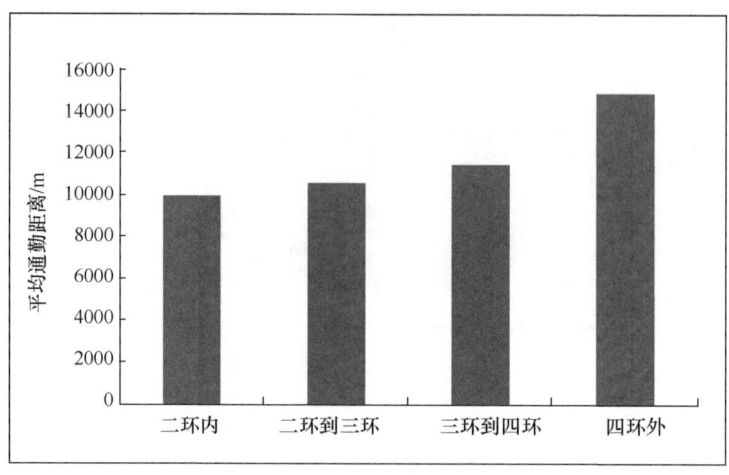

图 4.31　分环带平均通勤距离分布图

4.4　区域出行距离与土地使用的关系

城市土地利用就是指对城市的土地进行不同层次及功能的配置。城市土地利用是一个综合的概念，涉及构成城市的一切要素，土地的用途、开发的强度、居住人数、人口密度、住宅与工作岗位数、汽车拥有量、货物流通已都应包括在内。城市土地利用要求与城市产业发展变化进程、居民生活素质提高进程，以及现代化、社会化进程相适应。从其表象来看，城市土地利用包括：城市土地利用的规模、城市土地利用的空间形态及城市土地利用的结构与比例三个方面。

影响城市土地利用的因素主要包括城市人口规模、城市的性质与功能和城市布局特点。一般来讲，城市人口规模的大小直接影响城市用地的规模。城市是由各种物质要素构成的综合有机体，城市职能的有效发挥就要求各功能活动间的相互协调与密切配合。城市人口规模越大，对城市功能要求也就越全面，因而城市用地的规模也就越大。由于不同类型城市功能不同，土地利用的密度和土地利用结构不一样，城市用地规模也就不一样。城市的性质和功能在很大程度上决定了城市土地的利用。单中心的城市，布局紧凑，用地较为节省。而由于受地形限制或某些因素的影响，布局松散的城市，一般用地就比较多。

4.4.1　土地使用及出行距离表征参数指标的选取

大量研究表明，出行距离与土地使用有着密切联系。本节选取土地使用表征指标为用地指标，即工作岗位密度、居住人口密度、混合程度、距中心点距离、距就业聚集区距离。

1) 居住人口密度

居住人口密度为小区 i 内的居住人口总数和面积之比：

$$\rho_r = \frac{Q_人}{S} \tag{4.15}$$

式中，ρ_r 为小区 i 居住人口密度（人/km²）；$Q_人$ 为小区 i 居住人口数（人）；S 为小区 i 面积（km²）。

2) 工作岗位密度

工作岗位密度为某一小区内的工作岗位总数和面积之比：

$$\rho_w = \frac{Q_岗}{S} \tag{4.16}$$

式中，ρ_w 为小区 i 工作岗位密度（个/km²）；$Q_岗$ 为小区 i 工作岗位数（个）；S 为小区 i 面积（km²）。

3) 混合程度

混合程度用来描述土地利用类型的丰富和复杂程度，反映土地利用类型的多少和各种类型所占比例，当土地利用各种类型所占比例差异减小时，多样性上升。为简化，本书仅考虑工作岗位及具劳动能力的居住人口的平衡情况，近似表示小区混合程度：

$$H = \frac{P_岗 \ln(P_岗) + P_人 \ln(P_人)}{\ln \frac{1}{2}} \tag{4.17}$$

式中，H 为小区 i 混合程度；

$$P_岗 = \frac{Q_岗}{Q_人 + Q_岗} \tag{4.18}$$

$$P_人 = \frac{Q_人}{Q_人 + Q_岗} \tag{4.19}$$

其中，$Q_岗$ 为小区 i 工作岗位数（个）；$Q_人$ 为小区 i 劳动人口数（人）。

H 值在 0~1，越趋近 1，说明居住人口和工作岗位数越接近；当等于 1 时，说明居住人口和工作岗位数各占 50%。

4) 距中心点距离（d_c）

距中心点距离为各小区质心到城市中心区（紫禁城）的距离。

5) 距就业聚集区距离(d_w)

距就业聚集区距离为各小区质心到就业聚集区质心的距离。

4.4.2 区域空间位置与出行距离关系

首先将 293 个小区的工作岗位和出行量数据输入到 spss 软件内,小区工作到中心点距离、平均出行距离、平均通勤距离的单位均为 m。删除残缺数据后,得到样本量 267 个小区。

将各小区距中心点距离、平均出行距离依次输入到 X 轴和 Y 轴,得到散点图 4.32,将距中心点距离、平均通勤距离依次输入到 X 轴和 Y 轴,得到散点图 4.33。可以看出,散点图窄而密集,区域距中心点的距离与区域平均出行距离和平均通勤距离均有一定的相关关系,其中与平均通勤距离相关性更好。

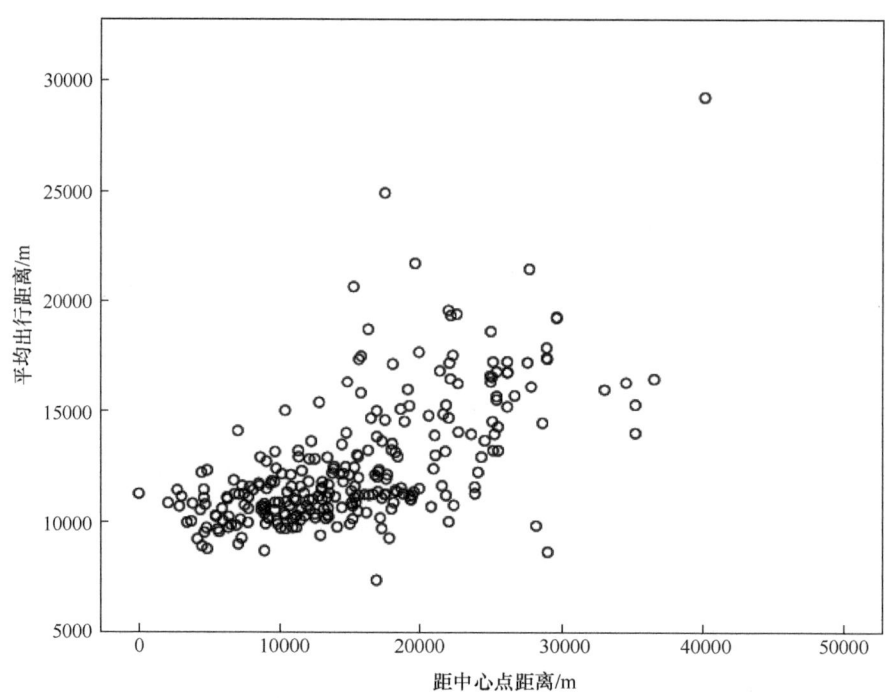

图 4.32 到中心点距离与平均出行距离关系图

将到就业聚集区距离、平均出行距离依次输入到 X 轴和 Y 轴,得到的散点图如图 4.34 所示。将到就业聚集区距离、平均通勤距离依次输入到 X 轴和 Y 轴,得到的散点图如图 4.35 所示。以上两者均有较强的相关关系,其中距就业聚集区距离与平均通勤距离相关性更好。

第4章 群体出行特征与城市用地及交通设施的关系分析

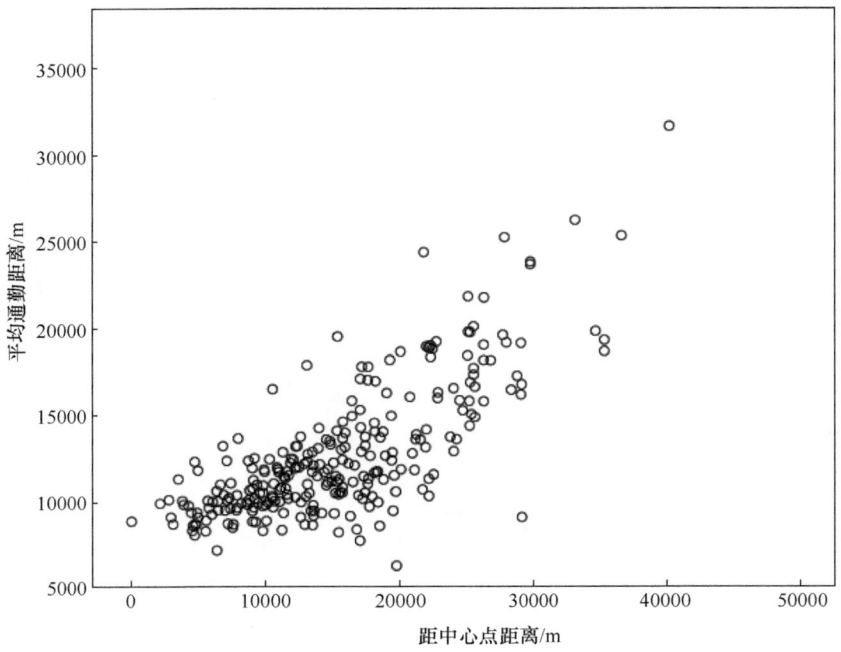

图 4.33 到中心点距离与平均通勤距离关系图

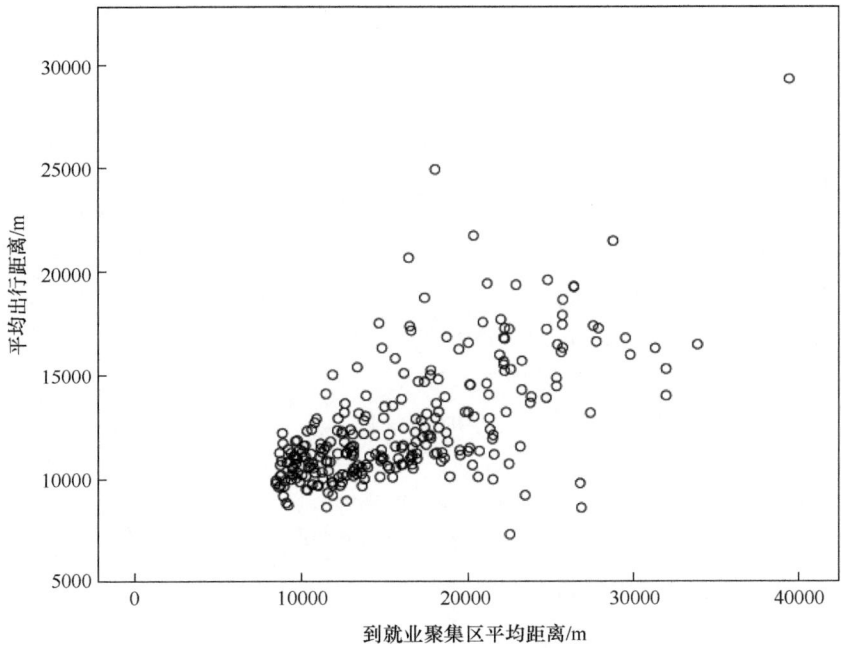

图 4.34 距就业聚集区距离与平均出行距离散点图

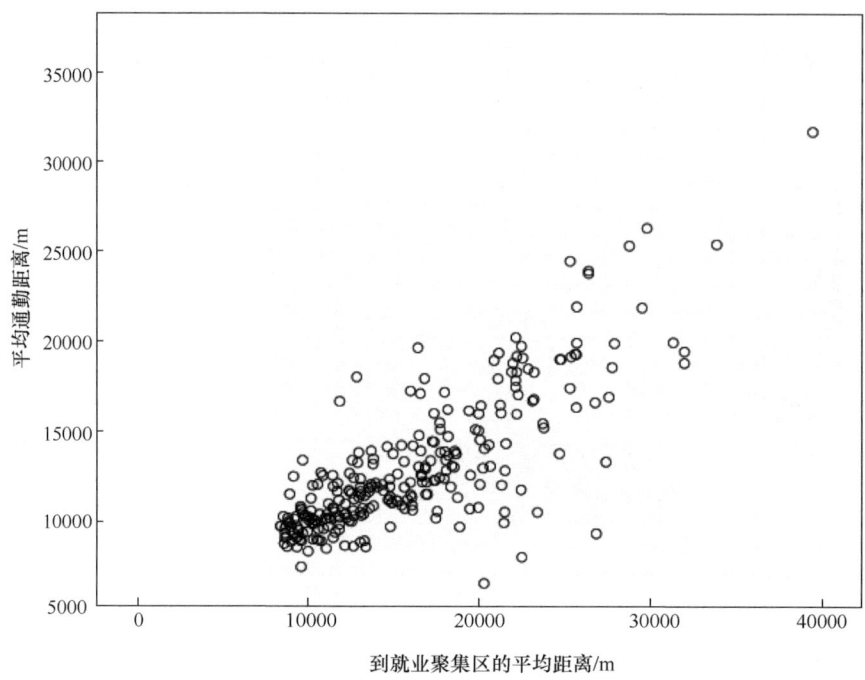

图 4.35　距就业聚集区距离与平均通勤距离散点图

4.4.3　居住人口密度与出行距离的关系

将居住人口密度、平均出行距离依次输入到 X 轴和 Y 轴,得到散点图,如图 4.36 所示。将居住人口密度、平均通勤距离依次输入到 X 轴和 Y 轴,得到散点图,如图 4.37 所示。居住人口密度与区域平均出行距离和平均通勤距离有一定的相关关系,其中与平均出行距离相关性相对更好。从图中可以看出,当居住人口密度小于 20000 人/km^2 时,平均出行距离和平均通勤距离随居住人口密度增加而迅速减小,呈现负相关关系。当居住人口密度大于 20000 人/km^2 时,平均出行距离和平均通勤距离不随居住人口密度增加而变化。

从出行距离看,高密度开发区域的居民出行距离相对较短。这是由于城市土地开发密度高,各种城市功能在有限的地域范围内集成,人们的工作、文化娱乐、教育学习、探亲访友、购物社交等活动在有限范围内完成,从而使得出行距离相对较短,且采用步行、自行车等非机动车交通方式较多。

第4章 群体出行特征与城市用地及交通设施的关系分析

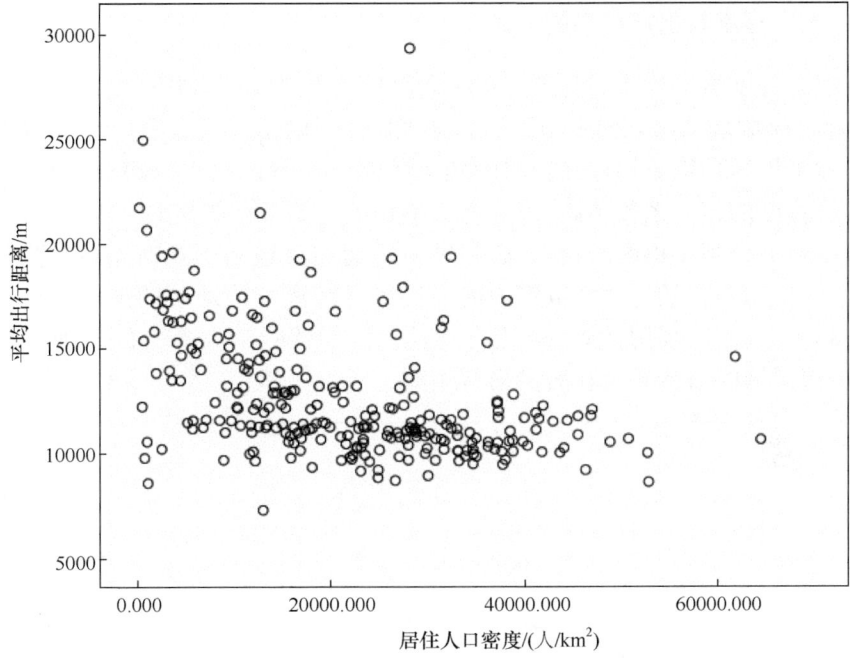

图 4.36 居住人口密度与平均出行距离散点图

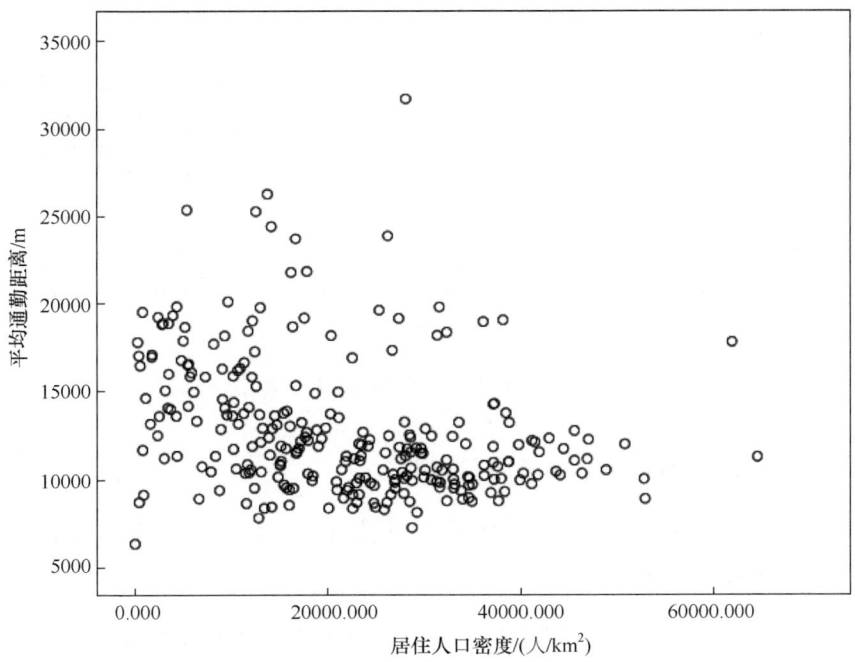

图 4.37 居住人口密度与平均通勤距离散点图

4.4.4 混合程度与出行距离的关系

将混合程度与平均出行距离、平均通勤距离依次输入到 X 轴、Y 轴,对全市 267 个小区绘制散点图,分别如图 4.38 和图 4.39 所示。混合程度与区域平均出行距离和平均通勤距离均存在较弱的相关关系。尽管居民出行距离、通勤距离与土地混合程度的相关系数不高,但二者成负相关的关系是明显的。也就是说,出行距离与土地混合利用程度的关系,亦是城市交通与土地利用互动关系在微观层面的体现。研究表明,某一地区范围内的居民出行距离与该地区的土地混合利用程度密切相关,当土地利用达到一定混合程度时,能够吸纳大部分的本地区居民出行,减少跨区域的出行活动和居民出行距离。

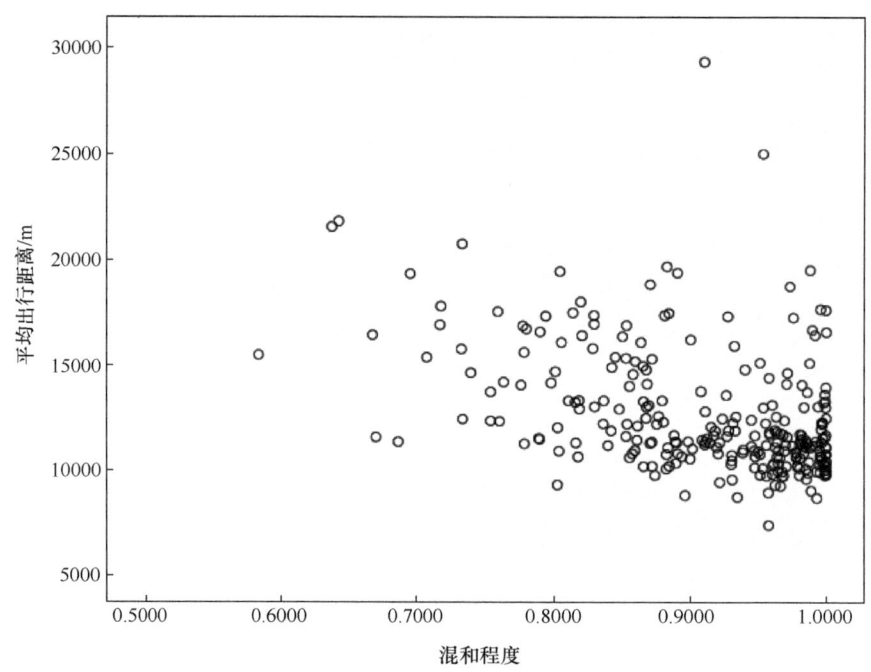

图 4.38 混合程度与平均出行距离散点图

4.4.5 土地使用指标对出行距离回归模型

对于平均出行距离采用到中心区的距离、居住人口密度、混合程度作自变量。调整后的 R^2 为 0.466,得到下式:

$$D_{\text{avg}} = 17993.553 + 0.186 d_c - 0.045 \rho_r - 7999.980 H \tag{4.20}$$

式中,D_{avg} 为平均出行距离;d_c 为到中心区的距离;ρ_r 为居住人口密度;H 为混合程度。

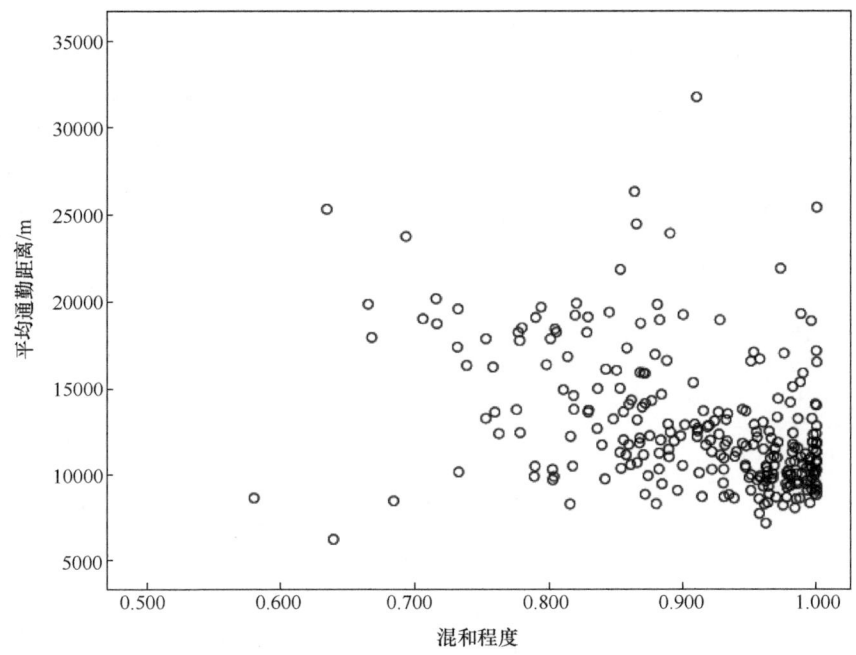

图 4.39 混合程度与平均通勤距离散点图

对于平均通勤距离采用到工作聚集区距离作自变量,其余变量均未通过显著性检验。调整后的相关系数为 0.636,得到下式:

$$D_{wavg} = 4251 + 0.534 d_w \quad (4.21)$$

式中,D_{wavg} 为平均通勤距离;d_w 为到工作聚集区平均距离。

4.5 轨道出行用户工作居住地分布

4.5.1 轨道出行用户工作居住地辨识方法

轨道交通用户的工作居住地分布数据为交通组织管理方案制定、轨道交通规划、交通政策制定提供重要支撑。现状轨道出行乘客居住地和工作地的信息的获得主要包括两种方法:一种是通过居民出行入户调查,通常由专业人员对用户一天的出行进行问卷记录,从而获取出行路线与工作居住地等信息,但该方法问卷对象随意性强,无法精确定位特定起讫点用户;另一种是通过在地铁站点发放问卷,现场对轨道出行人员进行调查,该方法可以精确获取用户的工作居住地信息,同时也能获取在轨道出行过程中的路径,但调查难度大,成本高。

以上两种方法均以人工方式展开,每次调查成本高,时效性差,无法长期获取数据。而基于移动定位信息的方法能够较为方便、快捷地得到这些信息。本书将轨道出行路径识别与工作居住地识别综合考虑,以北京地铁一号线乘客出行为例进行说明,流程如图 4.40 所示,移动定位原始数据,结合地铁基站数据库,判断用户是否为轨道交通出行,判断成功后,再进行轨道出行路径识别,得到在轨道系统内的出行 OD、出行路径,最后再进行用户工作居住的识别,得到工作和居住地信息。

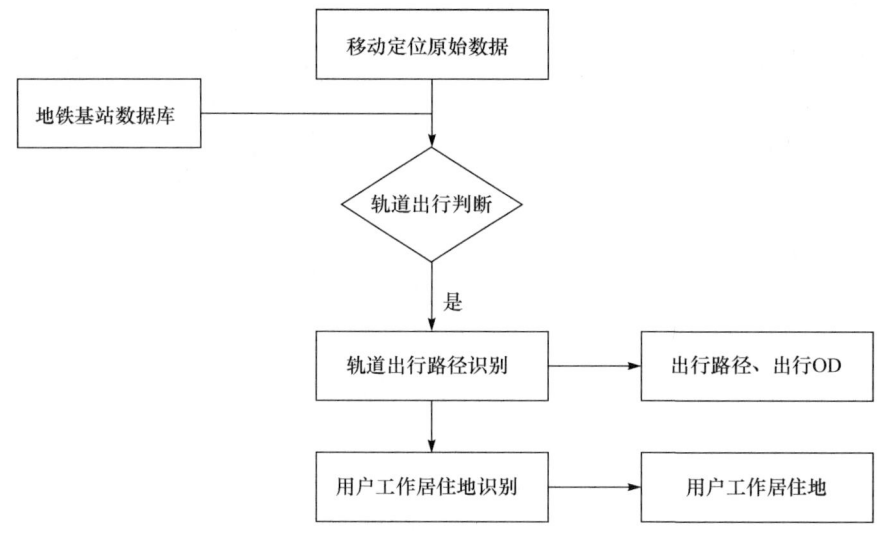

图 4.40 轨道出行用户工作居住地分析流程

4.5.2 北京地铁一号线乘客居住地分布

地铁一号线贯穿北京东西方向,周边分布了东单、西单、王府井、金融街、CBD 等北京著名商业区,是北京市重要通勤走廊。一号线乘客居住地密度分布结果如图 4.41 所示。

地铁 1 号线乘客的居住地主要分布在 1 号线沿线,以地铁线起终点两端的苹果园和四惠地铁站周边比例最高。此外,在其他地铁线路沿线也吸引了大量的乘客居住,如地铁八通线、4 号线、5 号线和 10 号线部分区段沿线。

以长安街为界,居住分布南北差异明显,长安街以南区域居住的比例要整体高于长安街以北区域。

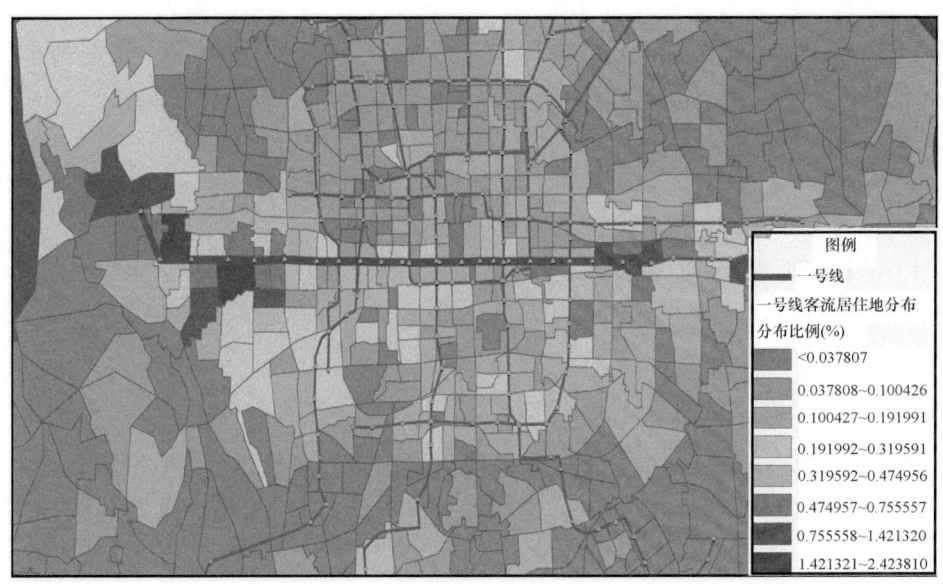

图 4.41　地铁 1 号线乘客居住地在各交通小区分布密度图

4.5.3　北京地铁 1 号线乘客工作地分布

1 号线乘客工作地密度分布结果如图 4.42 所示。

图 4.42　各交通小区地铁 1 号线乘客工作地分布密度图

与居住地的分布有所不同,地铁1号线乘客工作地主要分布在1号线东段从西二环到东四环沿线区域,而西段比例稍低。这是由于1号线东段沿线的西单、王府井、国贸和大望路区域为商业集中区,就业岗位较为密集,而西段沿线工作岗位数量和密度较低。

此外,也有大量的1号线乘客在其他线路周边工作,如2号线和10号线,均吸引有大量的工作人口。

仍以长安街为界,工作地在长安街以北的比例较以南区域高,尤其是地铁2号线沿线的东直门、朝阳门,10号线沿线三元桥以及4号线沿线的中关村、西直门区域较为突出。

4.5.4 站点乘客吸引范围分布

由于移动定位信息实现对个体在轨道交通出行路径的识别,因此,可以针对单个地铁站点进出用户进行工作与居住地的分布分析,进而对站点乘客吸引范围进行分析。

结果表明,居住地主要分布在地铁两端站点,如苹果园站到玉泉路站、大望路站到四惠东站;工作地分布则主要位于1号线偏中间的站点周边,以西单站、东单站、王府井站、国贸站、大望路站周边居多。轨道交通出行者从居住地到地铁站点的平均距离为1.6km,从工作地到地铁站点平均距离为1.1km。

由于步行接驳距离是吸引地铁出行的主要因素,以1号线20个有效站点调查数据为例进行分析,步行的出行距离由城市外围向城市中心区不断变化,基本上呈开口朝上的"抛物线"分布,具体见图4.43。由图可以看出,外围距离较长或吸引范围更大。

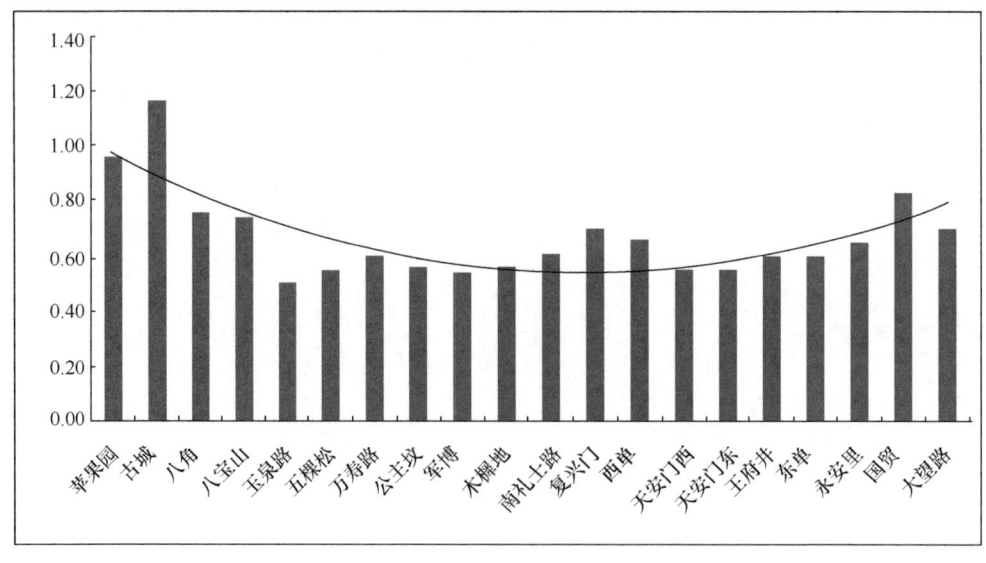

图4.43 步行的接驳距离分布图

通过对调查数据的整理发现,不同轨道站点其步行影响范围各有不同,其影响范围与以下因素有关系。

1) 区位因素

在从核心区向外围区的逐步变化中,居民会随着出行距离的增加而对出行换乘时间的容忍度相对增加。由核心区、中心区逐渐向外围区的变化中,居民出行距离相对逐渐增加,步行的有效吸引范围在逐渐扩大。

由此可以看出,在核心区和中心区范围内,地铁线网密度不断增加,其他可替代的地铁线路或地面公交越丰富,地铁交通方式的吸引范围将逐渐由间接吸引变为直接吸引,间接影响区较小。

在外围区范围内,由于地铁线网的密度较低,因而其轨道站点影响范围,特别是间接影响范围较大。

2) 用地性质

地铁站点的用地以及周边影响区的用地性质对步行的有效吸引范围有一定的影响,随着用地性质的改变,商业、居住、办公三种用地性质的步行有效吸引范围会有差异。

3) 周边道路环境

居民的出行必须是以道路环境为基础的。地铁车站周边道路环境好的情况下,步行环境安全,换乘标识清晰,步行条件舒适顺畅,该车站的步行吸引范围和吸引能力就会增强。地铁车站周边道路环境不好的情况下,步行安全性不强,换乘标识不清晰,步行环境的舒适性较差,这就使该车站的吸引范围和吸引能力大为下降。

图 4.44 为商业用地为主的西单和公主坟的步行吸引范围对比图。同样是商业用地,周边的公交也都比较发达,但是西单的步行有效吸引范围较大,主要原因

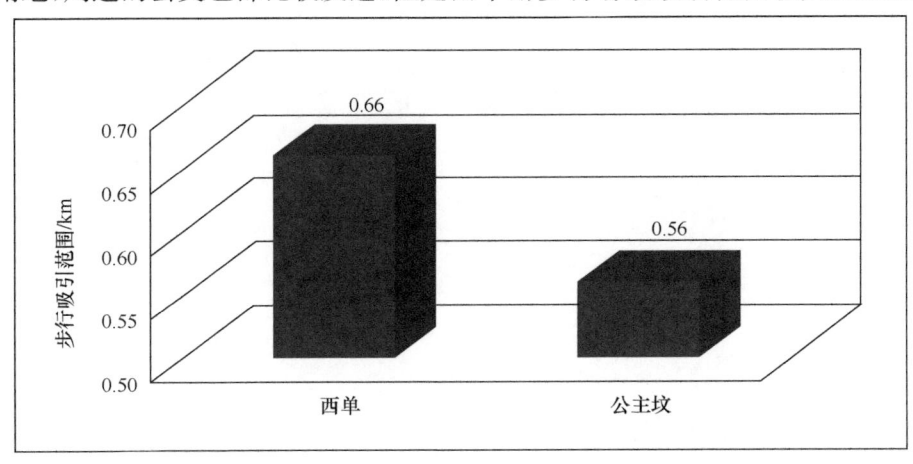

图 4.44 不同站点的步行有效吸引范围

就是其周边道路的条件好,交通组织有序,有利于人们步行换乘,而公主坟站周边道路条件复杂,步行的安全性较差,换乘标识很不清晰,选择步行换乘地铁方式比例较低。

图 4.45 为大望路和木樨地两个站点步行吸引范围对比图。二者基本上都是以办公为主、融合商业的用地性质,但是其步行的有效吸引范围也不相同。经过调查分析,大望路站周边的步行环境相对较好,有的站口可以直接连通办公大厦,周边也有一些可以缓解步行疲劳的休闲场所,因此其步行有效吸引范围较大。木樨地周边的步行环境相对比较单调,周边景观一般,因此其步行吸引范围较小。

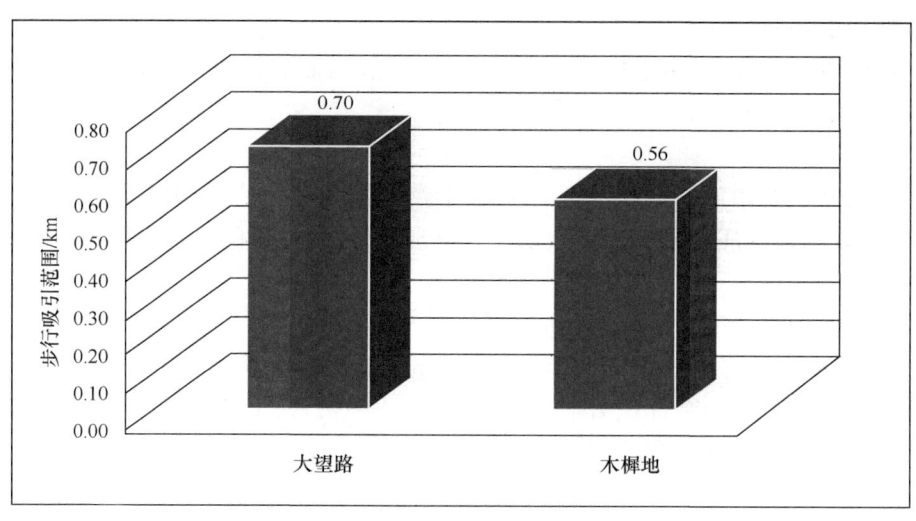

图 4.45 不同站点的步行有效吸引范围

第5章 个体出行方式选择及区域出行结构预测模型

出行方式结构是指城市居民日常出行采用各种交通工具的人数比例,是反映城市交通发展合理水平的一个重要内容。优化城市出行方式结构是协调交通系统供需矛盾的重要途径及最长期有效的措施。出行方式的选择在宏观层面表现为出行小区或区域各种方式的出行比例,即出行结构,在微观层面表现为个体出行者愿意选择某种交通方式出行的可能性。

城市居民的出行方式选择决定了城市的出行结构,对出行者个体交通出行方式进行预测,进而对各区域出行结构进行预测,研究不同的影响因素变化对其结果的影响,对制定有针对性的需求管理措施有着重要意义。

本章在前文个体出行行为分析的基础上,从广义交通成本角度分析了出行者选择交通方式的关键因素,并对于个体出行行为介绍了表示意愿程度的成对比较数据的建模方法——累积 Logit 模型的预测方法,用发生比率、点弹性分析等对模型结果进行了分析,同时利用 NL 模型对小汽车使用者出行链与出行方式链的联合选择可能性进行了预测,对区域出行结构预测则主要探讨了神经网络预测方法。

5.1 效用最大化理论及非集计模型

效用最大化理论最初是微观经济学中的一种研究手段之一,并随后被引用到出行者出行行为的研究中。效用是指消费者从消费某种物品中得到的满意程度,或者说商品满足人的欲望和需要的能力和程度。该理论假设每一种选择都提供了一个明确的"效用"或价值,而决策者在选择时总是倾向于选择"效用"或价值最大的备选项。

5.1.1 效用最大化理论

决策者(个人或家庭或组织)在一个可选择的、选择分肢相互独立的集合中,会选择决策者认为对自己效用最大的选择分肢。这一假定被称为效用最大化理论。如果令 U_{in} 为决策者 n 选择分肢 i 时的效用,C_n 是与决策者 n 对应的选择集合,则当

$$U_{in} > U_{jn}, \quad \forall j \neq i \in C_n \tag{5.1}$$

时,决策者 n 被认为将选择 i。决策者 n 对选择分肢 i 的效用 U_{in} 可以用式(5.2)

表示：
$$U_{in}=U_{in}(SE_n,A_{in}) \tag{5.2}$$
式中，U_{in} 为反映决策者 n 的函数，即决策者 n 的效用函数；SE_n 为决策者 n 的社会经济特性向量；A_{in} 为对决策者 n 来说选择分肢 i 的特性值向量。

根据以随机效用理论为基础的离散选择模型，上式中的 U_{in} 可以表示为
$$U_{in}=V_{in}+\varepsilon_{in} \tag{5.3}$$
$$V_{in}=V_i(X_{in}) \tag{5.4}$$
$$\varepsilon_{in}=U_{in}(\overline{X}_{in})+\Delta U_{in}(X_{in}) \tag{5.5}$$
式中，V_{in} 为与可以观测的要素（可以观测到的 A_{in} 和 SE_n 统称为要素）向量 X_{in} 相对应的效用的确定项；ε_{in} 为由不可观测的要素向量 $\overline{X}_{in}$ 以及个人特有的不可观测的喜好造成的效用的概率变动项；V_i 为反映平均的个人喜好的函数，也就是通常所说的效用函数；ΔU_{in} 为反映个人 n 特有的喜好与平均个人喜好的差的函数。

通常为了计算的方便，式(5.4)按线性关系设定为
$$V_{in}=\sum_k \beta_{ki}X_{kin} \tag{5.6}$$
$$X_{kin}=g_{ki}(SE_n,A_{in}) \tag{5.7}$$
式中，β_{ki} 为待估计参数；g_{ki} 为可观测的社会经济特性与选择肢特性要素的函数。

非集计模型(disaggregate model)是强调其与集计模型(aggregate model)的不同而命名的，通常也称为个人选择模型(individual choice model)或离散选择模型(discrete choice model)。Logit 模型是非集计模型中应用最广泛的模型之一，主要依据效用最大化理论推导而来。根据模型形式的不同，Logit 模型又分为二项 Logit 模型、多项 Logit 模型、累计 Logit 模型、NL 模型等类型[111]。

5.1.2 二项 Logit 模型

二项选择模型就是给出在两个选择方案中，选择其一的概率模型。二项选择的实际例子有：选择私人轿车或公共交通工具，购买住宅或放弃，报考研究生或直接参加工作，在某特定的地区开设工厂或放弃，生孩子或放弃，投票或弃权等。

二项 Logit 模型的选择方案有两个，其选择概率分别由下式给出：
$$\begin{aligned} P_{1n} &= \frac{e^{V_{1n}}}{e^{V_{1n}}+e^{V_{2n}}} \\ &= \frac{1}{1+e^{-(V_{1n}-V_{2n})}} \end{aligned} \tag{5.8}$$
$$P_{2n}=1-P_{1n}=\frac{e^{V_{2n}}}{e^{V_{1n}}+e^{V_{2n}}}$$

$$= \frac{1}{1+\mathrm{e}^{-(V_{1n}-V_{2n})}} \tag{5.9}$$

式中，P_{in} 为出行者 n 选择方案 $i(i=1,2)$ 的概率；V_{in} 为出行者 n 通过选择方案 $i(i=1,2)$ 的效用的固定项。

效用函数 V_{in} 中包含有多种变量。其中较为重要的变量有：表示选择方案 i 的特性变量和表示出行者 n 的特性变量，这些统称为特性变量。前者包括交通方式所需的时间、费用等，后者包括家庭的构成、职业、收入等。

5.1.3 多项 Logit 模型

在多项 Logit 模型中，出行者 n 的选择方案集合是以 A_n 的形式给出的。多项 Logit 模型的一般表达式为

$$P_{in} = \frac{\mathrm{e}^{V_{in}}}{\sum_{j \in A_n} \mathrm{e}^{V_{jn}}} = \frac{1}{\sum_{j \in A_n} \mathrm{e}^{V_{jn}-V_{in}}}, \quad i \in A_n \tag{5.10}$$

式中，P_{in} 为出行者 n 的选择方案 $i(i=1,\cdots,I_n)$ 的概率；A_n 为出行者 n 的选择方案的集合；V_{in} 为出行者 n 的选择方案 i 得到的效用的固定项。

5.1.4 累积 Logit 模型

成对比较和排序数据是常用的问答形式。通常成对比较数据不是单单询问希望哪个方案，而更多的是询问对方案的希望程度。例如，答案可以分为 5 个选择项（category），要求被访问者从中选择一个答案[111]。

（1）一定选择第一种交通方式；
（2）可能选择第一种交通方式；
（3）不确定；
（4）可能选择第二种交通方式；
（5）一定选择第二种交通方式。

这时，选择概率不仅和两种交通方式的效用值的大小有关，而且里面包含了效用差的信息。对成对比较数据建立模型的适当方法之一是累积 Logit 回归模型，也称作序次 Logit 回归模型（ordered Logit regression model），或比例发生比模型（proportional odds model）。累积 Logit 回归模型是二项 Logit 回归模型的扩展。

累积 Logit 回归模型定义如下：

$$y^* = \alpha + \sum_{k=1}^{K} \beta_k x_k + \varepsilon \tag{5.11}$$

式中，y^* 为观测现象内在趋势，它并不能被直接测量；ε 为误差项。

当实际观测反应变量有 J 种类别时($j=1,2,\cdots,J$),相应取值为 $y=1$,$y=2$,$\cdots$,$y=J$,并且各取值之间的关系为 $(y=1)<(y=2)<\cdots<(y=J)$,那么共有 $J-1$ 个未知门槛(threshold)或分界点(cut point)将各相邻类别分开,即

如果 $y^* \leqslant \mu_1$,则 $y=1$;

如果 $\mu_1 < y^* \leqslant \mu_2$,则 $y=2$;

……

如果 $\mu_{J-1} < y^*$,则 $y=J$。

其中 μ_j 表示分界点,有 $J-1$ 个值,且有 $\mu_1 < \mu_2 < \cdots < \mu_{j-1}$。在参数估计过程中,第一个分界点 μ_1 通常定为 0,这样可以减少一个参数估计。由于这种尺度的设定是随意的,因此开始或结束于任意序次数字都是可行的。所以,规定 $\mu_1 = 0$ 以后,将有 $J-2$ 个 μ 值需要估计。

给定 x 值的累积概率可以按如下形式表示:

$$\begin{aligned} P(y \leqslant j \mid x) &= P(y^* \leqslant \mu_j) \\ &= P\left[\left(\alpha + \sum_{k=1}^{K} \beta_k x_k + \varepsilon\right) \leqslant \mu_j\right] \\ &= P\left[\varepsilon \leqslant \mu_j - \left(\alpha + \sum_{k=1}^{K} \beta_k x_k\right)\right] \\ &= P\left[\mu_j - \left(\alpha + \sum_{k=1}^{K} \beta_k x_k\right)\right] \end{aligned} \quad (5.12)$$

有了累积分布函数以后,累积 Logit 回归可以定义为

$$\ln\left[\frac{P(y \leqslant j \mid x)}{1 - P(y \leqslant j \mid x)}\right] = \mu_j - \left(\alpha + \sum_{k=1}^{K} \beta_k x_k\right) = \beta_{0j} - \sum_{k=1}^{K} \beta_k x_k \quad (5.13)$$

由式(5.13)可以看到,在累积 Logit 回归模型中,Logit 是按反应变量的类别顺序定义的,也就是说,模型的发生比是通过该发生比分子中的事件概率的依次累积而形成。这就是"累积 Logit"模型的含义。在式(5.13)中,β_{0j} 是反应变量各类中截距 α 和门槛 μ_j 的综合。这是统计软件实际运行中所做的。

累积 Logit 回归模型对 $J-1$ 个 Logit 中的每一个 Logit 各有一个不同的 β_{0j} 估计,然而对所有的累积 Logit,变量 x_k 却有一个相同的 β_k 估计,因为其假设条件为自变量独立于所有累积 Logit 的门槛。在这一假设条件下,对于一个连续自变量 x_k,不同累积对数发生比的回归线相互平行,只是截距参数有所差别,这被称为成比例发生比假设条件(proportional odds assumption)。正是由于这种成比例性,累积 Logit 回归模型也被称为比例发生比模型(proportional odds model)。

累积概率可以通过以下公式进行预测:

$$P(y \leqslant j \mid x) = P(y^* \leqslant \mu_j \mid x) = \frac{e^{\left[\mu_j - \left(\alpha + \sum_{k=1}^{K} \beta_k x_k\right)\right]}}{1 + e^{\left[\mu_j - \left(\alpha + \sum_{k=1}^{K} \beta_k x_k\right)\right]}} \quad (5.14)$$

一旦计算出累积概率,属于某一特定类别的概率如 $P(y=1),P(y=2),\cdots,P(y=J)$ 等便可以计算出来,即 $P(y=1)=P(y\leqslant 1),P(y=2)=P(y\leqslant 2)-P(y\leqslant 1),\cdots,P(y=J)=1-P(y\leqslant(J-1))$,其中,$P(y=1)+P(y=2)+\cdots+P(y=J)=1$。

5.1.5 巢式 Logit 模型

出行者的出行选择行为包含了一系列的决策内容。"决策"是指决策者在可供选择的备选方案中选择一个方案的过程。每次决策都会产生一个最终决定,其最终结果通常是一次行动或是一种选择[112]。国内外的研究者已从多个方面对"决策"行为进行了研究。以往研究表明,各个决策过程之间并非完全独立,而是相互影响的,上一个决策行为会影响下一个决策行为。

在实际的研究中,通常根据决策的复杂程度,把出行行为决策方案分为若干个层次。分类的主要原则是将特点相似的选择方案分在相同的层次,而把类型不同的选择方案分在不同的层次中。根据以上方法,可以将过程较为复杂的决策行为整理成为一个分层状的结构,如假设出行链选择影响出行方式选择,则决策过程可见图 5.1。

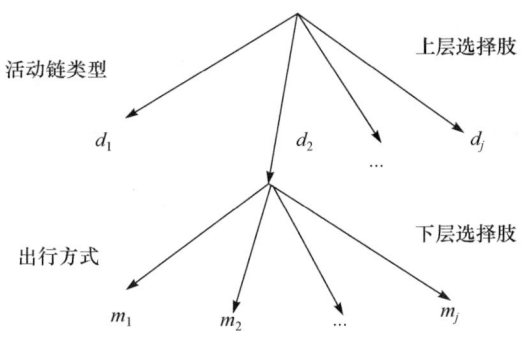

图 5.1 分层决策结构图

巢式 Logit(Nested Logit,NL)模型,又被称作分层 Logit 模型,是在多项 Logit(MNL)模型基础上完善而来的。NL 模型能够较好地克服 MNL 模型存在的 IIA 特性,它根据决策者的分层决策行为,建立模拟实际决策的选择树,根据决策层次将备选方案整理成如图 5.1 所示的树状结构图,利用选择肢的组合描述决策者的选择行为。图 5.1 所示的双层 NL 选择肢树状图表示了出行链的类型和交通方式选择双层选择模型。上层选择肢表示出行者的出行链类型备选方案,下层选择肢表示交通方式选择,则双层选择方案的总效用如公式(5.15)所示:

$$U_{dm}=V_m+V_d+V_{dm}+\varepsilon_m+\varepsilon_d+\varepsilon_{dm} \quad (5.15)$$

式中,V_d 为出行者选择出行链方案 d 时,效用仅随 d 变化部分的固定项;V_m 为出行者选择出行方式 m 时,效用仅随 m 变化部分的固定项;V_{dm} 为出行者出行链选择

方案 d 且出行方式选择方案 m 时,效用随 d 和 m 的组合而变化部分的固定项;ε_d 为出行者出行链选择方案 d 的效用函数中的概率项;ε_m 为出行者出行方式选择方案 m 的效用函数中的概率项;ε_{dm} 为选择方案 (d,m) 的效用函数的概率项;其中,ε_d 和 ε_{dm},$d\in D_n$,$m\in M_n$ 相互独立;$\max_{m\in M_{nd}} U_{dm}$ 服从参数为 μ^d 的 Gumbel 分布。

定义
$$V_d = \beta_d x_d, \quad V_m = \beta_m x_m, \quad V_{dm} = \beta_{dm} x_{dm}$$

x_d 为影响个体 n 出行链类型的因素集,x_m 为影响个体 n 方式选择的因素集,x_{dm} 为既影响个体 n 出行链类型又影响方式选择的因素集;β_d,β_m,β_{dm} 为待估计参数,ε_d,ε_m,ε_{dm} 为随机误差项。假设 ε_m 和 ε_d 其中有一个为零,则不妨设 $\varepsilon_d = 0$,则上式改写为

$$U_{dm} = V_m + V_d + V_{dm} + \varepsilon_m + \varepsilon_{dm} \tag{5.16}$$

进一步假设:

(1) ε_m 和 V_{dm} 相互独立,且 $d\in D_n$,$m\in M_n$;

(2) ε_{dm} 服从参数为 μ^d 的独立的 Gumbel 分布;

(3) $\max_{m\in M_{nd}} U_{dm}$ 服从参数为 μ^d 的 Gumbel 分布。

根据非集计模型的效用最大化理论,个体 n 选择 d 方案的概率为

$$\begin{aligned}P_n(d) &= P(\max_{m\in M_{nd}} U_{dm} \geqslant \max_{m\in M_{nd'}} U_{dm'}, \forall d'\in D_n, d'\neq d) \\ &= P[V_d + \varepsilon_d + \max_{m\in M_{nd}}(V_m + V_d + V_{dm}) \geqslant V_{d'} \\ &\quad + \varepsilon_{d'} + \max_{m\in M_{nd}}(V_m + V_{d'} + V_{d'm}) \forall d'\in D_n, d'\neq d]\end{aligned} \tag{5.17}$$

定义
$$V'_d = \ln \sum_{m\in M_{nd}} e^{V_m + V_{dm}}, \quad \varepsilon'_d = \max_{m\in M_{nd}}(V_m + V_d + V_{dm}) - V'_d$$

代入式(5.17)得

$$P_n(d) = P(V_d + V'_d + \varepsilon_d + \varepsilon'_d \geqslant V_{d'} + V'_{d'} + \varepsilon_{d'} + \varepsilon'_{d'}) \tag{5.18}$$

假设 ε_d 服从参数为 $(0,1)$ 的二重指数分布,利用两个独立二重指数分布概率变量的差服从后勤分布的性质,可得

$$P_n(d) = \frac{e^{(V_d + V'_d)\mu^d}}{\sum_{d\in D_n} e^{(V_d + V'_d)\mu^d}} \tag{5.19}$$

同理,可以推出选择了 d 方案,同时选择 m 方案的概率:

$$\begin{aligned}P_n(m|d) &= P(U_{dm} \geqslant U_{dm'}, \forall m'\in M_{nd}, m'\neq m | 选择方案\ d) \\ &= P(V_{dm} + V_m + \varepsilon_{dm} \geqslant V_{dm'} + V_{m'} + \varepsilon_{dm'}, \forall m'\in M_{nd}, m'\neq m | 选择方案\ d)\end{aligned}$$
$$\tag{5.20}$$

式(5.20)可以改写为

$$P_n(m \mid d) = \frac{e^{V_{dm}+V_m}}{\sum\limits_{m \in M_{nd}} e^{V_{dm'}+V_{m'}}} \tag{5.21}$$

由条件概率公式 $P_n(d,m) = P_n(d) \cdot P_n(m \mid d)$，并将待估参数 β'_k 和变量 x_k 代入中，得出选择 (d,m) 组合方案的选择概率：

$$P_n(d,m) = \frac{e^{(\beta'_d x_d + V'_d)\mu^d}}{\sum\limits_{d' \in D_n} e^{(\beta'_d x_{d'} + V'_{d'})\mu^d}} \cdot \frac{e^{\beta'_m x_m + \beta'_{dm} x_{dm}}}{\sum\limits_{m' \in M_{nd}} e^{\beta'_m x_{m'} + \beta'_{dm} x_{dm'}}} \tag{5.22}$$

5.1.6 非集计模型的集计化

通过建立非集计模型，可以求出个人的选择概率值，如个人对某选择肢的意愿程度。若研究某个群体中做出某种选择的人数，还要将个人的选择概率转化成全体的选择概率值，这个过程即是非集计模型的集计化过程。常用的集计方法有三种：概率集计、特性集计、混合集计[113]。

1. 概率集计

概率集计就是将各样本关于某个选择枝的选择概率 P_{in} 求平均值：

$$P_i = \frac{1}{N} \sum_{n=1}^{N} P_{in} \tag{5.23}$$

这种方法很简单，但比较粗糙。

2. 特性集计

不是在最后概率值的基础上求平均值，而是追溯到问题的更本质一层——个体的特性变量。将个体的各个特性变量分别求值，作为样本总体相应的特性变量：

$$x_{ik} = \frac{1}{N} \sum_{n=1}^{N} x_{nik} \tag{5.24}$$

再将这些特性变量直接代入相应的选择概率模型的表达式中，求得样本总体对某个选择枝的选择概 P_i。

这种方法也有它的缺陷，由于在选择概率模型的表达式中，选择概率不是特性变量的线性函数，这可能会带来较大的误差。

3. 混合集计

这种方法是作为上述两种方法的中和提出来的。具体步骤是：首先将研究的群体居民进行分组（设分成 M 组），将比较同质的分在同一组；再对各组采用特性集计方法求出该组居民对选择枝 j 的选择概率 $P_{mj}(m=1,\cdots,M)$；最后再将各组的选择概率按其人数加权平均求出研究群体对选择枝 j 的选择概率

$$P_j = \sum_{m=1}^{M} r_m \cdot P_{mj}, \quad j=1,\cdots,J \tag{5.25}$$

式中，r_m 为第 m 组居民数占研究总体居民数的比例。

5.2 基于累积 Logit 的个体出行方式选择预测模型及弹性分析

5.2.1 交通方式选择广义成本

交通方式的广义成本是基于时间价值的概念，在个人时间价值的基础上，将交通方式属性统一为货币的形式，其基本模型为

$$C_i = F_i + \text{VOT} \times T_i + \beta S_i \tag{5.26}$$

式中，C_i 为交通方式 i 一次出行的总费用(元)；F_i 为交通方式 i 的一次出行的直接费用(元)；VOT 为出行者的时间价值(元/小时)；T_i 为交通方式 i 一次出行的总时间；β 为出行者对出行舒适程度和其自身出行偏好的一个单位价值；S 为该种交通方式所具有的不舒适程度和不偏好程度，如车上的拥挤状况、车况、车内卫生条件等。

结合我国国情，通常情况下每个出行者在其出行时考虑两种以上交通方式的情况很少，一般情况下存在两种交通方式供其选择就可以很好地描述现状。乘客出行两种方式的可替换程度反比于二者出行总成本之差，即

$$\Delta C = (F_2 - F_1) + \text{VOT} \times (T_2 - T_1) + \beta(S_2 - S_1) \tag{5.27}$$

ΔC 绝对值很小时，乘客为不稳定客流，乘客可能会随机地选择两种出行方式的一种。两种出行方式存在着一定的竞争关系。ΔC 绝对值较大时，乘客不是出行成本较低的方式的稳定流，而是较高出行成本出行方式的流失流，两种出行方式主要为一种互补关系。

在出行者对交通方式广义成本进行判断时，考虑的主要因素包括出行费用、时间及舒适性、安全性、准时性等。

5.2.2 交通方式意愿调查说明

由于出行方式选择不仅和出行者个人属性有关，还与交通方式属性及出行距离有关，本节通过交通意愿调查得出被调查者方式选择的影响因素及程度。

1. 调查问卷结构

良好的问卷设计是精简与详尽之间的权衡,内容主要包括出行记录、选择游戏和个人数据三部分。出行记录主要是选择调查对象及本次调查的出行目的,并对受访者过去通常的出行状况做一个简要的了解,并据此确定其在本次调查中的归类情况。选择游戏主要是要求受访者对我们所提供的调查情境做出符合其本人意愿性的选择,为参数估计提供有效的数据基础。个人数据主要包括年龄、职业、家庭月均收入等,主要用于出行者个人特性分析以及与选择结果作比较分析。

2. 交通方式广义成本构成

出行者在出行过程中选择一种特定的交通方式时,通常需要考虑可供其选择的各交通方式的广义成本,包括步行时间(达到/离开公交站点)、等车时间、车内时间(运行时间)、交通方式间的换乘时间以及出行过程中所需的各种费用,另外还包括一部分难以量化的因素如舒适度、有无座位、噪声、服务水平以及卫生状况等,据此来确定最终的选择结果。本节重点考虑两类交通方式:私人交通(本处特指小汽车)及公共交通,各方式考虑的广义成本主要构成如图 5.2 所示。

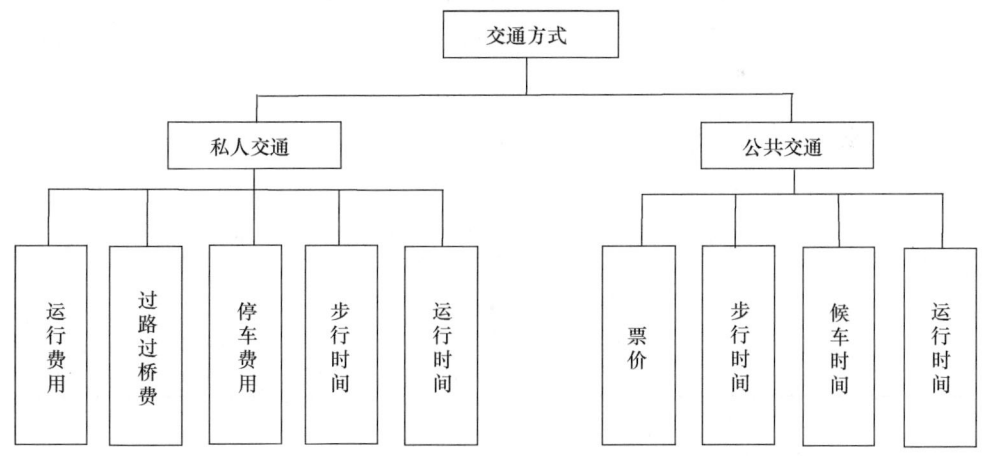

图 5.2 待选交通方式广义成本构成图

3. 调查情境设计

依据调查对象分类结果和交通方式属性的确定,通过均匀设计法,对小汽车-公共交通的属性进行设计,并依此设计卡片。表 5.1 为某次研究中采用的水平设计表格。

表 5.1 小汽车和公共交通选择时均匀设计表

小客车				公共交通（地铁或公交车）		
总时间	步行时间	总费用/元	（停车费用，过路过桥费）	总时间	（步行时间，等车时间）	票价/元
29	7	21	（¥7,¥0）	54	（13,7）	1
26	7	8	（¥2,¥0）	35	（13,7）	5
17	7	13	（¥7,¥0）	46	（5,7）	7
20	7	17	（¥5,¥0）	50	（15,7）	8
32	7	23	（¥12,¥0）	38	（10,7）	7
20	7	19	（¥10,¥0）	30	（8,7）	1
23	7	14	（¥0,¥0）	33	（5,7）	4
26	7	22	（¥10,¥0）	57	（3,7）	5
32	7	13	（¥5,¥0）	38	（3,7）	2
23	7	20	（¥12,¥0）	63	（15,7）	4
29	7	9	（¥0,¥0）	56	（8,7）	8
17	7	13	（¥2,¥0）	64	（10,7）	2
56	7	41	（¥10,¥0）	87	（5,7）	15
62	7	23	（¥5,¥0）	80	（9,7）	8
56	7	38	（¥10,¥10）	65	（11,7）	18
62	7	41	（¥5,¥5）	80	（15,7）	22
44	7	57	（¥12,¥10）	80	（9,7）	25
32	7	44	（¥7,¥10）	67	（7,7）	8
50	7	27	（¥0,¥5）	65	（5,7）	25
50	7	37	（¥0,¥10）	89	（13,7）	11
32	7	29	（¥7,¥0）	89	（13,7）	22
38	7	21	（¥2,¥5）	89	（7,7）	18
38	7	37	（¥2,¥0）	65	（11,7）	15
44	7	31	（¥12,¥5）	80	（15,7）	11

4. 选择方案设计

采用意愿(SP)调查的对比法分析各方式吸引力。对于每一个情境，要求受访者根据自己的意愿将情境中的两种交通方式进行对比，并在给定选择范围内做出抉择。给定的意愿性范围如下：

(1) 一定选择第一种（目前的）交通方式；

(2) 可能选择第一种（目前的）交通方式；

(3) 无所谓；

(4) 可能选择第二种(替代的)交通方式;

(5) 一定选择第二种(替代的)交通方式。

访问员向受访者询问如下问题:目前存在小客车与公共交通两种交通方式,其中小客车方式需要运行时间 16min、步行时间 5min,共需耗时 21min,同时需要支付运行费用 8 元、停车费用 6 元,共 14 元;而公共交通方式需要运行时间 33min、等车时间 7min、步行时间 11min,共 51min,同时支付票价 6 元,您会选择哪种交通方式出行?这样,需要询问被调查者 6 次即可完成一次调查。

5.2.3 个体出行方式选择预测的累积 Logit 模型

本节以北京市某次调查为例,用以说明累积 Logit 模型在个体出行选择意愿预测中的应用。该调查在城区共调查了 3302 户。

1. 因素筛选

1) SP 数据列联表独立性检验

此次 SP 调查中,50.09% 的样本是有车家庭。对于这部分家庭交通方式选择的影响因素进行列联表独立性检验,结果见表 5.2。

表 5.2 各因素与交通方式选择关系的 Pearson χ^2 检验

因素	Pearson χ^2	自由度	显著性检验 P 值
出行目的	0.985	12	0.000
是否有交通补贴	344.74	4	0.000
年龄	225.115	12	0.000
性别	83.533	4	0.000
职业	420.679	44	0.000
教育程度	121.511	12	0.000
家庭月收入	354.741	20	0.000

从表 5.2 中的检验结果可以得出以下结论:出行目的、是否有交通补贴、年龄、性别、职业、教育程度、家庭月收入与交通方式选择之间具有相关性,且相关性显著。

2) 个人属性相关性检验

为了避免建立模型时产生共线性现象,特进行个人属性自相关检验,检验结果见表 5.3。教育程度与是否有交通补贴、年龄、职业及家庭月收入相关性系数均大于 0.150,为了避免共线性产生,同时便于实际分析,剔除教育程度与职业,确定代入模型的变量为:是否有交通补贴、性别、年龄及家庭月收入。

表 5.3 个人属性自相关检验

	是否有交通补贴	年龄	性别	职业	受教育程度	家庭月收入
是否有交通补贴	1	−0.014	−0.054**	−0.071**	0.153**	0.008
年龄	−0.014	1	−0.018*	0.051**	−0.162**	−0.059**
性别	−0.054**	−0.018*	1	−0.003	0.063**	0.066**
职业	−0.071**	0.051**	−0.003	1	−0.152**	0.065**
受教育程度	0.153**	−0.162**	0.063**	−0.152**	1	0.248**
家庭月收入	0.008	−0.059**	0.066**	0.065**	0.248**	1

* 双边检验显著性水平为 0.05；

** 双边检验显著性水平为 0.01。

2. 模型的建立

1) 变量的设置

反应变量 CHOICE 为成对比较数据，1 表示"一定选择小汽车"，2 表示"可能选择小客车"，3 表示"无所谓"，4 表示"可能选择公共交通"，5 表示"一定选择公共交通"。

经上述独立性检验及自相关性分析，确定代入模型的分类自变量为四个：

(1) 交通补贴情况，为 2 分类变量，0 表示无交通补贴，1 表示有交通补贴。

(2) 年龄，为 4 分类变量，由 3 个哑元(dummy)变量表示。

(3) 性别，为 2 分类变量，0 表示男，1 表示女。

(4) 家庭月收入，为 6 分类变量，由 5 个哑元(dummy)变量表示。

年龄和家庭月收入自变量的设置情况见表 5.4。

表 5.4 年龄和家庭月收入自变量的设置情况

变量	分类	哑元变量				
年龄	<30 岁	1	0	0	0	—
	30~40 岁	0	1	0	0	—
	40~50 岁	0	0	1	0	—
	≥50 岁	0	0	0	0	—
收入	0~1000 元	1	0	0	0	0
	1001~3000 元	0	1	0	0	0
	3001~6000 元	0	0	1	0	0
	6001~10000 元	0	0	0	1	0
	10001~15000 元	0	0	0	0	1
	15000 元以上	0	0	0	0	0

2) 模型的建立

对于小汽车的出行群体，依据调查方案，对于小汽车与公共交通间的成对比较数据，采用累积 Logit 回归模型。与前面相同，模型包括四个累积 Logit 函数，并对其同时进行估计：

$$\ln\left(\frac{P_1}{P_2+P_3+P_4+P_5}\right)=\beta_{01}-\sum_{k=1}^{K}\beta_k x_k \tag{5.28}$$

$$\ln\left(\frac{P_1+P_2}{P_3+P_4+P_5}\right)=\beta_{02}-\sum_{k=1}^{K}\beta_k x_k \tag{5.29}$$

$$\ln\left(\frac{P_1+P_2+P_3}{P_4+P_5}\right)=\beta_{03}-\sum_{k=1}^{K}\beta_k x_k \tag{5.30}$$

$$\ln\left(\frac{P_1+P_2+P_3+P_4}{P_5}\right)=\beta_{04}-\sum_{k=1}^{K}\beta_k x_k \tag{5.31}$$

式中，P_1、P_2、P_3、P_4、P_5 分别为"一定选择小汽车"、"可能选择小汽车"、"无所谓"、"可能选择公共交通"和"一定选择公共交通"的概率，且有 $P_1+P_2+P_3+P_4+P_5=1$。x_k 表示代入模型的个人属性和交通方式属性变量。

以上四项 Logit 为基于累计概率的累积 Logit。这些 Logit 可以用一个公式来表达

$$\ln\left(\frac{P(y\leqslant j\mid x)}{1-P(y\leqslant j\mid x)}\right)=\beta_{0j}-\sum_{k=1}^{K}\beta_k x_k \tag{5.32}$$

选择概率 P_i 的表达式为

$$P_i=\frac{\mathrm{e}^{\beta_{01}-\sum\limits_{k=1}^{K}\beta_k x_k}}{1+\mathrm{e}^{\beta_{01}-\sum\limits_{k=1}^{K}\beta_k x_k}} \tag{5.33}$$

$$P_2=P(y\leqslant 2)-P(y\leqslant 1)=\frac{\mathrm{e}^{\beta_{02}-\sum\limits_{k=1}^{K}\beta_k x_k}}{1+\mathrm{e}^{\beta_{02}-\sum\limits_{k=1}^{K}\beta_k x_k}}-\frac{\mathrm{e}^{\beta_{01}-\sum\limits_{k=1}^{K}\beta_k x_k}}{1+\mathrm{e}^{\beta_{01}-\sum\limits_{k=1}^{K}\beta_k x_k}} \tag{5.34}$$

$$P_3=P(y\leqslant 3)-P(y\leqslant 2)=\frac{\mathrm{e}^{\beta_{03}-\sum\limits_{k=1}^{K}\beta_k x_k}}{1+\mathrm{e}^{\beta_{03}-\sum\limits_{k=1}^{K}\beta_k x_k}}-\frac{\mathrm{e}^{\beta_{02}-\sum\limits_{k=1}^{K}\beta_k x_k}}{1+\mathrm{e}^{\beta_{02}-\sum\limits_{k=1}^{K}\beta_k x_k}} \tag{5.35}$$

$$P_4=P(y\leqslant 4)-P(y\leqslant 3)=\frac{\mathrm{e}^{\beta_{04}-\sum\limits_{k=1}^{K}\beta_k x_k}}{1+\mathrm{e}^{\beta_{04}-\sum\limits_{k=1}^{K}\beta_k x_k}}-\frac{\mathrm{e}^{\beta_{03}-\sum\limits_{k=1}^{K}\beta_k x_k}}{1+\mathrm{e}^{\beta_{03}-\sum\limits_{k=1}^{K}\beta_k x_k}} \tag{5.36}$$

$$P_5=1-P(y\leqslant 4)=1-\frac{\mathrm{e}^{\beta_{04}-\sum\limits_{k=1}^{K}\beta_k x_k}}{1+\mathrm{e}^{\beta_{04}-\sum\limits_{k=1}^{K}\beta_k x_k}} \tag{5.37}$$

将个人属性变量及交通方式属性变量带入模型,建立小汽车出行群体的意愿选择模型,见表 5.5。

表 5.5　小汽车出行群体意愿选择模型参数估计

变量	$\hat{\beta}_k$	标准量	卡方值	自由度 df	重要度 Sig.	95%置信区间	
						下限	上限
[Choice = 1]	1.366	0.198	47.690	1	0.000	0.978	1.754
[Choice = 2]	2.139	0.198	116.379	1	0.000	1.751	2.528
[Choice = 3]	2.223	0.198	125.629	1	0.000	1.835	2.612
[Choice = 4]	3.022	0.199	229.916	1	0.000	2.631	3.413
RunTime1	0.040	0.002	374.233	1	0.000	0.036	0.044
ParkCost1	0.063	0.005	194.866	1	0.000	0.054	0.072
Toll1	0.033	0.006	31.764	1	0.000	0.022	0.045
RunCost1	0.046	0.003	194.982	1	0.000	0.039	0.052
WaitTime2	−0.046	0.005	88.663	1	0.000	−0.056	−0.037
RunTime2	−0.038	0.002	509.335	1	0.000	−0.041	−0.034
Fare	−0.054	0.004	163.253	1	0.000	−0.062	−0.045
[Subsidy=0]	0.288	0.050	33.656	1	0.000	0.190	0.385
[Subsidy=1]	0.000	*	*	0	*	*	*
[Age=1]	−0.498	0.067	55.209	1	0.000	−0.629	−0.366
[Age=2]	−0.274	0.059	21.465	1	0.000	−0.390	−0.158
[Age=3]	−0.331	0.057	33.975	1	0.000	−0.442	−0.220
[Age=4]	0.000	*	*	0	*	*	*
[Gender=0]	−0.314	0.039	66.395	1	0.000	−0.389	−0.238
[Gender=1]	0.000	*	*	0	*	*	*
[Income=1]	1.793	0.284	39.972	1	0.000	1.237	2.349
[Income=2]	1.882	0.176	114.109	1	0.000	1.537	2.227
[Income=3]	1.213	0.174	48.852	1	0.000	0.873	1.553
[Income=4]	1.116	0.176	40.076	1	0.000	0.770	1.462
[Income=5]	0.796	0.204	15.264	1	0.000	0.397	1.195
[Income=6]	0.000	*	*	0	*	*	*

*代表不适用。

模型变量表示意义见表 5.6。

表 5.6 模型变量意义

参数	意义	参数	意义
[Choice=1]	一定选择小汽车	[Age=1]	<30
[Choice=2]	可能选择小汽车	[Age=2]	≤30<40
[Choice=3]	无所谓	[Age=3]	≤40<50
[Choice=4]	可能选择公共交通	[Age=4]	≥50
RunTime1	小汽车运行时间	[Gender=0]	男
ParkCost1	小汽车停车费用	[Gender=1]	女
Toll1	小汽车过路过桥费	[Income=1]	0～1000 元
RunCost1	小汽车运行费用	[Income=2]	1001～3000 元
WaitTime2	公共交通等车时间	[Income=3]	3001～6000 元
RunTime2	公共交通运行时间	[Income=4]	6001～10000 元
Fare	公共交通票价	[Income=5]	10001～15000 元
[Subsidy=0]	无交通补贴	[Income=6]	15000 元以上
[Subsidy=1]	有交通补贴		

3. 模型的检验与评价

1) Wald 检验

从表 5.5 中的 Wald 卡方值来看,各自变量的 Wald 卡方值均大于 $\alpha=0.05$ 的 χ^2 临界值 3.841,且重要度 sig. 均小于显著性水平,因此认为各变量的系数 β_k 均不为零。

2) 似然比检验

表 5.7 可以看出,所建模型与零假设模型相比,1～2 倍的对数似然函数值 −2LL 从 10892.375 下降到 9316.314,$-2LL > \chi_\alpha^2$,卡方显著性检验结果为 0.000,则拒绝零假设,模型包含的自变量对因变量有显著的解释能力,所建模型有意义。

表 5.7 似然比检验

模型	−2LL	卡方值	自由度 df	重要度 Sig.
零假设模型	10892.375			
所建模型	9316.314	1576.061	17	0.000

3) 预测准确性检验

由表 5.8 可以看出,类 R^2 系数相对较大,反映出模型有较高的预测准确性。

表 5.8　类 R^2 检验

Cox and Snell	0.116
Nagelkerke	0.131
McFadden	0.157

4）共线性检验

对模型的这一检验结果见表 5.9，$-2LL>$ 卡方值$(\alpha=0.05)$，卡方检验的重要度结果为 0.000，则拒绝零假设，这表明应用累积 Logit 回归模型是适当的。

表 5.9　共线性检验

模型	$-2LL$	卡方值	自由度 df	重要度 Sig.
零假设模型	9316.314			
所建模型	8635.359	680.955	51	0.000

5.2.4　模型结果分析

在累积 Logit 回归模型中，用需求弹性来描述问题可更好地分析因素变化的效果。假设有五个选择肢，则各选择肢点的弹性为

$$E_{x_k}^{P_1} = -\beta_k x_k [1 - P_1] \tag{5.38}$$

$$E_{x_k}^{P_2} = -\beta_k x_k \{1 - [P(y\leqslant 2|x) + P(y\leqslant 1|x)]\} \tag{5.39}$$

$$E_{x_k}^{P_3} = -\beta_k x_k \{1 - [P(y\leqslant 3|x) + P\leqslant 2|x]\} \tag{5.40}$$

$$E_{x_k}^{P_4} = -\beta_k x_k \{1 - [P(y\leqslant 4|x) + P(y\leqslant 3|x)]\} \tag{5.41}$$

$$E_{x_k}^{P_5} = \beta_k x_k P(y\leqslant 4) \tag{5.42}$$

在设计方案的平均水平下，得到小汽车使用群体的选择方案对小汽车和公共交通各属性的弹性值及交叉弹性值见表 5.10。表中的数据反映了小汽车及公共交通各属性的变化对小汽车出行群体选择方案的影响程度。根据弹性值及交叉弹性值的概念，可以得到以下结论：

（1）小汽车运行时间增加 1%，一定选择小汽车的比例下降 0.53%，一定选择公共交通的比例增加 1.04%。

（2）小汽车停车费用增加 1%，一定选择小汽车的比例下降 0.14%，一定选择公共交通的比例增加 0.34%。

（3）小汽车过路费增加 1%，一定选择小汽车的比例下降 0.04%，一定选择公共交通的比例增加 0.09%。

（4）小汽车运行费用增加 1%，一定选择小汽车的比例下降 0.29%，一定选择公共交通的比例增加 0.7%。

(5) 公共交通候车时间增加 1%,一定选择小汽车的比例增加 0.17%,一定选择公共交通的比例下降 0.41%。

(6) 公共交通运行时间增加 1%,一定选择小汽车的比例增加 0.66%,一定选择公共交通的比例下降 1.55%。

(7) 公共交通票价增加 1%,一定选择小汽车的比例增加 0.08%,一定选择公共交通的比例下降 0.19%。

通过以上分析,可以看出:

(1) 小汽车的各属性按对公共交通吸引力提高的贡献大小排列,结果如下:小汽车运行时间增加、小汽车运行费用、小汽车停车费用、小汽车过路费。

(2) 公共交通各属性按对抑制小汽车使用贡献的大小排列,结果如下:公共交通运行时间、公共交通候车时间、公共交通票价。

表 5.10 平均水平下小汽车与公共交通的弹性和交叉弹性

	一定选择小汽车	可能选择小汽车	无所谓	可能选择公共交通	一定选择公共交通
小汽车运行时间	−0.53	0.45	0.66	0.79	1.04
小汽车停车费用	−0.14	0.15	0.22	0.26	0.34
小汽车过路费	−0.04	0.04	0.06	0.07	0.09
小汽车运行费用	−0.29	0.31	0.44	0.53	0.7
公共交通候车时间	0.17	−0.19	−0.27	−0.32	−0.41
公共交通运行时间	0.66	−0.65	−0.98	−1.18	−1.55
公共交通票价	0.08	−0.09	−0.12	−0.15	−0.19

5.3 小汽车使用者出行链与出行方式链联合选择预测模型

5.3.1 模型建立

出行结构优化的一个主要难题是将小汽车出行者吸引到绿色出行中,或在一天的多次出行中尽可能减少小汽车的使用,由其他方式替代。由第 3 章中结构方程模型的结果表明,小汽车使用者在做出行选择时,出行链与出行方式链之间存在影响。因此,在该部分中通过 NL 模型将小汽车使用者的出行链和出行方式链选择行为进行联合分析。进而为制定有效的针对小汽车所有者的需求管理政策提供依据。

基于出行链的小汽车使用者出行方式选择模型的建立共有以下几个步骤。

步骤1:模型结构形式的确定。根据出行链和出行方式链选择的相互关系,确定模型的分层以及每一层中的决策目标。在确定每一层决策目标后,给出每一层决策的选择肢,并对影响每一层决策的因素进行适当地选取。

步骤2:模型的参数估计与检验。对模型进行从下层到上层的分层参数估计和检验,选取合适指标对模型整体结果进行评价,检验模型的优劣。

步骤3:模型结果的分析。根据步骤2中得到的不同变量的参数值,对参数标定结果进行分析,得到具体的小汽车使用者出行链和出行方式预测模型。

由第3章中利用结构方程模型标定的小汽车使用者出行链与出行方式链选择之间的关联关系,对小汽车使用者的出行选择过程建立 NL 模型。模型共分为两层,根据结构方程模型所得到的出行链与出行方式之间的影响关系,选定模型结构的上层为小汽车使用者的出行链类型选择,下层为小汽车使用者的出行方式链选择。

模型上层的出行链类型选择有两个选择肢:简单出行链和复杂出行链;模型下层的出行方式链共有三个选择肢:完全采用小汽车(AllCar)、小汽车与其他方式混合(PartsOfCar)、完全采用其他方式(NonCar),模型结构见图5.3。

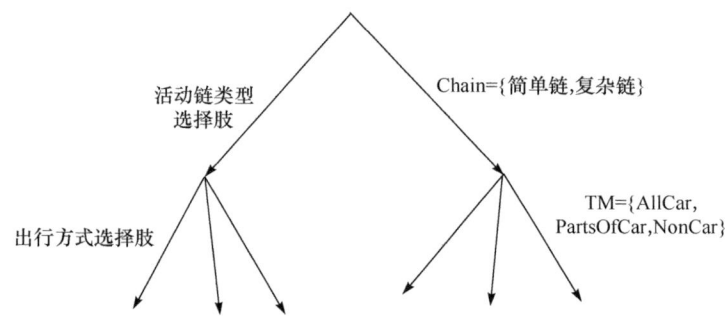

图 5.3　小汽车使用者出行链与出行方式选择模型结构

根据第3章结构方程模型标定结果,影响出行链类型选择的因素包括:性别、年龄、职业、受教育程度、公交票证持有情况、家庭中是否有小孩上学、家庭人口数、家庭工作人口数、家庭年收入、家庭中是否有其他类型车辆、家庭中小汽车数量;影响出行方式链的因素主要选择变量为:性别、年龄、职业、受教育程度、公交票证持有情况、家庭中是否有小孩上学、家庭人口数、家庭工作人口数、家庭年收入、家庭中是否有其他类型车辆、居住区位、出行时段、出行费用。上下层影响因素选取结果见表5.11。

表 5.11 出行链和出行方式链影响因素

属性类型	变量名	变量取值	出行链	出行方式链
个人属性	性别 x_1	1. 男性;0. 女性	√	√
	年龄 x_2	1. ≤25 岁;2. 26～35 岁;3. 36～45 岁;4. 46～55 岁;5. >55 岁	√	√
	职业 x_3	1. 有;0. 无	√	√
	受教育程度 x_4	1. 高中及以下;2. 大学;3. 研究生	√	√
	公交票证持有情况 x_5	1. 持有;0. 不持有	√	√
家庭属性	家庭有无小孩上学(7～12 岁) x_6	1. 有;0. 无	√	√
	家庭人口数 x_7	1. 1 人;2. 2 人;3. 3 人;4. 3 人以上	√	√
	家庭工作人口数 x_8	1. 无;2. 1 人;3. 2～3 人;4. 3 人以上	√	√
	家庭年收入 x_9	1. <5 万元;2. 5 万～10 万元;3. 10 万～15 万元;4. >15 万元	√	√
	家庭是否有其他类型车辆 x_{10}	1. 有;0. 无	√	√
区位属性	居住区位 x_{11}	1. 2 环以内;2. 2 环与 4 环之间;3. 4 环与 5 环之间;4. 5 环以外		√
出行费用	月平均花费 x_{12}	1. <500 元;2. 500～1000 元;3. 1000～2000 元;4. >2000 元		√
出行时段	是否高峰 x_{13}	1. 早晚高峰;0. 平峰		√

5.3.2 模型参数估计及结果分析

1. 模型下层参数估计

双层 NL 模型的参数估计首先是从下层开始,即先对出行方式选择模型参数进行估计。利用统计分析软件 SPSS 完成模型参数的估计工作。首先对下层进行估计,将影响出行方式链的变量带入模型,以第一种选择类型(AllCar)作为参考水平,得到小汽车使用者方式选择类型的估计结果,见表 5.12。

表 5.12 小汽车使用者方式链选择模型标定结果

属性类型	方式链 特征变量	PartsOfCar 参数值	t 检验值	NonCar 参数值	t 检验值
个人属性	性别 x_1	−0.103	2.31*	−0.04	2.02*
	年龄 x_2	0.169	1.76	2.189	4.35*
	职业 x_3	3.044	6.81*	−1.069	4.65*
	受教育程度 x_4	0.414	1.83	0.186	−1.23
家庭属性	公交票证持有情况 x_5	−0.092	−2.39*	−0.264	−3.66*
	家庭有小孩上学(7~12岁) x_6	0.081	2.00*	−0.037	2.19*
	家庭人口数 x_7	−0.119	−3.12*	−0.206	1.97*
	家庭工作人口数 x_8	−0.104	2.85*	−1.027	−3.16*
	家庭年收入 x_9	2.184	4.62*	2.249	3.77*
	家庭是否有其他类型车辆 x_{10}	−1.306	−3.56*	−0.894	−2.30*
区位属性	居住区位 x_{11}	−2.097	−6.49*	0.019	3.13*
出行费用	月平均花费 x_{12}	−1.01	−4.2*	4.879	−14.97*
出行时段	是否高峰 x_{13}	−1.846	3.843*	−0.147	5.81*
常数项		1.812	−6.71	−4.351	10.68

$N=9417, L(0)=-16439.75, L(\beta)=-8515.79, \rho^2=0.482, \text{Hit Ratio}=81.3\%$

* 代表该变量具有显著性。

根据统计学理论,在置信度 95% 的条件下,若 t 检验值的绝对值大于 1.93,则该变量被认为对小汽车使用者选择存在显著影响。在表 5.12 得到的影响小汽车使用者出行方式链选择的因素检验结果中,绝大部分变量存在显著影响,年龄因素对于 PartOfCar 类型的选择不显著,公交票证持有情况对于两种出行方式链类型的选择均不显著。由上表中模型标定的,得到小汽车使用者方式链类型选择模型如下:

$$\ln\left(\frac{P_{\text{PartOfCar}}}{P_{\text{AllCar}}}\right) = 1.812 - 0.103x_1 + 3.044x_3 - 0.092x_5 + 0.081x_6 - 0.119x_7$$
$$- 0.104x_8 + 2.184x_9 - 1.306x_{10} - 2.097x_{11} - 1.01x_{12} - 1.846x_{13}$$
(5.43)

$$\ln\left(\frac{P_{\text{NonCar}}}{P_{\text{AllCar}}}\right) = -4.351 - 0.04x_1 + 2.189x_2 - 1.069x_3 - 0.264x_5 - 0.037x_6 - 0.206x_7$$
$$- 1.027x_8 + 2.249x_9 - 0.894x_{10} + 0.019x_{11} + 4.879 - 0.147x_{13}$$
(5.44)

即选择方式链 PartOfCar 与 AllCar 的概率比计算公式为

$$\frac{P_{\text{PartOfCar}}}{P_{\text{AllCar}}} = \exp(-1.812 - 0.103x_1 + 3.044x_3 - 0.092x_5 + 0.081x_6 - 0.119x_7$$
$$+ 0.104x_8 + 2.184x_9 - 1.306x_{10} - 2.097x_{11} - 1.01x_{12} - 1.846x_{13}) \quad (5.45)$$

选择方式链 NonCar 与 AllCar 的概率比计算公式为

$$\frac{P_{\text{NonCar}}}{P_{\text{AllCar}}} = \exp(-4.351 - 0.04x_1 + 2.189x_2 - 1.069x_3 - 0.264x_5 - 0.037x_6 - 0.206x_7$$
$$- 1.027x_8 + 2.249x_9 - 0.894x_{10} + 0.019x_{11} + 4.879x_{12} - 0.147x_{13})$$
$$(5.46)$$

式中，P_{AllCar} 为小汽车使用者全部使用小汽车完成出行链的概率；$P_{\text{PartOfCar}}$ 为小汽车使用者使用小汽车与其他方式完成出行链的概率；P_{NonCar} 为小汽车使用者全部采用其他方式完成出行链的概率。

2. 下层模型的检验

模型的精度检验是决定模型能否成功应用的一个关键因素。在 Logit 模型的检验中除了对变量影响显著性的 t 检验外，还需要对模型整体指标进行检验。在检验中通常选择似然比、拟合优度和命中率三个指标作为判断模型拟合效果的标准。

1) 模型的似然比

在下层的小汽车使用者方式选择模型中，假设 $H_0:\beta_0=\beta_1=\cdots=\beta_k=0$ 的条件下，服从自由度为 26 的 χ^2 分布。在显著性水平为 5% 的情况下，$-2[L(0)-L(\beta)]=15847.92>\chi^2_{0.05}$，因此拒绝原假设。表明模型所选择的变量属性对小汽车使用者的方式链选择有着显著的影响。

2) 模型的拟合优度

得到小汽车使用者出行方式链选择的模型优度比 ρ^2 为 0.482。ρ^2 的值在 0~1，其值越接近 1，表示模型的精度越高。在实践中 ρ^2 的值达到 0.2~0.4，即可认为精度相当高。因此，该模型的拟合结果较好。

3) 命中率

利用软件拟合的模型对样本进行预测计算，将预测结果与实际结果相比较能够得到模型的命中率。经过计算，模型的预测准确性为 81.3%。通常该值大于 80% 时，认为模型的预测准确性高。因此，模型的标定结果符合要求。

3. 下层模型结果分析

模型标定变量估计参数的符号代表变量对选择结果影响的方向，变量的估计参数为正表明该变量对于选择结果存在正影响，即随着变量值的增加，选择该类方案的可能性会增大;参数值为负表明该参数对于选择结果有负的影响。

根据以上分析方法,可以得到各影响因素对不同出行方式链选择的结论:

(1) 在小汽车使用者的个人属性中,男性对小汽车的依赖度更高,在出行中更倾向于完全使用小汽车,而女性对小汽车的依赖度要小于男性;有职业的小汽车使用者对小汽车的依赖度更高,同时选择 PartOfCar 类型的比例更高,主要原因是一天中基于单位的其他方式出行的可能性大。

(2) 在小汽车使用者的家庭因素中,家庭人口数、家庭工作人口数、家庭中是否有学龄儿童、家庭年收入对于出行者的出行方式选择均存在显著影响。小汽车使用者家庭中人口总数越多、家庭工作人口越多、家庭年收入越高,选择小汽车使用者一天中选择完全采用小汽车出行的可能性越大。而家庭中其他类型车辆的有无对小汽车使用者的方式选择也存在显著影响。家庭中没有其他类型车辆,则一天中选择完全采用小汽车出行的可能性越大。

(3) 家庭居住区位属性对小汽车使用者出行方式类型存在影响。居住区位越靠近市中心,一天中车辆使用者选择小汽车与其他方式混合的出行类型可能性会越大,越远离市中心选择不采用小汽车出行的可能性会提高。这也说明进行地铁线路规划建设并采用 TOD 开发模式,可有效转变居住在远郊的人群的出行方式结构。

(4) 根据模型还可以知道,出行时段对小汽车使用者出行方式链的选择存在显著影响。在高峰时段,小汽车使用者更倾向于完全采用小汽车出行。由于高峰时段主要是通勤出行,该结果也与北京市通勤出行小汽车出行比例过高的现实相一致。

(5) 模型结果表明,现在有无公交票证及出行成本对方式链选择影响不大,主要原因是北京公交票价长期处于极低票价的政策控制下,同时小汽车出行成本也相对较低,出行者对有无票证及出行成本不敏感。目前公交票价已有所提高,未来可增加公交票证打折力度及较大幅度地增加出行成本来进一步优化出行结构。

4. 模型上层参数估计

在对 NL 模型下层参数估计完成后,根据下层参数估计结果求出上层对下层的合成效用项 Logsum。将 Logsum 作为上层模型参数估计的一个变量,计算出该变量的估计系数 u^d。

根据表 5.12 中出行方式链选择参数的标定结果计算 Logsum 的值:

$$\text{Logsum} = \ln(-2.539 - 0.143x_1 + 2.189x_2 + 1.975x_3 - 0.356x_5 + 0.044x_6 \\ -0.325x_7 - 0.923x_8 + 4.433x_9 - 2.2x_{10} - 2.078x_{11} - 3..869x_{12} - 1.993x_{13})$$

(5.47)

将 Logsum 代入上层模型,得到对小汽车使用者出行链类型的选择模型参数标定结果,见表 5.13。

表 5.13 小汽车使用者出行链类型选择模型

特征变量	参数	t 检验值
x_1	0.311	4.32*
x_2	−0.16	4.67*
x_3	0.273	24.41*
x_4	−0.09	2.11*
x_5	0.524	5.90*
x_6	0.237	6.14*
x_7	0.624	−11.74*
x_8	0.155	4.41*
x_9	0.013	−2.46*
x_{10}	−0.182	5.53*
Logsum	0.358	2.29*
常数	−1.953	−7.32*

$N=9417, L(0)=-12040.28, L(\beta)=-8223.51, \rho^2=0.317,$ Hit ratio$=76.3\%$

* 代表该变量具有显著性。

根据参数估计结果可知,参数均符合 t 检验的要求,对小汽车使用者的出行链类型选择存在显著影响。此外,由表中的参数估计可知,模型的包容系数(合成效用项 Logsum 系数)$u^d=0.358 \subset (0,1)$,因此模型符合效用最大化原理,模型结果有效,从而也验证了第 3 章中结构方程模型中小汽车使用者出行链对方式链的影响。

5. 上层模型的检验

上层模型的优度比 ρ^2 为 0.317,说明模型的拟合优度相对较好;模型预测的命中率为 76.3%,在可接受范围内,模型总体符合要求。

6. 上层模型的参数分析

(1) 性别的估计系数为正,说明男性在出行链类型选择是更倾向于选择复杂出行链,在一次出行中铰接多个活动,而女性更倾向于选择简单链类型。

(2) 年龄的估计系数为负,说明年龄相对较小的人更倾向于选择复杂出行链,在一天中有多个目的的活动。

(3) 家庭小汽车数量的系数为负,说明小汽车使用者家庭中的小汽车数量越多,小汽车使用者更倾向于选择简单链。这可能是因为家庭小汽车数量越多,家庭成员之间的出行活动独立性越强,多个家庭成员同时出行完成多个出行目的的次数少。

（4）家庭中有上学儿童、家庭人口数、家庭工作人口数、家庭中有其他类型车辆的系数为正，说明家庭中有儿童、家庭人口数和工作人口数越多、家庭中有其他类型车辆对小汽车使用者选择复杂出行链的影响为正。家庭中有上学儿童、家庭人口数和工作人口数越多，在全日出行过程中越可能存在大量接送和共同活动的复杂出行。

从双层 NL 模型分析的结果可以确定影响出行链和出行方式链的显著性影响因素，以及这些影响因素对出行链和出行方式链选择结果的正负影响。在以后的交通需求管理政策制定过程中，考虑交通需求管理政策对各影响因素产生的影响，可以分析对出行链和出行方式链的选择产生的影响效果，有利于引导居民选择合理的出行链和出行方式链类型。例如，家庭小汽车的数量越多，选择简单链且完全采用小汽车出行的可能性越大，如果以引导居民选择复杂链出行完成更多的出行目的，并尽量减少使用非完全小汽车方式出行，在交通需求管理政策的制定中应考虑如何限制家庭小汽车拥有的数量；另外，家庭有小孩上学会提高完全采用小汽车出行和复杂出行链的概率，在交通政策制定中可考虑使用高效率集约化的校车服务为接送学生服务，减少完全采用小汽车出行和复杂出行链方式出行。

5.4 基于神经网络的特定区域出行方式选择预测

5.4.1 神经网络与多项 Logit 模型在出行方式选择预测上的比较

近年来，人工智能和机器学习领域的研究成果为出行行为研究提供了新的思路。研究表明，决策树（decision tree，DT）和神经网络（neural network，NN）等数据挖掘方法能够灵活地表征方案属性和选择结果之间的相互关系，从样本数据中学习、识别和提取模式特征，并且能够通过计算过程提高对噪声数据的自适应能力，在出行行为预测中，相对于传统的 Logit 模型有明显的优势。

BP 神经网络（back-propagation network）具有优良的非线性逼近能力，近年来，在交通规划领域得到了广泛的应用。该算法的基本思想是：学习过程由信号的正向传播与误差的逆向传播两个过程组成，正向传播时，模式作用于输入层，经隐层处理后，传向输出层。若输出层未能得到期望的输出，则转入误差的逆向传播阶段，将输出误差通过隐层向输入层逐层返回，并分摊给各层的所有神经元，获得误差信号，作为修改各连接权值的依据。此过程反复进行，直至网络输出的误差减少到可接受的程度为止。

居民出行方式选择是一个复杂的系统，而神经网络具有良好的非线性映射能力，能识别特性变量的线性和非线性的影响，在方式选择预测中有很大的潜力。运用 BP 神经网络建立用于城市居民出行方式选择的预测模型，应用居民出行调查的实际数据对模型进行了检验。以朝阳区 90 个交通小区为基础,建立 BP 神经网络,进行公交出行选择预测,证实 BP 神经网络的可行性。

5.4.2 神经网络在出行方式选择上的应用

BP 网络,即反向传播网络,是一种多层前向型网络,神经元传递的是 S 型函数,输出量为 0-1 的连续量,可实现从输入到输出的任意非线性映射,其权值的调整采用反向传播的学习算法。

其主要特征为:大规模的并行处理和分布式存储;极强的自学、联想和容错能力;良好的自适应和自组织性;多输入、多输出的非线性系统。

BP 神经网络的结构如图 5.4 所示,由神经元组成神经元群,再由神经元群组成输入层、隐含层、输出层。

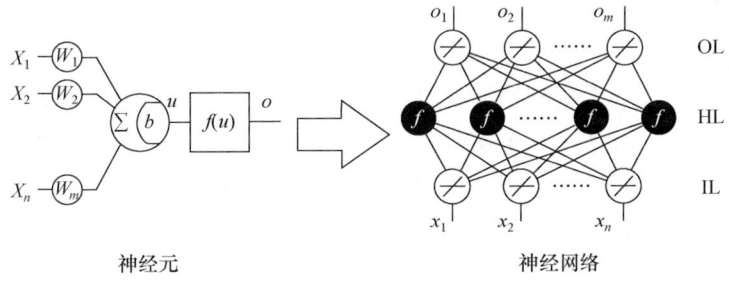

图 5.4 BP 神经网络结构图

影响居民公交出行比例的因素有很多,且很多因素与出行比例之间有非常强的非线性映射。

传统方法大都集中在对其因果关系的回归模型和时间序列模型分析上,不能全面和本质地反映所预测的数据的内在结构和复杂特性。BP 网络对建模对象的经验知识要求不多,一般不必事先知道有关建模对象的结构、参数和动态特性,只需给出输入、输出数据,通过网络本身学习就可达到输入与输出的映射关系。

5.4.3 基于神经网络的公交出行比例预测

对公交出行比例预测建模过程为:根据公交出行的主要 8 个影响指标,利用朝阳区得到的 94 个小区指标进行建模,84 个用来训练学习,剩余 10 个用来测试预测。神经网络建模结构如图 5.5 所示。

在模型建立中,各个参数设置情况如下:
隐含层两层:(NodeNum1=20,NodeNum2=20)
传输函数:tansig
训练函数:trainlm

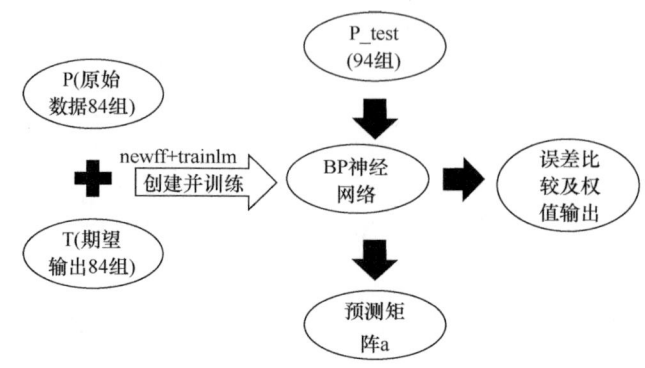

图 5.5　神经网络建模结构图

训练次数：100

训练要达到的精度：10^{-4}

学习速率：0.01

训练 17 次后，基本达到精度要求，误差小于 10^{-4}，并将实际值与预测值进行比较，如图 5.6 所示，系列 1 表示实际值，系列 2 表示测试值。由此可见，除了第 4 次预测误差较大（将其删除），其余基本可以满足预测需求。因此，去掉第 4 个值，对误差进行统计，预测误差值平均达到 0.049316，基本符合要求，即该神经网络可用，此时可以保存该网络。

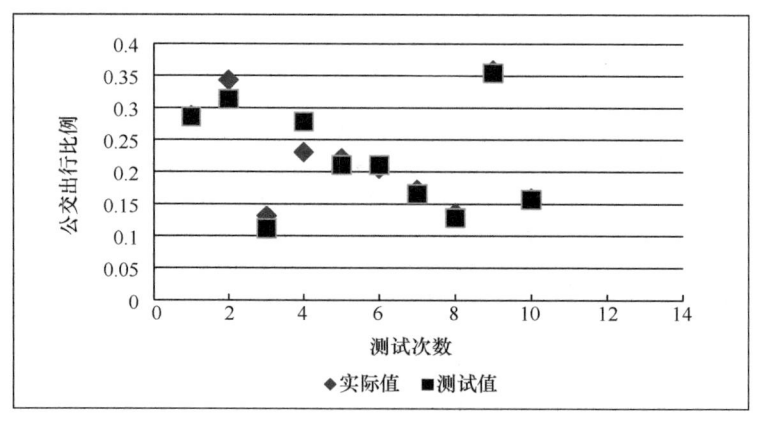

图 5.6　实际值与预测值比较

通过分析可以得出以下结论：预测得到的 10 个小区的平均公交出行比例为 0.2245。此外，在确定的主要影响因素中，各因素的影响程度为：公交线网密度＞换乘次数＞公交站点覆盖率＞人均收入＞人均机动车保有量。因此，在制定政策时，主要可从公交建设方面进行改进，增加线网密度，合理优化线路，减少换乘，提高公交的覆盖率，同时通过提高小汽车的使用成本，间接提高公交的吸引力。

第6章 多模式公交出行路径选择预测模型

随着城市规模的不断扩大,以往靠一种交通方式就能完成一次出行的过程,目前已经很难实现。如北京、上海等特大城市,人们出行往往在多种交通工具之间完成,如比较典型的是地铁与公交的换乘出行。出行者在进行地铁和公交出行过程中,面对多条可选路径,根据对路径的理解以及期望达到的出行要求,会对路径的广义费用进行比较进而进行路径选择。本章基于前景理论尝试建立多模式公交组合出行路径选择预测模型。因此,本章将首先简要回顾前景理论的基本思想。

6.1 前景理论概述

前景理论(prospect theory),也称展望理论、预期理论,是由心理学教授丹尼尔·卡尼曼(Daniel Kahneman)和阿摩司·特沃斯基(Amos Tversky)提出的一个行为经济学的理论。这个理论的假设之一是,每个人基于初始状况(参考点位置)的不同,对风险的认知及态度也有所不同。

前景理论是描述性范式的一个决策模型,它假设风险决策过程分为编辑和评价两个过程。在编辑阶段,个体凭借"框架"、参照点等采集和处理信息;在评价阶段,依赖价值函数和主观概率的权重函数对信息予以判断。价值函数是经验型的,它有三个特征:一是大多数人在面临获益时常常表现出风险规避的态度;二是大多数人在面临损失时却显现出一定的风险偏好;三是人们对损失比对获益更加敏感。因此,人们在面临获得时,常常表现出小心翼翼,不愿轻易地去冒风险;而在面对损失时,因不甘心而更加倾向于冒险行为。人们对损失和获得的敏感程度是不同的,损失时的痛苦感要远远超过获得时的快乐感。

出行者在进行地铁和公交出行过程中,面对多条可选路径,根据对路径的理解以及期望达到的出行要求,对路径的广义费用进行比较。在比较过程中,出行者除了在备选路径之间进行比较,还会考虑出行前的预留时间,因此,在进行费用比较时,除了与谁比较的问题外,还有如何进行比较的问题,也就是比较的参照点选择的问题。本节在前景理论的框架下,以地铁在常态运营下行驶时间为单位广义费用,通过SP调查拟合路径选择影响因素的换算函数,建立广义出行费用计算模型;同时,针对前景理论中关键的参考点选择方法,提出用预留时间对期望费用进行修正的方法。

6.2 公交组合出行广义费用

地铁和公交出行过程中的时间消耗，包括公交候车时间、公交行驶时间、地铁行驶时间和换乘时间等。对出行者而言，地铁与公交服务水平存在着差异，同样的服务时间带来的是不同的出行感受，即不同的出行方式、交通设施等因素，出行者感知到的费用是不一样的。为研究这些因素与出行者感知费用之间的关系，以及影响因素间的换算关系，定义广义出行费用(generalized cost)为 F，其形式如式(6.1)所示，包括四个部分：地铁出行费用、公交出行费用、地铁与公交间换乘费用、票价费用。地铁和公交出行费用包括行驶过程和内部换乘过程的费用，行驶过程主要考虑行驶时间、拥挤程度、行驶时间和时间可靠性对出行者感知的影响；内部换乘过程主要考虑换乘时间(换乘站的数量折成换乘时间)的影响。经调查，换乘时拥挤程度和时间可靠性较稳定，对出行者的选择影响较小，对此不作考虑：

$$\begin{aligned}
&F = F_{\text{subway}} + F_{\text{PT}} + F_{\text{t}} + M \\
&F_{\text{subway}} = f_{\text{travel}}^{\text{s}}(\alpha, \beta, T_{\text{travel}}^{\text{s}}) + f_{\text{transfer}}^{\text{s}}(T_{\text{transfer}}^{\text{s}}) \\
&F_{\text{PT}} = f_{\text{travel}}^{\text{pt}}(\alpha, \beta, T_{\text{travel}}^{\text{pt}}) + f_{\text{transfer}}^{\text{pt}}(T_{\text{transfer}}^{\text{pt}}) \\
&\alpha, \beta > 0
\end{aligned} \quad (6.1)$$

式中，F_{subway} 为地铁出行费用；F_{PT} 为公交出行费用；F_{t} 为地铁与公交之间的换乘费用；$f_{\text{travel}}^{\text{s}}$ 和 $f_{\text{transfer}}^{\text{s}}$ 分别表示地铁行驶时间与换乘时间广义费用折算函数；$T_{\text{travel}}^{\text{s}}$ 为地铁行驶时间；$T_{\text{transfer}}^{\text{s}}$ 为地铁线路间换乘时间，与换乘次数及换乘通道长度有关；$f_{\text{travel}}^{\text{pt}}$ 和 $f_{\text{transfer}}^{\text{pt}}$ 分别表示公交行驶时间与换乘时间广义费用折算函数；$T_{\text{travel}}^{\text{pt}}$ 为公交行驶时间；$T_{\text{transfer}}^{\text{pt}}$ 为公交线路间换乘时间；M 为地铁和公交的票价费用；α 和 β 分别为出行者感知的拥挤程度和时间可靠性。定义地铁在常态运营下的行驶时间为单位广义费用(generalized cost unit)，作为广义费用折算的基准点。其他影响因素根据对出行者的影响程度不同，通过使用等效换算函数将其换算成等效的广义费用。

对不同影响因素的等效换算函数设计 SP 问卷并进行拟合。调查共发放问卷 400 份，回收有效问卷 374 份，问卷有效率为 93.5%。调查对象包括在校学生、单位工作人员等，其出行方式以地铁和公交为主。

下面以地铁换乘时间及公交行驶时间可靠性对广义费用函数拟合为例进行说明。

1) 地铁换乘时间

场景示意如图 6.1 所示。

(1) 出行者从"起点"出发，目的地在"终点"，存在两条路径可选，分别是地铁线路 1 和地铁线路 2 换乘地铁线路 3。

(2) 出行时段为上午 7:00～9:00；出行目的为通勤。

(3) 假定两路径客流量较小(视为不拥挤)，地铁车辆运行完全准点，两路径票价一致。

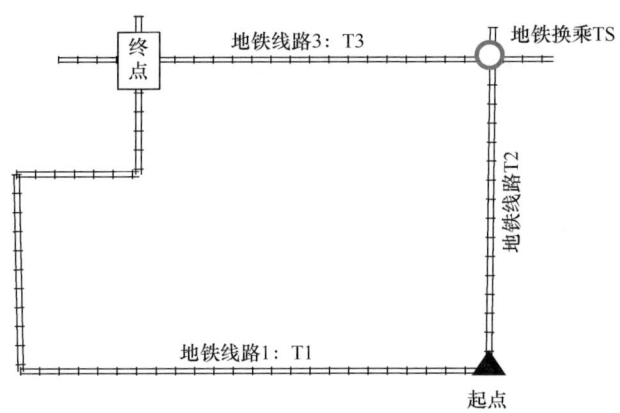

图 6.1 地铁换乘接受时间调查示意图

假定两路径的行驶时间分别是 T_1 和 T_2+T_3，被调查者若要选择路径 2，能接受的最大换乘时间 T_s，T_1 时间取值[25,55]，为体现两路径选择的可比性，T_2+T_3 应小于 T_1，此处 T_1 取值[8,50]。根据前面对广义出行费用的定义，两路径的行驶时间即为广义出行费用，调查数据拟合结果如图 6.2 所示，$T_s=0.365(T_1-T_2)-0.033$；$R^2=0.932$。结果表明：出行者能接受的最大换乘时间与单位广义费用呈递增的线性关系，斜率小于 1，换乘时间折算率大于 1。

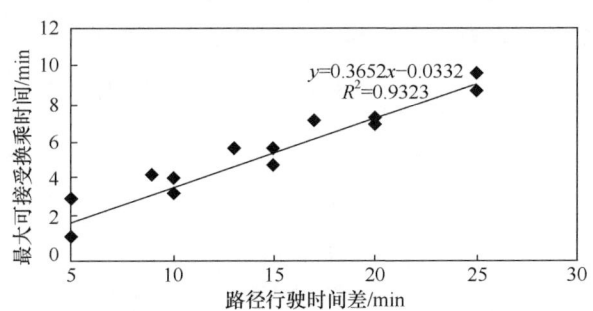

图 6.2 地铁换乘接受时间拟合结果

2) 公交行驶时间可靠性

场景示意如图 6.3 所示。

(1) 出行者从"起点"出发，目的地在"终点"，存在两条路径可选，分别是地铁线路 1 和公交线路 2。

(2) 出行时段为上午 7:00~9:00；出行目的为通勤。

(3) 假定两线路的客流均较小(完全不拥挤状态)；地铁车辆运行完全准点，而公交处于不同运行准点率状态；忽略两路径票价影响。

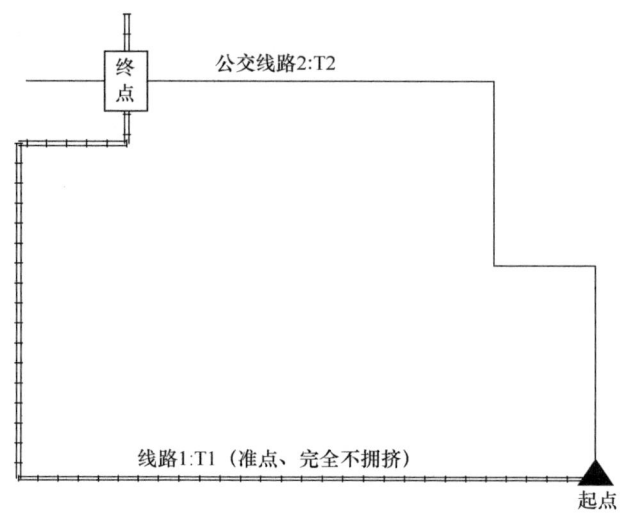

图 6.3 公交行驶时间可靠性调查示意图

在问卷中对地铁线路 1 设定不同行驶时间(取值[25,55])，公交线路 2 设定不同的拥挤程度(取值[0,1])，询问被调查者，如果考虑线路 2 出行，能接受的线路 2 最大行驶时间是多少。利用多元非线性回归法对数据进行拟合，拟合结果见表 6.1 中公式(1)~(7)，$R^2=0.913$，表明函数拟合效果较好。

其他影响因素的调查数据结果拟合结果如表 6.1 所示。

表 6.1 广义出行费用影响因素换算函数拟合结果

折算因素	拟合函数	
地铁拥挤程度	$GC=1.729\left(\dfrac{T_{\text{travel}}^{s}}{\alpha_{s}^{0.363}}\right)$ 其中，$R^2=0.889$； α_s 为地铁拥挤程度，$0\leqslant\alpha_s\leqslant1$	(1)
地铁票价	$GC=0.589(1+M_{\text{subway}})0.602T_{\text{travel}}^{s}$ 其中，$R^2=0.935$； M_{subway} 为地铁票价，$M_{\text{subway}}>0$	(2)
公交换乘站	$GC=2.949T_{\text{transfer}}^{\text{pt}}+1.481$ 其中，$R^2=0.973$	(3)

续表

折算因素	拟合函数	
公交拥挤程度	$GC=1.689\left(\dfrac{T_{travel}^{pt}}{\alpha_{pt}^{0.355}}\right)$ 其中,$R^2=0.919$; α_{pt}为公交拥挤程度,$0\leqslant\alpha_{pt}\leqslant1$	(4)
公交行驶时间可靠性	$GC=1.190\left(\dfrac{T_{travel}^{pt}}{\beta_{pt}^{0.412}}\right)$ 其中,$R^2=0.913$; β_{pt}为公交拥挤程度,$0\leqslant\beta_{pt}\leqslant1$	(5)
公交票价	$GC=0.702(1+M_{pt})^{0.482}T_{travel}$ 其中,$R^2=0.840$; M_{pt}为公交票价,$M_{pt}>0$	(6)
地铁 & 公交换乘站	$GC=2.696T_s^{pt}+0.264$ 其中,$R^2=0.958$; T_s^{pt}为地铁与公交间换乘时间	(7)

注:GC为广义出行费用;地铁票价以2元为起步价;公交票价以0.4元为起步价;其他符号意义同前。

6.3 基于前景理论路径选择建模

前景理论建模主要包括四个步骤:参考点确定;价值函数确定;客观选择概率函数;概率权重函数及前景值计算。

1) 参考点确定

参考点的选择是前景理论的关键。在进行地铁和公交出行路径选择时,依据参考点的值判断自己的"得失"。以往学者利用前景理论进行路径选择分析时,大多将期望时间作为参考点,如赵凛从期望时间出发,将出行的损失分为早到损失和迟到损失,以此建立参考点;高晶鑫等[114]通过研究认为,当出行者在期望的时段内到达目的地,是"收益"的,否则是损失,为此,提出两个参考点的分析方法。

在现实中,出行者在进行路径选择时,用于比选的多个路径中,除了要考虑在期望的时间内到达,同时还会考虑预留一定的时间来保证按时或提前到达目的地。当预留出行时间较充分时,出行者更愿意选择出行时间稍长,但出行更舒适的路线;预留时间紧张时,出行者更倾向选择时间较短的路线,尽管可能更拥挤。

设出行者期望出行费用 $F_{\text{Reference}}$ 为选择参考点,该参考点与出行者的出行目的(travel purposes) P_t、出行预留时间(reservation travel time) T_R、约束到达时间(limited travel time) T_L 等相关。仍以地铁在常态运营时间作为广义费用折算的基准点。若 $T_R/T_L>1$ 时,表明出行时间较充裕;若 $T_R/T_L<1$ 时,表明出行时间较紧张。应具有如下函数形式:

$$F_{\text{Reference}}=F_{\text{desired}}=f\left(\frac{T_R}{T_L},P_t\right)T_L \tag{6.2}$$

当出行目的为通勤时, P_t 取值为 1,其他目的出行以此为基准进行换算,例如,进行购物出行时, P_t 大于 1 的数表明可承受的出行费用高于通勤时。同样以 SP 调查方法对函数进行拟合,结果为

$$F_{\text{desired}}=7.825\ln\left(\frac{T_R}{T_D}\right)T_L P_t \tag{6.3}$$

2) 价值函数确定

根据 Kahneman 等[22]提出的价值函数形式,出行者的价值函数如下:

$$V(x)=\begin{cases}x^\alpha, & x\geqslant 0 \\ -\lambda(-x)^\alpha, & x<0\end{cases} \tag{6.4}$$

式中, $x=F_{\text{desired}}-F$,表明出行者的期望出行费用与估计出行费用的差值;α 为风险态度系数,$0<\alpha<1$,α 越大表示出行者越倾向于冒险;λ 为损失规避系数,若 $\lambda>1$,则出行者对损失更加敏感。当 $x\geqslant 0$ 时,即收益区间,它是个凹函数;经 $x<0$ 时,即损失区间,它是个凸函数。在损失区间的函数要比收益期间更陡。

Kahneman 等[22]进行了大量的实验,得到当 $\alpha=0.88$,$\lambda=2.25$ 时,符合人们进行选择决策时对待收益和损失的价值规律(图 6.4)。

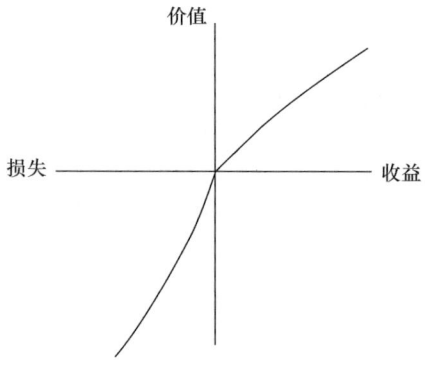

图 6.4 Kahneman 提出的价值函数

3) 客观选择概率函数

客观选择概率是出行者根据以往的出行经历对出行路径做出选择的概率,假设路径 k 的客观感知概率 p_k。在地铁和公交出行模式中,按出行先后,将各类出行方式进行划分。由于受道路交通流的影响,出行过程的时间存在不确定性。假定第 i 阶段的出行时间可靠性为 p_k^i,换乘点的时间可靠性认为是 1;地铁行驶时间为完全准点,即 $p_k^i=1$;公交行驶时间服从正态分布:

$$T_{\text{travel}}^{\text{pt}} \sim N(\hat{\mu}_{\text{travel}}, \hat{\sigma}_{\text{travel}}^2) \tag{6.12}$$

均值 $\hat{\mu}_{\text{travel}}$ 和方差 $\hat{\sigma}_{\text{travel}}^2$ 可通过历史累积数据计算获得。因此,根据概率论原理,主观选择概率 p_k 表达式如下:

$$p_k = \prod_{n \geqslant i \geqslant 1} P_k^i \tag{6.13}$$

4) 概率权重函数及前景值计算

前景理论认为:概率权重是决策者根据事件结果出现的概率 p 做出的某种主观判断,它并不是概率,也不遵从概率论的公理,而是赋予概率的一个权重。Kahneman 提出概率权重的计算方法,见式(6.14):

$$P(p_k) = \frac{(p_k)^\gamma}{\left[(p_k)^\gamma + (1-p_k)^\gamma\right]^{\frac{1}{\gamma}}} \tag{6.14}$$

Kahneman 经过测试标定,在收益时 $\gamma=0.61$;在损失时 $\gamma=0.69$。

计算各出行路径的前景值 U,出行者将选择前景值更大的路径。

$$U = \sum P(p_k) \cdot V(x) \tag{6.15}$$

6.4 实例分析

对路径选择模型的检验,因缺乏实际能检测用户出行路径的手段,目前通用方法是建立虚拟假设路网,设定假设条件,以用户问卷的方式进行。这类方法场景简单,用户无法"身临其境"的想象出路径选择的场景,导致其选择结果与实际仍有一定差距。

本节充分利用移动定位信息对用户出行轨迹追踪的优势,在实际出行起讫点之间,对通勤用户进行问卷调查,调查内容仅涉及用户对模型输入参数的认识和比较,以及对路径的选择结果,最后将问卷结果代入模型,与个体用户选择和移动定位信息获取的路径进行比较,评估模型精度。

1) 人工调查结果

调查设计场景进行如图 6.5 所示。出行者由北京工业大学前往西单上班。可选路径存在两条,路径 1:①②③④⑤,由公交至劲松地铁站入地铁 10 号线,再换乘 1 号线至西单;路径 2:⑥⑦④⑤,由公交至大望路地铁站入地铁 1 号线,到达西单。两条路径的差异在于路径 1 多一次地铁换乘,而路径 2 的公交行驶时间较长,时间可靠性与路径 1 的存在差异。

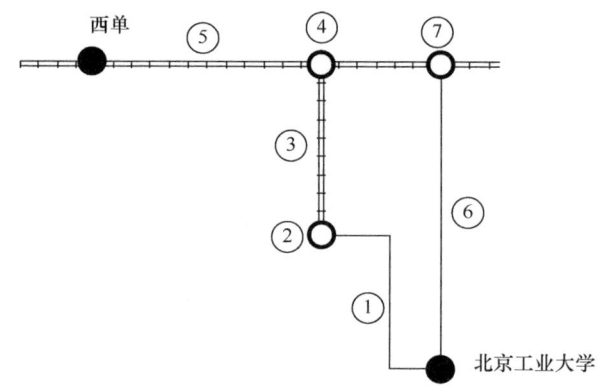

图 6.5 验证路径分布

被调查者除需要填写其选定的结果路径外,还需要填写各阶段的预计时间、拥挤程度、时间可靠性等。根据式(6.1)和表 6.1 的影响因素换算公式对被调查者的感知广义费用进行计算,再利用建立的路径选择模型对其选择结果做出预测。

本调查共发放问卷 300 份,回收有效问卷 284 份,问卷有效率 94.7%,限于篇幅的原因,表 6.2 仅列举了其中 12 份的调查结果计算分析过程。被调查者对两条路径感知的广义费用及期望费用(参考点),如表 6.2 所示。路径 1 按时到达平均感知费用为 128.2,方差为 476.4;路径 2 按时到达平均感知费用为 120.57,方差为 438.36;路径 1 感知按时到达概率最高为 0.8,最低仅为 0.2,而路径 2 感知按时到达概率最高 1,最低仅为 0.2;超过 50%的人感知路径 1 按时到达概率高于路径 2,约 15%的人感知路径 1 按时到达概率低于路径 2,剩余的人觉得基本一致。由此表明不同的出行者对相同路径的感知差异性较大,这与对路径的熟悉程度有关。而出行依据个人出行习惯,为出行预留时间也不同,造成出行者期望费用($F_{desired}$)的差异。

表 6.3 根据前面建立的路径选择模型对被调查人员的选择结果进行预测,在全部的 284 份有效问卷中,251 份的选择结果模型预测结果一致,33 份与模型不一致,88.4%用户实际选择结果与模型预测结果一致。各时段模型预测结果也与问卷调查结果较接近。

表 6.2 出行者路径感知费用及期望费用调查结果

序号	按时到达 F		未按时到达 F		准点概率 p_k		F_{desired}	$x = F_{\text{desired}} - F$			
	路径 1	路径 2	路径 1	路径 2	路径 1	路径 2		路径 1 按时	路径 1 未按时	路径 2 按时	路径 2 未按时
1	92.50	99.41	114.56	135.31	0.8	0.7	100	7.50	−14.56	0.59	−35.31
2	103.04	113.31	139.80	158.83	0.8	0.4	100	−3.04	−39.80	−13.31	−58.83
3	108.52	108.33	151.53	140.80	0.7	0.5	110	1.48	−41.53	1.67	−30.80
4	114.27	126.92	175.26	184.68	0.3	0.2	120	5.73	−55.26	−6.92	−64.68
5	157.79	175.43	200.80	229.55	0.7	0.5	160	2.21	−40.80	−15.43	−69.55
6	105.62	110.70	183.64	144.48	0.2	1	110	4.38	−73.64	−0.70	−34.48
7	146.43	118.55	185.27	153.33	0.7	0.6	130	−16.43	−55.27	11.45	−23.33
8	128.68	108.33	167.31	140.80	0.5	0.5	120	−8.68	−47.31	11.67	−20.80
9	143.89	151.35	197.38	196.29	0.5	0.5	130	−13.89	−67.38	−21.35	−66.29
10	138.46	112.91	177.30	145.37	0.7	0.5	120	−18.46	−57.30	7.09	−25.37
11	138.67	118.32	173.69	150.91	0.9	0.9	120	−18.67	−53.69	1.68	−30.91
12	160.58	103.32	210.00	131.58	0.5	0.7	130	−30.58	−80.00	26.68	−1.58

表 6.3 调查结果与模型计算结果比较

序号	$V(x)$				$P(p_k)$				U		实际结果	模型结果
	路径 1 按时	路径 1 未按时	路径 2 按时	路径 2 未按时	路径 1 按时	路径 1 未按时	路径 2 按时	路径 2 未按时	路径 1	路径 2		
1	5.89	−23.75	0.63	−51.80	0.61	0.26	0.53	0.33	−2.53	−16.63	2	1
2	−5.99	−57.56	−21.96	−81.18	0.67	0.26	0.39	0.52	−18.80	−50.66	1	1
3	1.42	−59.75	1.57	−45.93	0.53	0.33	0.42	0.45	−18.82	−20.19	1	1
4	4.65	−76.82	−12.34	−88.24	0.32	0.59	0.26	0.67	−43.67	−62.20	2	1
5	2.01	−58.83	−25.01	−94.06	0.53	0.33	0.45	0.45	−18.20	−54.06	1	1
6	3.67	−98.91	−1.64	−50.72	0.26	0.67	1.00	0.00	−65.21	−1.64	2	2
7	−26.42	−76.84	8.55	−35.97	0.59	0.33	0.47	0.39	−40.70	−10.04	2	2
8	−15.06	−67.01	8.69	−32.51	0.45	0.45	0.42	0.45	−37.26	−11.11	2	2
9	−22.79	−91.47	−33.27	−90.17	0.45	0.45	0.45	0.45	−51.87	−56.04	1	1
10	−29.27	−79.32	5.61	−38.73	0.59	0.33	0.42	0.45	−43.19	−15.22	2	2
11	−29.57	−74.90	1.58	−46.08	0.77	0.17	0.71	0.17	−35.66	−6.72	2	2
12	−45.65	−106.39	17.99	−3.37	0.45	0.45	0.53	0.33	−69.02	8.50	2	2

调查显示选择路径 2 的比例普遍高于路径 1,但在早高峰时段选择路径 2 的比例要低于其他时间段,这主要是由于路径 2 公交运行时间长,早高峰时段时间可靠性更低,因此对于通勤出行的部分人选择路径 1,见表 6.4。

表 6.4 调查与模型路径选择比例 (单位:%)

方法	路径	早高峰 (7:00~9:00)	平峰 (13:00~15:00)	晚高峰 (17:00~19:00)
调查 结果	路径 1	42.50	30.70	34.50
	路径 2	57.50	69.30	65.50
模型预 测结果	路径 1	44.60	33.20	37.10
	路径 2	55.40	66.80	62.90

2) 移动定位信息获取结果

利用移动定位信息获取用户起讫点之间的路径,采用与工作居住地识别类似的模式识别匹配方法,其实现流程见图 6.6。该方法主要包括以下三个步骤:

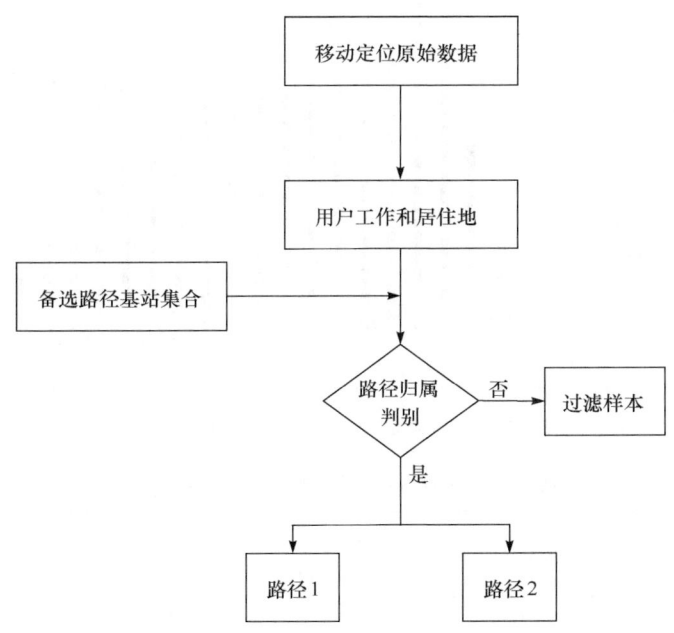

图 6.6 移动定位数据校核流程

步骤 1:首先由第 4 章的方法确定用户居住和工作地,筛选出与调查起讫点一致的用户,认为此类用户在居住地和工作地之间的出行属于通勤出行。将在这期间发生的通信事件数据以时间排序放至集合 $A_i = \{R_1, R_2, \cdots, R_i\}$,其中,$R_i = (\text{lac}_i, \text{CellID}_i, T_i)$ 表示用户第 i 条通信事件记录,包括位置区编号、基站扇区编号和事件发生时间。

步骤 2:建立备选路径的基站集合。沿路径 1 和路径 2 方向建立两个分方向的路径序列,称为备选路径基站序列 $B_i = \{C_1, C_2, \cdots, C_i\}$。其中,$C_i = (\text{lac}_i, \text{CellID}_i)$ 表示基站扇区 i 的信息,包括该扇区的位置区编号和扇区编号。

步骤 3:将步骤 1 建立的用户 i 的通信事件集合 A_i 与备选路径基站序列 B_i 进行比较,考虑序列方向性的前提下,若 $A_i \in B_i$,则认为 A_i 经过路径 B_i,否则不是。

每天在起讫点之间出行的用户数量有限,考虑到数据质量过滤造成的用户丢失,有效用户可能更少。因此选择连续 5 个工作日的移动定位数据,实际分析有效用户 1593 人,其出行在全天分布见图 6.7。由于路径 1 和 2 均是单向的,由居住地向工作地方向,因此,出行分布主要集中在早高峰时段。各时段的路径选择比例见表 6.5,与调查和模型预测结果基本一致,早高峰路径 2 的选择比例为 53.6%,路径 1 的选择比例为 46.4%。

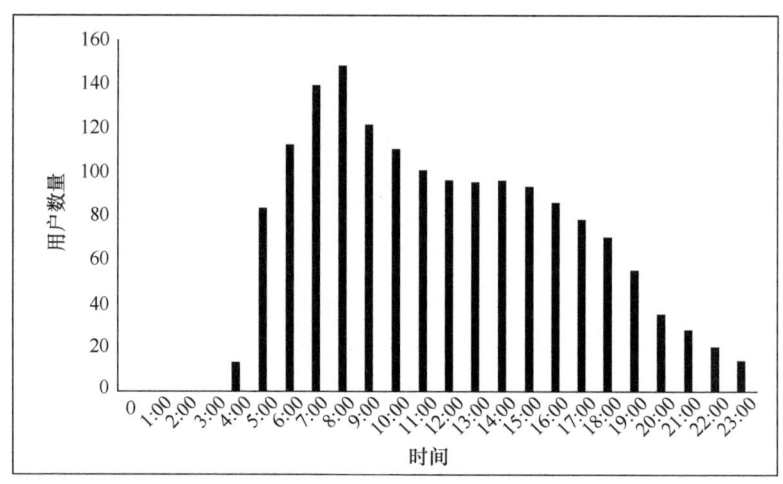

图 6.7　校核起讫点出行时间分布

表 6.5　移动定位信息获取路径选择比例　　　　　（单位:%)

方法	路径	早高峰 (7:00~9:00)	平峰 (13:00~15:00)	晚高峰 (17:00~19:00)
移动定位 信息获取	路径 1	46.40	32.10	35.60
	路径 2	53.60	67.90	64.40

第7章 动态导航下小汽车路径选择行为及对路网影响

随着现代科技突飞猛进的发展,特别是通信、导航、遥感、计算机和数据库等技术日趋完善并得到了广泛应用,出现了一个新兴的跨学科的领域——智能交通系统(intelligent traffic systems,ITS),它越来越多地受到人们的关注,为解决交通问题带来了新的思路。其中,动态路径诱导系统是智能交通系统中驾驶员信息服务系统中的重要子系统,它将路网系统管理者、驾驶员、车辆导航仪联系起来,通过路网系统管理者的信息提供,使得驾驶员的路径选择行为更加效率化、便捷化。

本章在考虑个体属性情况下进行了驾驶员的路径选择行为决策意向调查(stated preference,SP),确定了驾驶员路径选择有决策权重的效用函数,在动态路径诱导系统的框架下,结合 Agent 技术对驾驶员的路径选择行为进行研究,基于多 Agent 系统理论建立了动态导航条件下的各 Agent 模型和协商模型,并通过仿真进行了有无导航及不同装配率下的路网性能分析。

7.1 驾驶员路径选择行为研究概述

驾驶员的路径选择行为是指驾驶员由起点到终点的整个出行过程中受多种决策目标的影响而对所选择的具体出行路段根据某种特定的选择机制所进行的选择、决策行为。对驾驶员路径选择行为的研究在过去的 20 年间是交通科学领域研究最多、最广泛的问题之一[115]。

关于对驾驶员路径选择行为模型的研究,国内外的诸多学者如 Mcdonald 等[116]、Khattak 等[117]、Golledge[118]、Mehndiratta 等[119]、de Moraes 等[120]、Yang 等[121]、徐岩宇等[122,123]、周元峰[124]、杨晓光等[125]、姜桂艳等[126]、潘晓锋等[127]进行了较为丰富的研究。对驾驶员的路径选择行为进行分析研究时,比较常用的方法是基于期望效用理论的离散选择模型,包括多项 Logit 模型、分层 Logit、累计 Logit、混合 Logit 及 Probit 模型等。多项 Logit 模型因为其简洁易用而得到了十分广泛的应用。Mcdonald 等[116]对具有不同路网熟悉程度的驾驶员的路径选择行为进行了研究,并提出了离散选择行为的两阶段框架,建立了路径选择模型。Pel 等[128]将驾驶员出行前和出行中的路径选择行为结合起来,建立了路径选择混合分析模型,该模型有效避免了出行过程中驾驶员在改变路径而造成的动态分配失效问题。另外一类是基于层次分析方法和模糊逻辑等方法的混合模型。Ridwan[129]通过对驾驶员进行一系列的模糊调查,建立了重要性矩阵,然后利用层次分析法对各条路径进行排序,从而得到选择的路径,进而提出了基于模糊意向的路线选择模型。还有些学者研究了不确定交通条件下的驾驶员路径选择模型,如 Ng 等[130]建立了一种平衡路径选择模型,认为路径选择不仅受行程时间的影响,而且受行程时间可靠性的影响。张杨[131]综合考虑了驾驶员路径选择行为要受到对路网的熟悉程度、出行方式等多种因素的影响,建立了不确定交通条件下的驾驶员路径选择模型。彭国雄等[132]以出行时间最少、行程时间最可靠为目标,建立了车辆在应急条件下出行前最优路径选择的多目标规划模型。

另外,有些学者研究了交通信息与驾驶员路径选择的关系。严新平等[133]将诱导信息分为描述性信息和预测性信息两类,然后按照对诱导信息的不同接受程度,将驾驶员分为经验型、固定型以及信息利用型三类,建立了在出行时间信息提供情况下的驾驶员路径选择模型。黄海军等[134]建立了与网络均衡条件等价的数学规划模型,并设计了模型的求解算法,然后通过实例对信息质量和市场占有率对驾驶员路径选择行为的影响进行了分析。Bogers[135]基于 5 年的调查研究,提出了实时交通信息作用下的通勤路线选择模型。杨东援等[136]研究了高度信息化条件下的驾驶员路径选择模型,建立了信息化条件下的交通流分配模型,并通过贝叶斯理论描述驾驶员出行经验的积累更新过程,建立了 ATIS 条件下的出发时刻和出行路径选择模型。Gao 等[137]为了研究路网实时交通流所呈现出的随机性和时变性等特性,提出了一种依赖时间网络模式下的自适应路径选择模型。近年来也有学者尝试利用 Agent 技术预测驾驶员路径选择行为。

7.2 驾驶员路径选择影响因素分析

总体来讲,影响驾驶员路径选择的因素主要包括以下几个方面:驾驶员行为特征因素、时间及道路拥堵因素、距离因素、路线复杂度、经济因素、安全因素、舒适度因素和其他因素等。这些因素不仅涉及驾驶员个体属性,还涉及出行属性。

1) 驾驶员的行为特征因素

驾驶员在进行出行路径选择的时候受到个体属性的影响,客观方面主要有驾驶员的年龄、性别、学历、驾龄、工作性质、收入、对路网的熟悉程度等;主观方面主要有驾驶员的性格、心理素质、承受能力等,这些因素共同影响着驾驶员对路径的选择。例如,年龄较大的驾驶员相对来说比较沉稳、富有经验,遇到突发情况时更加理智、冷静;在面对多条可行路径时,驾驶员也会受驾驶经验的影响,根据不同的道路形状进行选择。这些因素一方面主要包括道路技术等级、路面结构、道路径型、路段负荷度、事故率、交叉口数量和类型、沿途风景、路面平整度、最大纵向坡度、最小曲线半径等,另一方面包括驾驶员对以往出行的历史经验,如道路拥堵程度、出行时间的历史认知等,这些因素相对而言在较长的时间内不会发生变化,构成了驾驶员驾驶经验的基础[138]。在出行前,如果已知可选路径的各种条件,驾驶员会根据自身驾驶经验的积累程度,结合实际道路出行服务信息引导当前选择,选择的结果将会累积作为下次出行的参考。

2) 时间因素

行程时间是指驾驶员从发生点到吸引点整个出行过程的时间,包括正常的行驶时间和因交通管制、排队和拥堵等原因造成的延误时间等。随着社会节奏的加快和时间成本的提高,人们越来越追求出行的便捷性,为了可以更快地到达目的地,出行行程时间也是驾驶员最为关心和在意的。在同等距离条件下,因道路拥堵直接影响出行时间,驾驶员一般会尽量避开拥堵路段或拥堵常发路段。

3) 距离因素

给定一对 OD 点后,驾驶员从出发地到目的地,出行距离往往也在一定程度上影响着驾驶员对路径选择的影响,尤其是在交通状况良好的条件下,出行距离的长短往往意味着出行时间的长短、出行费用的大小并在某种程度上影响驾驶员的舒适度等。而在对拥堵等路况信息历史经验不足的情况下,驾驶员会把出行距离作为主要的考虑因素。

4) 路线复杂度

路线复杂度对驾驶员路径选择的影响是比较显著的,如转弯次数、线路的连通度、道路等级的变化、道路的平整度、线路所经过的信号交叉口数量等都会影响驾驶员的出行,线路复杂度越低,则驾驶员出行就越为简单方便,考虑到模型中的可实现性和便于量化,城市出行一般可以线路所经过的信号交叉口作为路线复杂度的衡量标准。

5) 经济因素

驾驶员出行时费用往往是其最为关注的,出行费用主要包括道路收费和运营费用。道路收费主要指通行费,在城市道路中,道路拥挤收费也属于此范畴。在实施拥挤收费的城市,该因素对出行路径选择有着重要影响。

运营费用主要是指与车辆运营产生的相关费用,主要包括燃油费、轮胎磨损费、机件磨损费等。由于车辆运营费用受道路的自然条件和交通状况的影响,因此在相同的车况条件下,道路条件越好,交通状况越好,车辆运营成本水平就越低,对于驾驶员来说就越具有吸引力。在城市里,运营费用如油耗、机件磨损等与拥堵状态、距离密切关联,在司机路径选择时,往往直接考虑避开拥堵路段或选择最短路出行。

6) 舒适度因素

出行的舒适程度也越来越影响驾驶员对路径的选择,道路的通行能力、交通流量、平均车速、行车视距等,主要还是受当时路段交通量的影响,可用负荷度、路网的平均速度来进行衡量,另外道路两旁的景观、绿化、指示标志等多种因素都对舒适程度产生影响。

7）信息因素

驾驶员对路径的选择是一个复杂的过程，外部信息将对其全过程产生影响。外部信息主要包括交通管理部门或信息提供商提供的对目前交通现状的描述信息和对未来交通状况的预测信息。道路交通信息是随时间而不断变化的。因此，驾驶员在出行中会根据变化的道路交通信息不断调整自己选择的路径。

8）安全等其他因素

除了以上因素外，还受到其他多种因素的影响，如安全因素等，但其与线路复杂度、道路运行状况有着密切关系。

7.3 车载动态导航条件下的驾驶员路径遵从行为

所谓动态路径诱导系统(dynamic route guidance system, DRGS)，就是在地理信息系统(geographic information system, GIS)技术构造的路网数字地图的基础上，运用全球定位系统(global positioning system, GPS)等技术对车辆进行定位，实时地为驾驶员提供交通信息，并在出行过程中对驾驶员进行适时恰当的出行路线指引，以确定最优出行路线。它综合运用了诸多高新技术如地理信息系统、全球定位技术、信息采集处理技术、现代无线通信技术等。实时准确的交通信息服务是动态路径诱导系统区别于自主导航系统的重要特征。

动态路径诱导系统是通过对出行者个体出行进行诱导来达到改善路网交通状况的目的。它通过交通控制中心和安装了 GPS 定位系统的车辆来全面掌握城市道路网的实时交通情况，利用动态交通流分配理论，按驾驶员的要求提供最佳行驶路径。这样，驾驶员自发行为和路径诱导相互作用使城市交通流的分布更趋于合理。

根据导航路线优化所基于的信息来源，车辆自动导航系统又可分为动态导航及静态导航。动态导航依据动态实时信息进行路线优选，静态导航依据历史静态信息进行路线优选。动态路径诱导系统是解决城市交通问题、缓解交通拥堵的有效手段，有着广阔的市场前景。另外，根据路径计算的执行单元不同又可将车辆自动导航系统分为分散控制式及中心控制式车载导航系统。分散控制式路径计算由车载计算机完成，以个体最优为目标；中心控制式路径计算由信息中心的计算机完成，以系统优化或个体最优为目标。本书主要研究中心控制式的动态车载导航系统在系统最优目标下的路线推荐（代表路网系统管理者的决策）对驾驶员路线选择的影响。

目前车载导航系统的最佳路径计算与发布多是单路径的，随着路网中导航车辆的逐步增加与普及，这种单路径的诱导在高峰时段很容易产生被诱导车辆群聚于同一路径而造成因诱导形成的拥堵。这不仅不利于路网系统的功能发挥,导航用户效益最终也得不到保障。研究不同的导航装配率条件下的路网整体性能和驾驶员的出行特点,可以更加有效地利用动态路径诱导系统,这也是当前国内外研究的热点之一。

当驾驶员通过导航仪接收交通信息时,会根据自身的属性和当时的交通状况决定是否遵从。

基于 DRGS 的驾驶员路径选择行为的基本过程大致分为以下四步:

(1) 路径选择偏好。根据有决策权重的效用理论,假设驾驶员(路网系统管理者)是"效用理性"的,驾驶员(路网系统管理者)确定的可选出行(诱导)路径。

(2) 出行前的分析。在驾驶员准备出行前,根据需求从路网系统管理者那里得到信息,如交通需求、交通信息等。

(3) 协商过程。驾驶员和路网系统管理者通过协商,确定驾驶员的最终出行路径。

(4) 结果反馈。驾驶员按照协商确定的路径出行。

7.4 基于主观决策权重效用理论的路径选择效用函数

驾驶员进行路径选择有着不同的偏好,如时间最短、距离最短、安全性最高、广义出行费用最少等等,本书假设驾驶员在进行路径选择时保持"效用理性",也就是说总是选择效用最大的路径进行出行。通过对驾驶员的路径选择偏好以及路网系统管理者的路径诱导偏好进行有决策权重的效用理论分析,结合 SP 和 RP 调查对各决策目标进行权重和定位点的调查,为效用函数的建立提供基础数据,也为路径选择行为的研究奠定基础。

7.4.1 有决策权重的路径选择的效用理论

早在 20 世纪 50 年代,期望效用理论最初是由冯·纽曼(von Neumann)和摩根斯坦(Morgenstern)在公理化假设的基础上,运用逻辑和数学工具,确定了不确定条件下对理性人的决策进行分析的框架。接着,阿罗(Arrow)和德布鲁(Debreu)将其吸收进瓦尔拉斯均衡的框架中,成为处理不确定性决策问题的分析规范,进而构筑起现代微观经济学,并由此展开包括宏观、金融、计量等在内的多个研究领域的理论研究工作。

期望效用理论(expected utility theory)是研究在不确定条件下决策者进行决策的规范性理论,在决策理论中,效用(utility)是决策者对选择肢的偏好程度的数学化表达。效用在经济学中可以简单地理解为消费者从消费活动中获得的愉快,需求得到的满足程度[139],效用的大小用效用值(utility value)进行衡量。

效用理论被广泛地应用在决策分析中，决策者根据效用值的大小进行决策。Daniel 早在 1738 年就指出：若一个人面临从给定行动集（风险性展望集）中作选择的决策问题，如果他知道与给定行动有关的将来的自然状态，且这些状态出现的概率已知或可以估计，则他应选择对各种可能后果的偏好的期望值最高的行动[140]。驾驶员进行路径选择的过程也就是驾驶员对行驶路径进行决策的过程，计算每条可选路径的效用值的大小，依据效用最大化原则，确定出行路径。出行行为在心理学上可以描述为这样的过程：产生某种出行需求之后，驾驶员便会根据自身及外界的各种环境条件，选择一种具体的实现过程，选择的具体行为可能发生变化，但是他本身的效用分析和决策一般不会发生变化，即以所获得的效用最大为决策目标[141]。

驾驶员的路径选择行为是驾驶员根据自身的属性、经验和可以获得的信息等多种因素共同影响来决定出行的路径的一个复杂的过程。书中着重考察了驾驶员本身属性对路径选择的影响，将有决策权重的效用理论应用到驾驶员路径选择的过程中去。

交通的各种宏观表象是驾驶员出行选择的群集涌现，驾驶员进行路径选择受到一系列因素的影响作用。在有决策权重的效用理论中，效用来描述每条可选路径的吸引程度。每条可选路径的效用受到多种因素的影响，如驾驶员自身的属性、道路属性、当时的交通状况、服务属性等。

本书在"效用理性"的假设基础上，对驾驶员的路径选择行为进行研究，驾驶员总是选择效用相对较大的路径出行，在决策问题中，效用值能表示决策者对某种可能情况的偏好程度，应用到路径选择中去就是某条路径的效用值越大，就越偏爱某条路径。效用值的大小可以通过效用函数来确定。

驾驶员从出发点到目的地，往往有不止一条可选路径，每条路径的道路属性、服务属性等都不相同，也就是说每条路径的效用值是不相同的，驾驶员在出行时获得这些交通信息，就会选择效用最大的路径来满足自己的出行，以最大化地满足自己的需求。这就是说，驾驶员是"效用理性"的，效用最大的路径也就是通常所说的最优路径，所谓最优路径可以定义为：在通达驾驶员出行目的的多条线路中，能够最大限度地满足驾驶员出行愿望的线路，就是出行效用最大的线路，也就是最优路径。要选择整体服务效用最大的路径就需要综合考虑多种因素的影响[31]，驾驶员的属性不同，对最大效用的理解也就不尽相同。依据 CTMRGS(cooperative traffic management and route guidance system)标准，本书采用有主观权重的效用函数来衡量效用值的大小[142]。

通过有决策权重的线性效用函数可以评价可选路径的效用，每一条路径的效用值可由下述方程来衡量，其表现形式为 0 到 100 之间的某个数值：

$$U_{ip} = E(u_{ip}) = \sum_g (W_1^i N_1^{ip} + W_2^i N_2^{ip} + \cdots + W_g^i N_g^{ip}) \tag{7.1}$$

$$\sum_g (W_1^i + W_2^i + \cdots + W_g^i) = 100 \tag{7.2}$$

式中,i 为第 i 个驾驶员;p 为可选路径 p;U_{ip} 为第 i 个驾驶员第 p 条路径的效用值;W_g^i 为驾驶员 i 的第 g 个目标的决策权重;N_g^{ip} 为第 i 个驾驶员第 p 条路径第 g 个目标的效用标准值。

权重被分配给组成效用方程的一系列目标,令所有权重的总和等于100。为了让不同效用值的目标在同一个加权函数中使用,可以通过以下公式,对每一个目标进行逻辑转换,将其转化为 0 到 1 之间的值。

$$N_g^i = \frac{1}{1 + e^{-V_g}} \tag{7.3}$$

$$V_g = \alpha_g + \beta_g x_g^p \tag{7.4}$$

式中,N_g^i 为驾驶员 i 第 g 个目标的效用标准值,且 $0 < N_g < 1$;α_g、β_g 为逻辑估计的参数,分别为理想值和极限值;x_g^p 为第 p 条路径第 g 个目标的值;V_g 为第 p 条路径第 g 个目标的效用值,即驾驶员对目标值的满意程度,当 $V_g = 1$ 时,驾驶员对目标 g 的十分满意,当 $V_g = 0$ 时,驾驶员对目标 g 的值十分不满。

逻辑标准化曲线形状通过理想点和极限点这两个点来确定曲线中的线性部分,之所以可以确定线性曲线,是因为两个定位点之间的曲线几乎是线性的,定位点之外的曲线是渐近的。定位点之间的区域呈线性相关,也就是说目标 g 的值和目标 g 的标准值是线性相关的。定位点之外的曲线的渐近性暗示了收益是递减的。Adler 等[142]建议理想值的合理范围是[0.75,0.90],极限值的合理范围是[0.25,0.35]。当一个目标的一组定位点以后,任何标准评估方法(如 Newton-Raphson)都可用于生成效用函数方程($V_g = \alpha_g + \beta_g x_g^p$),然后将该方程转化为标准的逻辑函数方程。图 7.1 描述了一个典型的标准化方程。

7.4.2 决策目标权重和定位点的调查及分析

驾驶员在路径选择的过程中受到多种因素的影响,如安全性最高、舒适度最大、出行时间最短、出行距离最短、出行费用最少等。本书基于主观决策权重效用理论来建立交通参与者的效用函数,根据效用最大化的原则来进行出行路径的选择。

本节通过调查获取影响驾驶员决策的目标以及驾驶员对各目标的决策权重。调查的目的是确定驾驶员对各目标的主观决策权重、代表驾驶员的决策行为标准,也就是确定各决策目标的权重、各决策目标的评价标准值以及各目标的定位点等,从而建立路径选择有决策权重的线性效用函数。本调查主要针对驾驶员最为关注的效用评价标准进行问卷设计和调查。

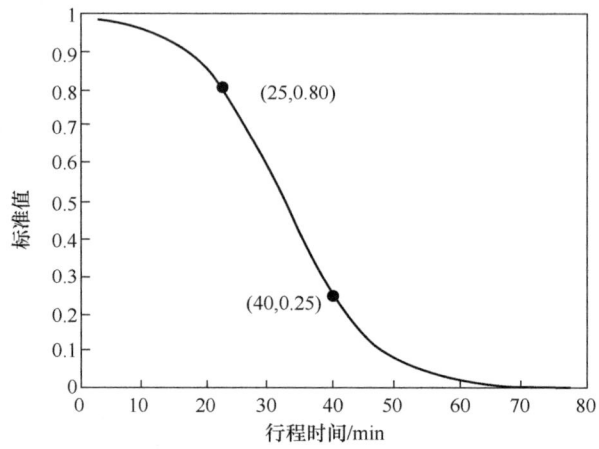

图 7.1 逻辑标准化函数示例图

1. 调查方法及方案

首先确定调查方法,目前常用的调查方法有 SP 调查和 RP 调查。其中,SP 调查也叫意向调查,主要是针对未发生的、假设条件下,选择主体如何选择以及如何考虑的选择意向调查;RP 调查也叫行为调查,主要是针对已完成的选择行为进行调查。

SP 调查具有可操作性高、数据误差可以调节、调查中选择方案集合明显等优点,但同时也存在着可靠性问题,即当假象的状况成为现实时,被调查者的行为是否和调查中保持一致的问题,另外也有一些被调查者对 SP 调查的回答不负责任等原因造成 SP 调查有误差。RP 调查的最大特点在于是调查的内容已经发生过,回答的决策过程和实际决策过程是一致的,但是在现象的可测性方面也存在问题:如选择方案的信息模糊、替代方案的信息模糊等。虽然本书主要是调查驾驶员以往的经验数据,但 SP 调查比较合适,综合比较,本次调查采用 SP 调查和 RP 调查相结合的方法进行调查。

调查采用现场调查和网络调查相结合的方式,即现场调查的调查人员在指定的地点、时间对受访者进行调查,并结合网上调查扩大调查样本和样本的均衡性。现场调查主要在洗车房/车辆保养维修点和停车场等附近开展,调查员现场发放问卷、现场解答、要求被调查者现场填写、当场回收问卷;网络调查主要是在调查圈网站(在线调查的网站)开展,通过网站对所设计问卷的推荐,以得到调查样本量,调查的时间是从 2013 年 3 月 10 日开始,此次调查的问卷见 http://www.diaochaquan.cn/s/1A6RC。网络调查主要向小汽车拥有者推荐问卷,回答者遍布我国大部分地区。

然后,确定调查的内容,由于本次调查主要是针对影响驾驶员路径决策的因素进行调查,因此确定调查的内容主要有:①首先确定影响驾驶员路径选择的主要决策目标,如驾驶员的个人属性、出行时间、出行费用、出行距离、安全性、舒适度、路线复杂度等,通过排序法从中选择对驾驶员路径选择影响较大的目标进一步进行调查;②调查驾驶员对各个目标的决策权重,此次调查采用的方法是排序法,就是对各个目标进行排序,以此作为建立效用函数时确定决策权重的依据;③对每一个出行目标,调查理想值和极限值,在建立效用函数的时候使用。

2. 调查数据分析

此次调查问题具有连续性,在一份问卷中无法调查所有需要的数据,所以此次调查分三次完成。对调查问卷进行整理并处理、分析,得到如下结果:

(1) 对影响驾驶员路径选择的各评价指标进行调查,本次调查共获得样本 321 份,通过对样本进行有效性分析,共获得有效样本 288 份。

整理结果如图 7.2 所示。考虑到各目标的可实现性和具体量化的方便,最终确定在模型中行程时间、出行距离、路线复杂度、路段负荷度和路段相对平均速度进行衡量这五个指标作为评价,并对这五个指标重新进行调查,确定各个决策目标的主观决策权重。本次调查共获得样本 183 份,通过对样本进行有效性分析,共获得有效样本 146 份。整理结果如图 7.3 所示。

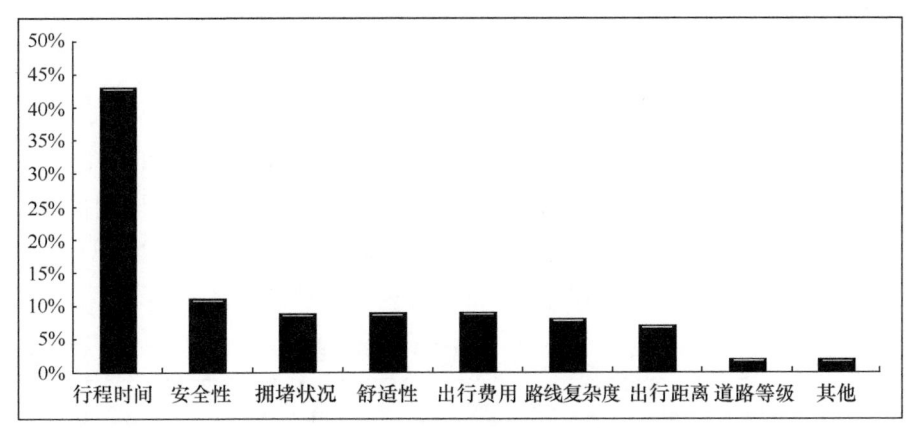

图 7.2　路径选择评价指标调查结果

作为管理者发布动态导航路线,路网管理者不仅希望路线尽可能时间较短,还希望整体路网均衡使用,而不是某些道路十分拥堵,而另外的道路却没有车辆使用。结合国内外研究文献,本书利用路网平均负荷度和路网平均速度对整体路网进行综合的衡量,给出路网系统管理者的决策指标和决策权重。综合分析结果见表 7.1。

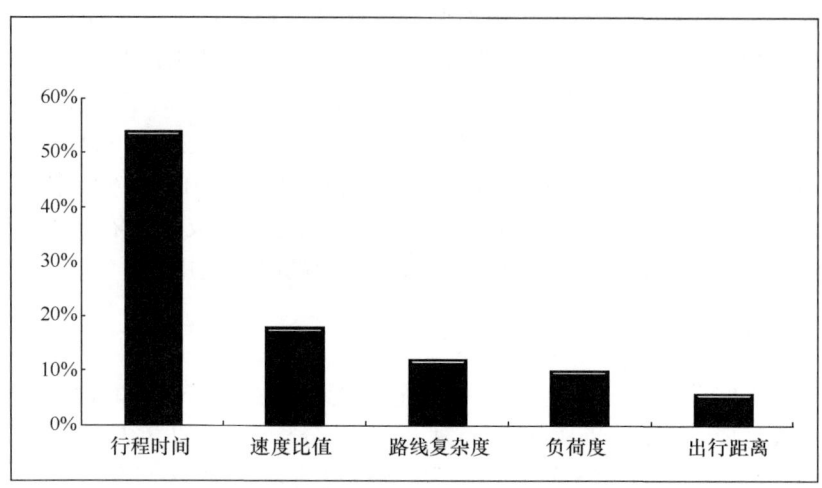

图 7.3 评价指标决策权重调查结果

表 7.1 驾驶者和管理者路线评价指标权重

评价指标	管理者权重	驾驶员权重
行程时间	0	54
出行距离	0	6
路线复杂度	0	12
负荷度	55	10
平均行程速度与自由流速度的比值	45	18

（2）调查每一个目标的定位点，也就是理想点和极限点。理想点就是目标的理想值所对应的标准值。极限点就是可以忍受的下线点所对应的标准值，通过定位点，就可以确定此目标的效用值。本次调查共获得样本 176 份，通过对样本进行有效性分析，共获得有效样本 139 份。分析整理结果见表 7.2。

表 7.2 驾驶员模型定位点调查表

评价指标	理想点(0.80)	极限点(0.25)
行程时间	OD 点间最短出行时间	1.75 倍 OD 点间最短出行时间
出行距离	OD 点间最短出行距离	1.5 倍 OD 点间最短出行距离
路线复杂度	0.1	0.9
路段负荷度	0.1	0.9
路段平均速度与自由流速度的比值	1.5	0.5

路网系统管理者的定位点参考国内外的研究文献给出，见表 7.3。

表 7.3　管理者模型定位点取值表

评价指标	理想点(0.80)	极限点(0.25)
行程时间	—	—
出行距离	—	—
路线复杂度	—	—
路段平均负荷度	0.1	0.8
路段平均速度与自由流速度的比值	1.25	0.5

根据调查结果,标定模型的参数,便可以确定每个目标的效用值和效用标准值,继而确定驾驶员进行路径选择时每条可选路径的效用值,以便驾驶员进行路径选择。

7.5　路径选择行为多 Agent 仿真模型

7.5.1　Agent 技术及其在交通中的应用

Agent 这个概念来源于人工智能领域,人工智能的最终目标就是要实现具有智能的能够代替人类来处理事务的"代理"。20 世纪 90 年代以来,随着网络技术、通信技术的发展,Agent 技术的研究已经成为分布式人工智能研究和信息技术关注的热点,也是解决城市交通问题的新兴关键技术。关于 Agent 的概念,因所研究的领域和关心的问题的不同而不同,迄今为止还没有形成统一的 Agent 定义,直接翻译可以理解为代理人、代理商、智能体、主体等,根据各交通参与者的特点,采用智能体这一定义,且仍然沿用英文表达法"Agent"。一般来说,Agent 应该具有以下基本特性:①自治能力(autonomy),能在没有其他人或 Agent 直接干预下,可以控制自身的行为和内部状态的能力;②社交能力(social ability),能借助某种通信语言与其他 Agent 或者环境进行交互;③反应能力(reactivity),能感知其所处的环境,并做出及时恰当的反应,改变环境;④主动性(pro-activeness),不仅可以对所处的环境做出反应,而且能采取面向目标的行为。

多 Agent 系统(multi-agent system,MAS)是指至少由两个或两个以上 Agent 组成,在资源有限的情况下,Agent 之间、Agent 与环境之间通过相互交互、协商、合作来共同完成单个 Agent 无法完成的既定任务的系统。由于在同一个多智能体系统中各 Agent 可以异构,因此多智能体技术对于复杂系统具有无可比拟的表达力,它为各种实际系统提供了一种统一的模型,从而为各种实际系统的研究提供了一种统一的框架,因而可完成大的复杂系统的作业任务。多智能体技术具有自主性、分布性、协调性,并具有自组织能力、学习能力和推理能力。采用多智能体系统解决实际应用问题,具有很强的鲁棒性和可靠性,并具有较高的问题求解效率,其应用领域十分广阔,具有潜在的巨大市场。目前,多智能体已经用于智能机器人、网络自动化与智能化、协调专家系统、交通控制和分布式智能决策等多个领域的研究和应用中。

多智能体系统具有如下特点:

(1) 多智能体系统中,每个智能体具有独立性和自主性,能够解决给定的子问题,自主地推理和规划并选择恰当的策略,并以特定的方式影响周围的环境。

(2) 多智能体系统支持分布式应用,所以具有良好的模块性、易于扩展、设计简单灵活,克服了建造一个庞大知识库所造成的知识管理和扩展的困难,能有效降低系统构造成本。

(3) 多智能体系统的实现过程中,不追求单个、庞大、复杂的体系,而是按面向对象的方法构造多层次的、多元化的智能体,其结果降低了系统的复杂性,也降低了各个智能体问题求解的复杂性。

(4) 多智能体系统是一个协调式的系统,各个智能体之间相互协调合作可以解决大规模的复杂问题;多智能体系统也是一个集成系统,它采用信息集成技术,将各子系统信息集成在一起,完成复杂系统的集成。

(5) 在多智能体系统中,智能体之间相互通信,彼此协调,并行地求解问题,因此,能有效提高问题求解效率。

(6) 同一个多智能体系统中各个智能体可以异构,因此多智能体技术对于复杂系统具有无可比拟的表达力,它为各种实际系统提供了一种统一的模型。

(7) 多智能体技术打破了当前知识工程领域中仅使用一个专家系统的限制,在多智能体系统中,不同领域、同一领域不同的专家系统可以协作求解单一专家系统无法解决或无法很好地解决。

多智能体系统的体系结构是整个系统执行协调合作任务的基础,决定了系统的能力和局限性。多智能体系统的体系结构是系统中 Agent 间的信息关系和控制关系,以及问题求解能力的分布模式,它是结构和控制的有机结合,是提供 Agent 活动和交互的框架。从运行的控制角度来看,组织结构方式可以分为集中式、分布式和混合式三种。

交通系统为典型的复杂系统,复杂系统多 Agent 建模方法研究的主要侧重点是:首先采用什么样的 Agent 模型和结构,可以满足对适应性、自治性的要求;然后确定 Agent 的规则学习和演化机制,以满足对 Agent 智能型的要求;再然后确定多 Agent 之间以及 Agent 与环境的交互和协商规则,以充分体现适应性造就复杂性的复杂系统的本质;最后,选择合适的仿真平台进行实现[143-146]。

相对于传统的建模方法,复杂系统多 Agent 建模方法能够更好地表征交通系统的复杂性、适应性;采用自下而上的模拟方法,注重对系统中驾驶员个体行为的模拟,更接近现实;可以考察不确定条件下的驾驶员决策特征[147-149]。

近年来，Agent 技术作为一门新兴的技术，在交通领域中的应用越来越广泛，在交通系统中主要有两个方面的应用，一方面是利用多智能体系统(multi-agent system, MAS)的思想将一个交通系统进行任务分解，形成多个 Agent 组成的系统，然后由各个 Agent 交互、协商共同完成复杂系统的任务，以达到系统的效益最优，一般用于区域控制、诱导系统等；另一个方面应用就是对交通行为个体进行建模，进而模拟仿真交通流。以信念、愿望、意图(belief、desire、intention, BDI)模型为代表，在对交通个体行为进行分析时，通常情况下会结合微观交通仿真工具来驱动 Agent 模型。通过 Agent 技术的引入，可以有效提高仿真系统的真实性和可靠性，从而更好地为研究者提供有价值的数据和良好的仿真环境，更能满足研究者的需求。

国内外学者利用 Agent 技术在解交通系统建模和交通个体建模方面都取得了较为显著的成果，Adler 等[142]在为了在时空上更加有效地分配通行能力，而又不过分侵犯驾驶员的出行意愿，提出了多 Agent 之间的"原则"协商模型，并对多 Agent 之间的这种"原则"协商模型制定了具体的协商规则，并通过实例进行验证，"原则"协商模型不仅可以优化驾驶员的出行，而且还可以提高路网的整体效率。李振龙等将 Multi-Agent 技术应用在高速公路的研究中，并对预测短时交通流和多 Agent 之间的信息交流进行了研究，在 Multi-Agent 技术的基础上结合博弈论，对区域的交通信号协调模型进行了研究，建立了多 Agent 之间的协调模型与协调算法，并在简单的路网上进行仿真实验来验证[150,151]。

在交通个体行为建模方面，Hidas[152,153]提出了将 Agent 技术应用在微观交通流模型中，并提出了车辆换车道和合流的模型，通过视频采集交通阻塞条件下的机动车合流和交织的行为数据，基于 Agent 技术重新提出了新的车辆换车道模型，更加真实地反映了阻塞交通流的运行状况。何兵兵等[154]通过分析驾驶员、车辆的特性，基于 Agent 技术将驾驶员和车辆看做一个整体单元进行建模，详细研究分析了 Agent 的跟驰、换道和挤占道等行为。Dia[155]基于 Agent 技术研究动态交通信息影响下驾驶员的路径选择行为，并将驾驶员-车辆单元看成一个整体进行建模，为每个单元设定目标和知识库，包含一定的信念、愿望、意图，实例研究验证了方法的可行性，并为基于 BDI 模式开发更加复杂的驾驶员动态行为模型提供了可能性。Wahle 等[156]也开展了此类研究，假设车辆安装了信息接收器并且驾驶员对信息接收器提供的信息完全接受，利用 BDI 模型对车辆单元进行建模，将 Agent 模型分为战略层和战术层，并通过在简单的两条相等长度的路径上进行仿真验证，发现不同的信息会对路网系统造成不同的影响。刘芳等[157]也基于信念、愿望、意图结构进行了多 Agent 的建模。另外，还有众多学者对 Agent 进行了研究与应用，如 Logi、吕智林、向传杰、贾云得、孙少鹏、李伟、李斌等[158~163]。

对驾驶员路径选择行为的研究，国内外已经取得了丰富的研究成果，大多是基于期望理论的离散选择模型,取得了较为成熟的成果,多 Agent 技术在路径选择中的应用多在理论层面,并没有结合到实际当中。鉴于以上方法的不足之处,将动态路径诱导系统与多 Agent 技术结合,对驾驶员的路径选择行为进行研究。

本书基于 Agent 和多 Agent 系统理论,对交通系统进行建模,将交通参与者分为路网系统管理者(Agent-NMS)、安装有路径规划系统的可以代表驾驶员利益的车辆(Agent-IRCS)和代表路网管理者利益的信息服务者(伪 Agent-DRGS),建立了出行前的 Agent 模型和多 Agent 协商模型,详细地描述了 Agent 之间的协商过程,并给出了仿真模型初始化条件,明确了各模型的实现过程和进行仿真实验的必要条件。

7.5.2　出行前的多 Agent 系统建模

1. 建模流程

基于 Agent 的建模方法(agent-based modeling,ABM)是一种自底向上的建模方法[54],系统的基本抽象单位是 Agent,采用相关的 Agent 技术,首先建立组成系统的各个个体 Agent 模型,这之后采用适合的 MAS 系统结构来组装这些个体 Agent,最终建立整个系统的系统模型。

对于面向 Agent 的仿真建模方法,第一步要对需要仿真的系统进行面向 Agent 的分析,然后对涉及的各个 Agent 进行建模,并编程实现,其模型框图如图 7.4 所示。

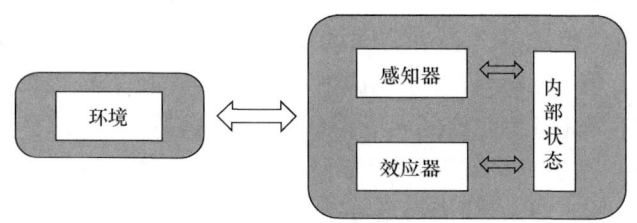

图 7.4　个体 Agent 通用模型

每个 Agent 都有自己的内部状态,每个 Agent 都有一个感知器来感知环境,也就是根据环境的状态来改变自己的结构和状态。同时,每个 Agent 都有一个效应器来作用于环境,也就是改变环境的状态。

在驾驶员的路径选择过程中,首先由路网系统管理者从系统最优角度出发,选择性的发布交通信息,然后由信息服务者(即车载导航仪)将信息传递给驾驶员,驾驶员根据导航仪提供的信息,结合自身对各目标的决策权重与当时的交通状况,决策自己的可选路径集合,然后路网系统管理者和驾驶员进行协商,确定最终的出行路径。建立三种智能体系统:路网系统管理者智能体(network management system agent,Agent-NMS)、装有导航仪的可以代表驾驶员出行意愿的车辆智能体(intelligent routing choose system agent,Agent-IRCS)和车载导航仪智能体(dynamic route guidance system agent,Agent-DRGS)。每类智能体都有各自的决策准则。当路网管理者将信息传递给驾驶员时,需要通过车载导航仪传递给驾驶员,驾驶员与路网系统管理者进行协商,协商过程在导航仪的中心控制后台进行处理,以便快速、有效地完成协商,确定最终出行路径,并通过车载导航仪传递给驾驶员;驾驶员的路径选择行为等信息也通过车载导航仪返回给路网系统管理者。各A-gent之间的关系如图7.5所示。

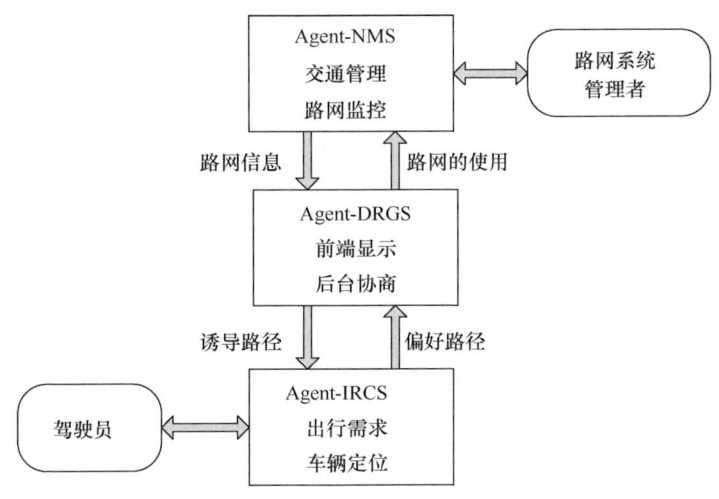

图 7.5　各 Agent 之间的关系图

2. Agent-NMS 模型

Agent-NMS 首先要将行程时间、出行距离、路线复杂度、路段负荷度和路段平均行程速度与自由流速度的比值这些信息计算出来,传递给 Agent-IRCS。其中出行距离可以直接测量;行程时间可以通过公式计算,进而得到路段速度;在路段的起始点和终点安装检测器,得到路段的交通流量,进而计算路段负荷度;路线复杂度通过公式计算。

路段的行程时间与路段的交通流量、交通密度、限制车速、通行能力、路段长度、信号控制以及车辆间相互影响等多种因素有关。其中路段长度、限制车速和通行能力在一定时期内不会发生太大变化,而由于车辆间相互影响而产生的延误与由于信号控制产生的停车等待时间相比,可忽略不计[164,165]。如果路网中干线道路均设有信号灯,则假设路网系统管理者能够检测并预测排队车辆排队长度 q_1、排队车辆数 q_n 和平均服务率 μ,为了不使分析过于复杂,将行程时间分为行驶时间

(T^d)和由排队引起的延误时间(T^q)。

以 AB 两个交叉口之间的行程时间为例进行说明(如图 7.6 所示),车辆从交叉口 A 开始行驶到交叉口 B 处开始排队,这段时间称为行驶时间(T^d),车辆从交叉口 B 处驶离交叉口这段时间称为由排队引起的延误时间(T^q)。

$$T^d = \frac{l-q_1}{v_q(l,q_1)} \quad (7.5)$$

式中,l 为两个交叉口之间的距离;q_1 为路段下游交叉口的排队长度;$v_q(l,q_1)$ 为车辆从上游交叉口到下游交叉口排队处之间的行驶速度,本书采用限制车速。

信号交叉口处,设绿灯时间为 t_g,信号周期为 t,q_n 为绿灯时间内离去的车辆数,则有

$$T^q = \frac{q_n}{\mu \times t_g} \times t \quad (7.6)$$

某时段内车辆通过路段的总行程时间为

$$T = T^d + T^q = \frac{l-q_1}{v_q(l,q_1)} + \frac{q_n}{\mu \times t_g} \times t \quad (7.7)$$

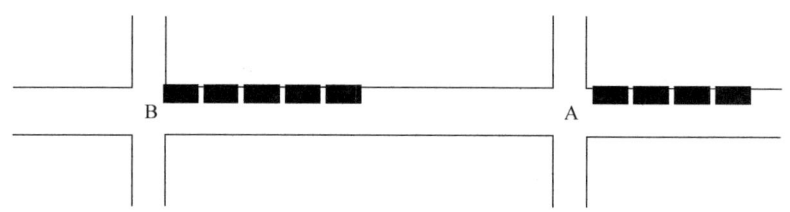

图 7.6 路段示意图

线路复杂度可以简单地理解为线路受多种因素影响所表现出来的复杂程度,驾驶员在进行路线选择时,总是倾向于选择线路复杂度较低的路径出行,如交通拥堵大多发生在道路的转弯处或交叉口等。信号交叉口的数量、转弯次数、出行路径的弧段数目、路线的平整度、道路等级的变化频率、路段的连续性等多种因素都会影响到路线的复杂度,本次研究中,考虑到指标的易实现化、易数量化和模型的简便化,将路线的信号交叉口数量作为衡量路线复杂度的指标。

$$C_r = 1 - \frac{1}{e^n} \quad (7.8)$$

式中,C_r 为路线的复杂度;n 为线路的信号交叉口数量。

Agent-NMS 模型接着需要确定路网系统管理者对各条可选路径的效用函数,通过对路段的平均负荷度和路段平均速度与自由流速度的比值的计算,得到整个路网的平均值,进而进行模型的标定。在模型的标定过程中,有两个关键的参数:各个决策目标的决策权重(W_g)和各个目标的效用函数定位点(理想值 a 和极限值 b)。Agent-NMS 利用各决策权重值和定位点确定有决策权重的线性效用函数,计算出

所有可选路径的效用值。效用值的大小代表了路网系统管理者对路径的偏好程度,效用值越大,则偏好越强。两条路径的效用值的差值,反应了路网系统管理者对路径的偏好程度的差异,差值越大,则偏好越强。至此完成对 Agent-NMS 模型的标定。

3. Agent-IRCS 模型

在 Agent-IRCS 模型中,设想一部分或者所有的车辆都安装有能够进行路径规划诱导并能与 Agent-NMS 进行信息交流与协商的 Agent-DRGS。Agent-IRCS 通过机器学习和人工智能等多种方法来了解驾驶员,也被构想成智能的驾驶员信息系统。Agent-IRCS 能够准确地理解并能完全代表驾驶员的意愿,并帮助驾驶员规划出行前的路径。

在模型的标定过程中,同样有两个关键的参数:各个目标的决策权重(W_g)和各个目标的效用函数定位点(理想值 a 和极限值 b)。Agent-IRCS 利用各决策权重值和定位点确定有决策权重的线性效用函数,计算出所有可选路径的效用值。两条路径间效用值的差也就是驾驶员对路径的偏好程度,差值越大,则偏好程度越大。

4. Agent-DRGS 模型

Agent-DRGS 是 Agent-NMS 与 Agent-IRCS 进行信息交流和协商的媒介,并通过路网系统管理者和驾驶员提交的可选路径、效用无差别阈值、权重变更阈值等参数,对出行路径进行后台协商,并通过车载显示端将确定的最终出行路径传递给驾驶员。

Agent-DRGS 模型为了快速准确地得到最终出行路径,将对 Agent-NMS 和 Agent-IRCS 通过模型标定的可选路径集合的协商过程放在后台处理,以及信息的处理过程等均放在后台进行,由安装在车辆中的导航仪显示屏传递最终的结果,具体的协商过程在下节中进行描述。

7.5.3 路径选择多 Agent 协商模型

Agent-NMS 与 Agent-IRCS 在协商的过程中,以整体路网系统性能最优为最终目标的前提下,尽量地满足驾驶员的出行意愿。

1. 协商空间的定义及确定

Agent-IRCS 和 Agent-NMS 进行协商时,Agent-NMS 和 Agent-IRCS 都必须首先确定协商空间的范围,也就是各自的可接受范围,在这个范围内的路径都被认为是和最优路径无差别的,可以接受的。为此,给出两个阈值:效用无差别阈值

(U_d^i)和权重变更阈值(Ψ_g^i)来确定协商空间的范围。

通过效用无差别阈值定义这样一组可选路径,这一组可选路径除了最优路径外其他路径的效用值虽然不是最大的,但是对驾驶员来说,对这些路径的偏好和对最优路径(效用值最大路径)的是一样的。给出效用值最大的路径以后,利用效用无差别阈值可以确定一组驾驶员偏好相同的路径。效用无差别阈值是一个关键的参数,它可以确定协商的空间。

表 7.4 表明:对两个智能体来说,路径 4-6 优于路径 1-3;对智能体 1 来说,路径无差别阈值是 4,那么只有路径 6 是可以接受的;对智能体 2 来说,路径无差别阈值是 10,也就是说对路径 4、路径 5、路径 6,它的偏好是相同的、无差别的。

表 7.4 效用无差别阈值示例表

	路径 1	路径 2	路径 3	路径 4	路径 5	路径 6	U_d^i
Agent 1	50	58	63	88	92	98	5
Agent 2	50	58	63	88	92	98	10

Agent-IRCS 和 Agent-NMS 进行协商的过程中,权重变更阈值通过确定权重的变更范围以确定协商的空间。

由表 7.5 可以看出,每个目标都有各自的权重变更阈值,由此确定了每个目标的权重协商的范围。对智能体 1 来说,对目标 2 和目标 4 的偏好大于目标 1 和目标 3;对智能体 2 来说,权重变更阈值相同,也就是说对每个目标的偏好程度相同。

表 7.5 权重变更阈值示例表

	目标 1		目标 2		目标 3		目标 4	
	W	Ψ_1	W	Ψ_2	W	Ψ_3	W	Ψ_4
Agent 1	15	(0,−5)	25	(+10,−5)	20	(+0,−8)	30	(+10,−5)
Agent 2	15	(+5,−5)	15	(+5,−5)	15	(+5,−5)	15	(+5,−5)

通过效用无差别阈值和权重变更阈值的确定,Agent-NMS 和 Agent-IRCS 在协商的过程中,便可以确定协商空间,尽量找到满足双方出行意愿的路径。

2. Agent-PN 模型概述

Agent 的协商模型(negotiation process flow model for agent),简称 Agent-PN 模型。Agent-PN 模型基于 Agent 的偏好进行协商。协商模型通过协商 Agent-IRCS 和 Agent-NMS 的偏好,并由有决策权重的效用函数进行量化,尽可能地达到双方的满意。

Agent-PN 模型基于以下基本假设:

(1) 将 Agent-IRCS 和 Agent-NMS 从问题中分离出来考虑;

(2) 从 Agent-IRCS 和 Agent-NMS 的偏好出发,而不是从系统定位出发;

(3) 在确定出行路径前,为了让 Agent-IRCS 和 Agent-NMS 都能够达到满意,会确定协商空间;

(4) 最终确定的路径是基于有决策权重的线性效用函数。

整个协商的过程是在以整体路网系统性能最优为最终目标的前提下,并且尽最大可能满足驾驶员的出行意愿为原则进行协商,以期望达到整体路网的性能最优。Agent-DRGS 代表 Agent-NMS 与 Agent-IRCS 进行协商。整个协商的流程总结起来大体分为四步。

第一步:出行前的分析和建议。协商过程从 Agent-IRCS 计划出行开始。通过给定一系列的决策目标标准值、主观决策权重、定位点,Agent-IRCS 通过模型评估路网并提交一组可选路径。Agent-IRCS 和 Agent-DRGS 进行协商并提交偏好路径、目标、决策权重、定位点、协商空间(效用无差别阈值和权重变更阈值)。

第二步:Agent-DRGS 的分析评价。Agent-DRGS 分析 Agent-IRCS 提交的可选路径,并通过分析决定是否接受。如果两者提交的路径存在交集,那么 Agent-DRGS 就接受 Agent-IRCS 提交的可选路径,并达成一致意见。

第三步:Agent-DRGS 提出反对意见。如果两者提交的路径交集为空集,那么 Agent-DRGS 就拒绝 Agent-IRCS 提交的可选路径。Agent-IRCS 在协商空间内重新生成满足自己的协商空间并尽量接近 Agent-DRGS 协商空间路径方案的一组可选路径,Agent-DRGS 对其进行评价并确定是否接受提议,即比较二者的路集合是否存在交集,如果存在交集,则接受 Agent-IRCS 提交的路径。

第四步:Agent-IRCS 对反对意见进行评估。如果协商再一次失败,那么此时 Agent-IRCS 会根据驾驶员的判断力进行路径选择,如果驾驶员选择了 Agent-DRGS 提交的路径,Agent-IRCS 便会更新协商空间。

图 7.7 为协商流程图。Agent-IRCS 和 Agent-DRGS 有各自的一系列决策目标,这些决策目标可能有重叠的部分,也可能没有重叠的部分。给定一对 OD 点后,Agent-IRCS 和 Agent-DRGS 利用各自的主观决策权重(W)和定位点(a 和 b)确定效用函数。

3. Agent-PN 模型分析

1) Agent-DRGS 对提交路径的分析过程

设 $R^m = \{r_1^m, r_2^m, r_3^m, \cdots, r_k^m\}$ 是 Agent-IRCS 向 Agent-DRGS 提交的 k 条期望出行的路径集合,$R^n = \{r_1^n, r_2^n, r_3^n, \cdots, r_l^n\}$ 是 Agent-DRGS 代表 Agent-NMS 的利益提出的 l 条整体路网性能最优的路径。利用效用无差别阈值 U_d^0 来确定 Agent-DRGS 的协商空间,也就是说如果两条路径的效用值的差值小于或者等于效用无差别阈值,那么这两条路径就被认为是无差别的、偏好程度相同的。假设基于 Agent-

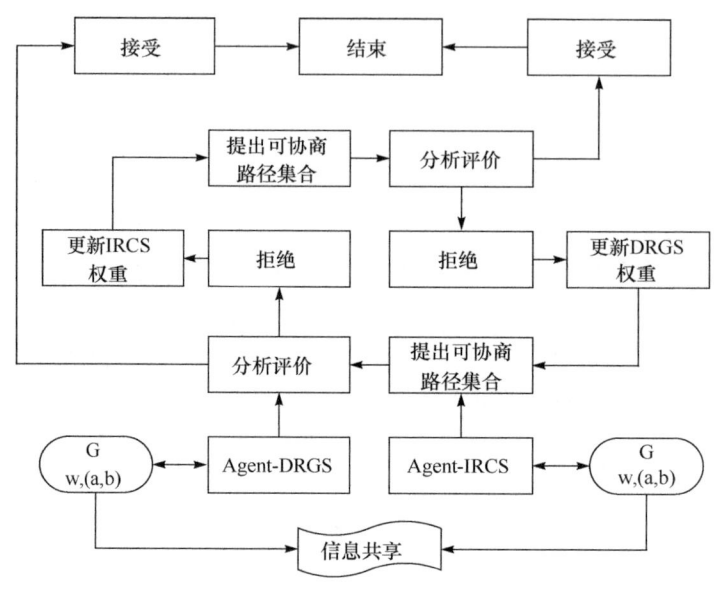

图 7.7 协商流程示意图

DRGS 的效用无差别阈值得到路径集合 $R_{U_d^n}^n = \{r_1^n, r_2^n, r_3^n, \cdots, r_{k'}^n\}$，这个路径集合对 Agent-DRGS 来说是无差别的，集合中任意一条路径的效用值与最优路径 r_1^n 的差值都小于或者等于 U_d^n，也是路网系统管理者希望驾驶员遵从的路径集合。同理，$R_{U_d^m}^m = \{r_1^m, r_2^m, r_3^m, \cdots, r_{l'}^m\}$ 是驾驶员最希望遵从的路径，如果两个集合 $R_{U_d^n}^n$ 和 $R_{U_d^m}^m$ 的交集是空集，Agent-DRGS 和 Agent-IRCS 必须重新协商以确定出行路径。

2) 确定出行路径的协商过程

Agent-DRGS 通过 Agent-IRCS 提交的协商空间来确定可选路径。如果 Agent-IRCS 希望遵从的路径集合 $R_{U_d^m}^m = \{r_1^m, r_2^m, r_3^m, \cdots, r_{l'}^m\}$ 中任意一条路径出现在 Agent-DRGS 希望遵从的路径集合 $R_{U_d^n}^n = \{r_1^n, r_2^n, r_3^n, \cdots, r_{k'}^n\}$ 中，这些路径就是驾驶员和路网系统管理者都可以接受的。如果 $R_{U_d^m}^m$ 和 $R_{U_d^n}^n$ 的交集是非空集合，Agent-DRGS 便将这些路径集合提供 Agent-IRCS 并选取效用最大的路径作为出行路径，在非空集合中，按照 Agent-IRCS 计算出来的效用值进行排序，以确定出行路径。

如果集合 $R_{U_d^m}^m$ 和集合 $R_{U_d^n}^n$ 的交集是空集，也就是说集合 $R_{U_d^m}^m$ 中没有一条路径出现在集合 $R_{U_d^n}^n$ 中，这时，Agent-IRCS 就会改变自己的决策权重，重新生成满足自己协商空间并尽可能接近 Agent-DRGS 协商空间可选路径集合的一组可选路径。假设 $W_1^m, W_2^m, W_3^m, \cdots, W_g^m$ 是 Agent-IRCS 各目标的权重值，$\pm \Psi_g^m$ 是决策目标 g 的权重变更阈值。Agent-DRGS 的目标是在 Agent-IRCS 决策权重变更阈值范围内改变 Agent-IRCS 各目标的权重,重新生成协商空间,使得$R_{U_d^m}^m$和$R_{U_d^n}^n$的交集是非空集合。事实上,两个集合的交集中元素数量的最大化是该问题的最优解。寻找这样的一个集合是困难的,如果存在这样一个集合,采用"max-max"优化问题的方法进行求解,目的就是求出在给定的阈值范围内,重新生成 Agent-IRCS 的各决策目标的权重值$W_1^{m'},W_2^{m'},W_3^{m'},\cdots,W_g^{m'}$。

$$\text{Max}(\max_{\text{over} r \in R^m}(\sum_g W_g^{m'} N_g^{im'}) - \sum_g W_g^{m'} N_g^{im}) \tag{7.9}$$

服从于约束:

$$\left| \max_{\text{over} r \in R^m}(\sum_g W_g^{m'} N_g^{im'}) - \sum_g W_g^{m'} N_g^{im} \right| \leqslant U_d^m$$

$$|W_g^{m'} - W_g^m| \leqslant \Psi_g^m$$

$$\sum_g W_g^{m'} = 100$$

通过"max-max"优化方法,Agent-IRCS 会重新生成协商空间$R_{U_d^m,r}^m$,那么集合$R_{U_d^m,r}^m$和集合$R_{U_d^n}^n$的交集就确定了,将交集传递给 Agent-DRGS,作为可选路径集合。如果此时"max-max"优化方法不可行或者仍然没有找到非空集合,也就是找不到可行解,Agent-IRCS 就会根据驾驶员的判断力进行路径选择,如果驾驶员选择了 Agent-DRGS 提交的路径,Agent-IRCS 便会更新协商空间。

3) 协商空间的更新

DRGS 通过下面两种方式进行知识的更新。驾驶员协商结束后的反馈——DRGS 应当学习并且预测来自特定驾驶员的请求,所有的请求以及协商的结果都会被记录下来,在出行结束后,DRGS 还会询问驾驶员满意的程度;DRGS 要不断地更新驾驶条件和路网性能等方面的知识。

IRCS 更新知识:IRCS 在每次出行后,都要更新关于驾驶员的路径偏好以及决策权重等方面的知识。

Agent-DRGS 的协商空间是通过它的效用无差别阈值U_d^n来确定的,协商过程大体上分为三个阶段:

(1) Agent-DRGS 搜索 Agent-IRCS 的可选路径集合,并与计算出来的可选路径进行匹配,如果存在交集,那么这些路径就是可选路径集合,不做记录。这也是 Agent-DRGS 最期望看到的结果。

(2) 如果 Agent-DRGS 和 Agent-IRCS 的可选路径不存在交集,就用上节所述的"max-max"优化方法更新 Agent-IRCS 的协商空间,如果这个阶段找到了交集,就记录 Agent-IRCS 各目标的权重和效用值最大的路径。这个效用值和 Agent-DRGS 中效用最大的路径的差值作为效用无差别路径阈值进行记录。

(3) 如果在第二阶段 Agent-DRGS 仍然找不到和 Agent-IRCS 的可选路径的交集,那就根据驾驶员的判断力进行路径选择。在这种情况下,Agent-DRGS 记录各目标的权重和效用值最大的路径,并将最终选择的出行路径与 Agent-IRCS 最初提交的最优路径的效用值的差值作为效用无差别阈值记录下来。

交通状况以及驾驶员的微观交通行为在一定的时间周期内往往是重复发生的,我们将这个固定的周期作为更新权重和效用无差别阈值的周期。我们将这个周期分为与协商过程一样的三个阶段:第一个阶段给 X 个 Agent-IRCS 提供了可选路径,第二阶段给 Y 个 Agent-IRCS 提供了可选路径,第三个阶段给 Z 个 Agent-IRCS 提供了可选路径,利用这三个阶段的权重平均值作为下个周期的更新值

$$(\sum_X W_g^{n_1} + \sum_Y W_g^{n_2} + \sum_Z W_g^{n_3})/(X+Y+Z)$$

同理,效用无差别阈值的更新值为

$$(\sum_X U_d^{n_1} + \sum_Y U_d^{n_2} + \sum_Z U_d^{n_3})/(X+Y+Z)$$

Agent-IRCS 协商空间的更新:如果 Agent-DRGS 接受 Agent-IRCS 提交的可选路径时,就无需更新权重和效用无差别阈值;如果 Agent-IRCS 搜索权重空间变更了决策权重或者被动地接受了 Agent-DRGS 提供的路径,这时 Agent-IRCS 就要记录这种变化以进行协商空间更新。

4. Agent-PN 模型的实现

当 Agent-IRCS 计划出行时,计算所有 OD 点之间路径的效用值,并将可选路径集合连同主观决策权重、定位点和阈值等参数一起递交给 Agent-DRGS。

Agent-DRGS 通过自己的决策权重和定位点确定偏好路径集合,如果 Agent-DRGS 的可选路径集合 Agent-IRCS 提交的可选路径存在交集,那么 Agent-DRGS 就接受 Agent-IRCS 提交的可选路径,并达成一致意见。如果两者提交的路径交集为空集,Agent-IRCS 在协商空间内重新生成满足自己的协商空间并尽量接近 Agent-DRGS 协商空间路径方案的一组可选路径,Agent-DRGS 对其进行评价并确定是否接受提议,即比较二者的路径集合是否存在交集,如果存在交集,则接受 Agent-IRCS 提交的路径。如果协商再一次失败,那么 Agent-IRCS 会根据驾驶员的判断力进行路径选择。

协商完成后,将可选路径集合、效用无差别阈值和权重变更阈值反馈给 Agent-DRGS 进行存储,以便更新;Agent-IRCS 也根据协商过程来更新自己的协商空间。

7.5.4 出行路径决策多 Agent 仿真模型的初始化

在仿真开始阶段,需要对各智能体模型进行初始化,如给定初始的决策权重、效用无差别阈值、定位点等参数。

仿真中产生的每辆车都代表一个 Agent-IRCS 实例。每产生一个 Agent-IRCS，就随机地分配一系列的决策权重值、定位点等。调查的决策权重值如表7.1所示，为了计算方便，将所有的决策权重值都进行标准化以确保所有的权重和为 100。

所有的 Agent-IRCS 分享相同的定位点，定位点（理想点和极限点）由调查所得，如表 7.2 所示。其中最小 OD 间的距离是通过计算 OD 点之间的距离得到；最短 OD 点间的出行时间是基于车辆开始出行时瞬间的路网状态，由 Agent-NMS 模型所给公式得到；基于出行时间可以得到平均速度与限制速度的比值；负荷度由检测器检测固定时间段内的交通流量得到。

每个 Agent-IRCS 的效用无差别阈值都是在 (20.5 ± 12.5) 范围的基础上随机产生的，每个 Agent-IRCS 的权重变更阈值都是在 $W_g\times(0.275\pm0.125)$ 范围的基础上随机生成的。

在仿真试验中只使用一个 Agent-NMS，表 7.1 和表 7.2 所示的决策权重值和定位点用来确定各决策目标的标准效用值和可选路径的效用值。

7.5.5　驾驶员路径选择行为仿真

1. NetLogo 软件概述

目前在复杂性系统的应用中，对 Agent 建模研究的仿真平台主要分为两类：一类以 Swarm 为代表；另一类以 Logo 为代表。Swarm 只是提供专用的类库，而 Logo 家族则可以提供完整的开发环境，操作相对来说比较简单、方便。Logo 家族以 StarLogo 和 NetLogo 为代表，StarLogo 的容量有限，NetLogo 是在 StarLogo 的基础上进一步完善而来的。NetLogo 改进了 Logo 语言只能控制单一个体的不足，它可以在建模中控制成千上万的 Agent，并且能很好地模拟自然和社会中随着时间发生变化的复杂性现象，如城市交通状态的演变。

Logo 语言是美国麻省理工学院（MIT）的科学家西蒙·佩伯特领导的人工智能研究小组于 20 世纪 60 年代中期开发出来的，语言结构十分简单、易学，被称为专门为青少年开发的程序设计语言。NetLogo 最早是 1999 年由 Uri Wilensky 发起，此后美国由 CCL（连接学习和计算机建模中心）负责进行持续研究和开发，对其不断地完善和发展。NetLogo 利用 JAVA 语言编写，在简洁的外表下隐藏了强大的建模功能，不仅能完成所有的复杂性系统的模拟测试，而且建模流程比其他平台更为简洁、方便、易操作，这也是它在复杂系统建模研究中广泛应用的原因，近些年用户群也在迅速的壮大，目前 NetLogo 的最新版本为 Version 5.0.3。

在 NetLogo 中，由主体（agent）构成整个仿真世界，能执行指令的个体就是主体，每个主体都能同时执行自己的行为。在 NetLogo 中，结合了海龟（turtles）、瓦片（patches）、链（links）和观察者（observer）四种主体来模拟复杂性现象。海龟、瓦片和观察者组成二维世界,瓦片构成背景,海龟在背景上移动,观察者观察着所有的主体,如图 7.8 所示。

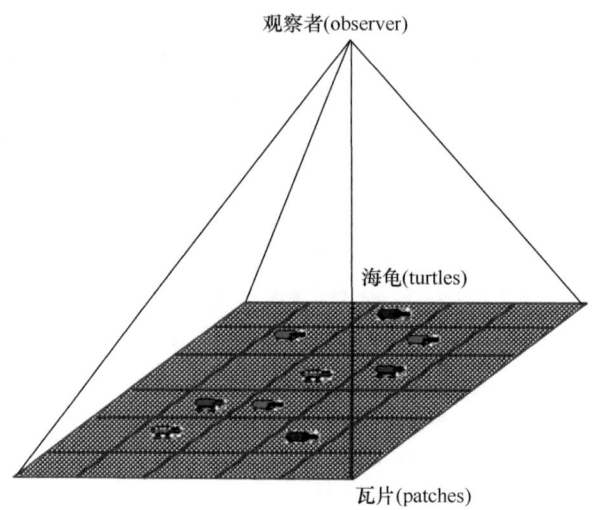

图 7.8 NetLogo 虚拟世界图

海龟是在模拟世界中可以自由移动的主体。每个海龟的位置以坐标(xcor,ycor)表示。海龟可以由观察者或瓦片创建。对海龟来说模拟世界是连续的,它们可以位于一个瓦片的任何位置,而一个瓦片也可以同时载有多个海龟。在文中,一个个海龟就是路网中安装有导航装置的可以代表驾驶员出行利益的车辆,即 A-gent-IRCS。

瓦片是在模拟世界中没有移动属性的主体。在 NetLogo 中模拟世界是二维的,是由瓦片组成的网格,每个瓦片是一块正方形的地面。瓦片有坐标。坐标(0,0)处的瓦片称为原点(origin),其他瓦片的坐标就是与原点的水平和垂直距离。瓦片的坐标用 pxcor 和 pycor 表示,总是整数。在书中,路网就是由一个个的瓦片组成,是 Agent 运动的界面。

观察者是一个全局主体,它俯视着由海龟和瓦片组成的二维世界,能够执行指令实现对模拟世界的控制或获取模拟世界的状态。观察者类似于模型中的路网系统管理者,即 Agent-NMS。

链只有两个端点(每个端点是一个海龟),没有坐标。链出现在两个端点之间,沿着可能的最短路连接,这意味着有时候甚至要沿世界回绕。

在这个虚拟世界里,海龟是这个世界的居民,瓦片是海龟生活的领地,观察者是不可见的。NetLogo 是一种可编程的环境,它提供了大量关于瓦片/海龟/观察者的函数来完成各种各样的应用。例如,创建海龟并定义它们的行为(转向、移动方式、移动距离等);建立瓦片的属性:道路、交叉口、绿地等;利用算术函数进行统计分析；包括颜色显示、数据输入输出、动画等的可视化功能。

NetLogo 软件是一种可编程的建模环境，用来建立自组织自协调的分散系统，在 NetLogo 软件中，所有的生命都是一个独立的 Agent，有着自己的行为规则和知识库，充分体现了 Agent 的自主性。NetLogo 软件完全符合多 Agent 系统的建模原理：①NetLogo 软件中 Agent 可以是成千上百万的；②海龟是 NetLogo 软件中的基础 Agent，为了满足不同种类的 Agent，NetLogo 软件中有品种（breeds）的概念，将 Agent 分类，可以用不同的形状或者颜色来表示不同的品种；③NetLogo 软件通过定位来识别瓦片/海龟；④瓦片是 Agent 活动的空间，可以用不同的颜色表示；⑤NetLogo 软件很好地实现了 Agent 之间的交互和协商。所以选用 NetLogo软件来对驾驶员的路径选择行为进行仿真。具体的仿真界面、形状编辑器和色板见图 7.9 和图 7.10。

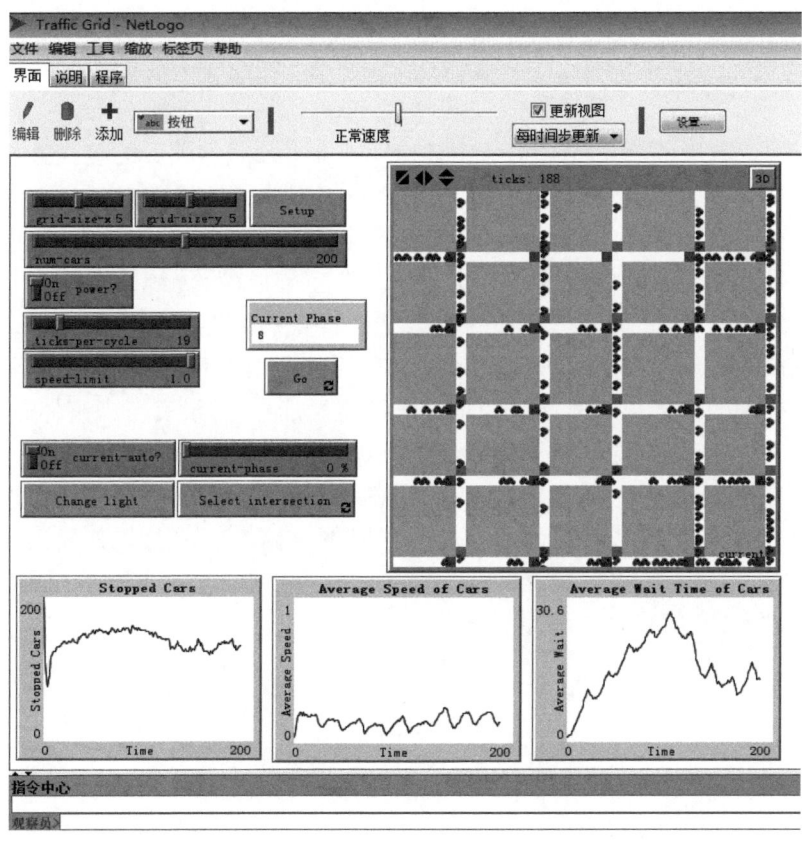

图 7.9　NetLogo 仿真界面示例图

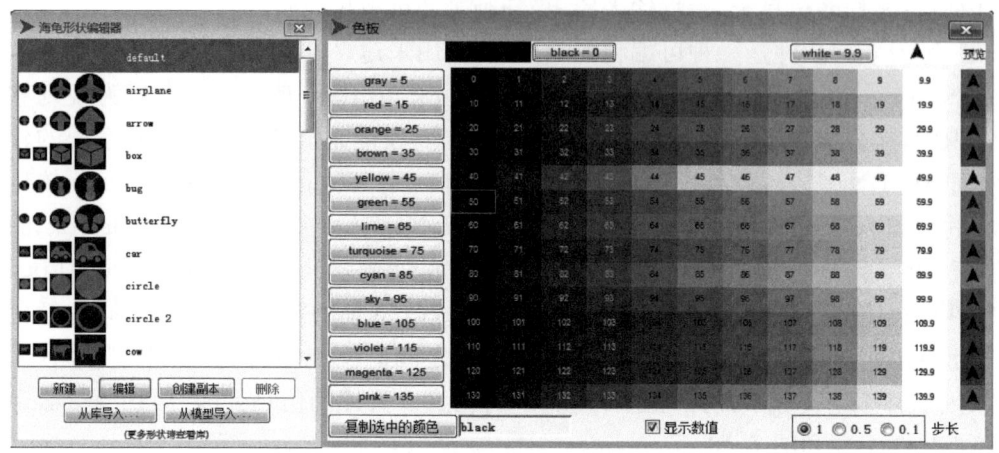

图 7.10　海龟形状编辑器和色板

2. 路径选择行为仿真情景分析

基于多 Agent 系统理论,利用 NetLogo 仿真平台对驾驶员的路径选择行为进行研究,目的就是验证将多 Agent 系统理论应用到路径选择中对整个路网系统和驾驶员出行所带来的性能的改善。为了更好地对比研究所带来的影响,应该对研究前的情景和研究后的情景进行对比分析。对于导航仪,传统的导航仪只是将信息传递给驾驶员,驾驶员根据得到的信息结合自身的属性进行路径选择。虽然传统的导航仪在一定程度上改善了路网系统和驾驶员的出行环境,但是驾驶员只是根据自身得到的信息从个体最优的角度进行路径选择,并没有考虑整体路网性能。在这种情况下,有协商的导航仪便显现出其优越性。

将仿真情景分为三类:无导航仪、无协商导航仪、有协商的导航仪。通过对不同仿真情景的仿真,验证有协商的导航仪对路网整体性能以及驾驶员出行性能的影响。但是,也不是越多的车辆装载导航仪就越好。如图 7.11 所示,假设从 A 地到 B 地有两条路径:路径 1 和路径 2。

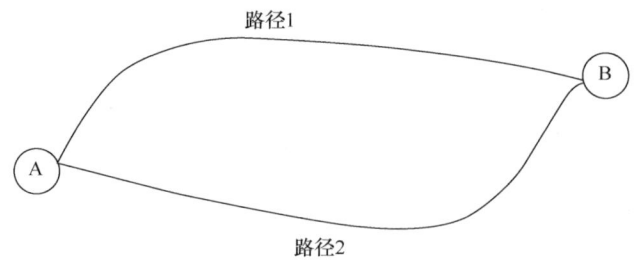

图 7.11　路径选择示意图

对于路径 1 和路径 2 来说，假设出行时间的公式简化为

$$T_1 = 6x + 8 \tag{7.10}$$
$$T_2 = 2x + 32 \tag{7.11}$$

式中，x 为路段上的交通量。

在车辆随机出行时，随机地选择路径 1 和路径 2，但是当车辆安装导航仪时，驾驶员就会得到关于路径 1 和路径 2 的交通状况，就会同时向路径 2 驶去，当所有的车辆驶向路径 2 时，路径 2 便会变得拥堵，而路径 1 就会因为没有车辆行驶而造成浪费。也就是说给多少驾驶员提供信息，会影响到路网的整体性能和驾驶员的利益。给多少驾驶员提供信息在本书中也就是给多少车辆安装导航仪，最佳的导航仪装配率才是最合适的，也是本书的研究内容之一。

在对不同的情景进行仿真验证后，对无协商/有协商导航仪的不同装配率进行仿真研究，对比验证协商对路网性能的重要性。

3. 仿真环境描述

选取实际路网中的某一区域作为仿真参考区域，在仿真路网的搭建过程中，考虑到编程的简便性和易实现性，将路网简化，只保留路网中对车辆运行有明显影响的因素。

仿真路网以实际路网为基础，经过处理得到仿真路网，仿真路网由主干路和次干路组成，仿真中为了简化，均采用双向两车道。路网中一共有 19 个交叉口，30 条路段，仿真长度为 12 格、9 格等（一格代表实际路段的长度为 200m），如图 7.12 所示。为了更加细致地描述车辆的运行状态和交通流的实时分布状况，路段和交叉口并没有按同比例进行缩放。路网中各路段的实际长度和仿真长度见表 7.6，其中实际长度的单位为 m，仿真长度的单位为格，为表达方便，路段仅表示两个交叉口之间的道路，表中无方向之分。仿真路网如图 7.13 所示。

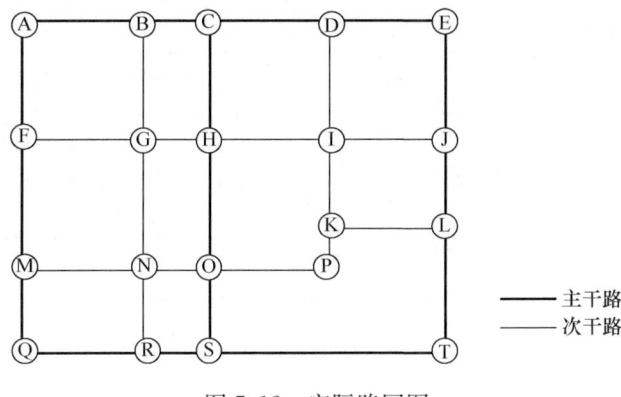

图 7.12　实际路网图

表 7.6 仿真路网路段长度

路段	实际长度/m	仿真长度/格	路段	实际长度/m	仿真长度/格	路段	实际长度/m	仿真长度/格
A	2480	12	G	1364	7	M	2480	12
BC	1364	7	HI	2480	12	N	1364	7
C	2480	12	IJ	2356	11	OP	2480	12
DE	2356	11	F	2728	14	M	1736	8
AF	2480	12	G	2728	14	NR	1736	8
B	2480	12	H	2728	14	OS	1736	8
C	2480	12	IK	1860	9	LT	2604	13
DI	2480	12	KP	868	5	QR	2480	12
EJ	2480	12	JL	1860	9	RS	1364	7
FG	2480	12	KL	2356	11	ST	4836	23

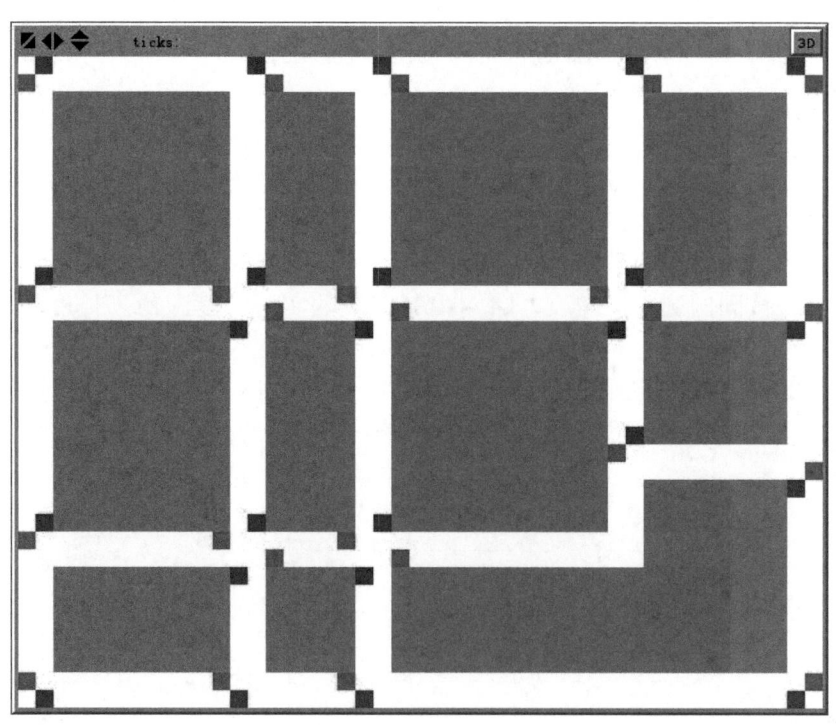

图 7.13 仿真路网

对应于实际路网中 20 个交叉口(A-T)在仿真路网中的坐标如表 7.7 所示。

表 7.7 仿真路网中各节点坐标

节点编号	坐标		节点编号	坐标	
	X	Y		X	Y
A	−21	17	K	10	−4
B	−9	17	L	21	−4
C	−2	17	M	−21	−9
D	10	17	N	−9	−9
E	21	17	O	−2	−9
F	−21	5	P	10	−9
G	−9	5	Q	−21	−17
H	−2	5	R	−9	−17
I	10	5	S	−2	−17
J	21	5	T	21	−17

仿真路网由 5 条主干路和 5 条次干路组成,主干路担负区域的连接通道,是进出区域的主要通道,一般与快速路、城市次干路以及支路相连。次干路是区域内部的主要联系通道,次干路与主干路相连时要有信号灯控制。

4. 基本仿真流程

对各种不同情境进行仿真,整体的仿真流程大体相同,并通过仿真程序进行实现,仿真中以 NetLogo 的系统时间为准,从车辆产生到所有车辆到达目的地,仿真结束,对仿真流程进行总结,大体分为下面几步:

(1) 加载路网环境,标定路网基本参数。

(2) 产生仿真车辆,随机地生成车辆的出发点和目的地,并根据不同的仿真情景进行不同方式的路径选择。

(3) 设定仿真情景,针对无导航仪、传统导航仪、有协商的导航仪三种情景进行仿真,并对传统导航仪和有协商的导航仪情景下不同的导航装配率进行仿真,不同的仿真情景是通过不同的代码程序实现的,只需在仿真时调用相应的代码程序即可。

(4) 记录仿真车辆的行程速度、行程时间、运行路径以及通过某路段的车辆数等数据。

(5) 车辆到达目的地,则从路网中消失并更新仿真界面。

(6) 当路网中所有的车辆都消失时,仿真结束;否则就转到步骤(3)直至路网中的所有车辆消失。

5. 仿真参数设定

动态路径诱导系统发挥作用的过程受到多方面因素的影响，如路径选择的偏好、交通信息的内容及质量、交通需求、导航装配率、用户遵循率、路网密度等。

1) 交通信息的内容及质量

车载导航系统发挥其功效，其所接受的交通信息必须具有以下几个特征：

(1) 实时性。导航用户要实现路径规划和动态的路径选择，避开交通拥挤路段，必须依赖于实时的交通信息支持。这样才能有效发挥导航系统规避拥堵、均衡交通流的作用。因此，导航系统的信息服务必须具有良好的实时性和前瞻性。

(2) 准确性。面向车载导航系统发布的路网交通状态数据将被用于路径诱导的定量计算，因此，所提供的数据信息必须是足够精确而精简的。

(3) 完整性。导航系统在全路网进行路径搜索，在基于效用最大的最优路径计算中，完整和准确的路网状态信息是实现有效路径引导的重要保证。

根据前文调查，行程时间、出行距离、路线复杂度、路段负荷度及平均速度是出行决策者需了解的信息。

2) 交通需求

交通需求，也就是 OD 交通量，是指起终点之间的交通出行量。"O"来源于 Origin，指出行的出发点，"D"来源于 Destination，指出行的目的地。OD 调查结果通常用一个二维表格来表示，称为 OD 表，也叫 OD 矩阵。小汽车 OD 就是指起终点之间的小汽车出行量。

在一定的路网条件下，路网对交通量的服务能力是一定的。交通需求过小，路网本身处于一个较为畅通的状态，路径诱导系统无法发挥作用。交通需求过大，整个路网全部处于拥堵的状态，没有可以替代的路径，这时路径诱导系统也就失去了意义。只有在交通量适中，路网中有拥挤路段，也有可以替代的非拥挤路段，这时，对驾驶员进行合理的诱导，可以有效缓解交通拥堵，疏散效果明显。

3) 路网密度

路网密度是指区域内各等级道路总长与区域用地总面积之比，公式为

$$D_i = \frac{L_i}{S} \tag{7.12}$$

式中，D_i 为 i 级路网密度；L_i 为 i 级道路总长；S 为区域用地面积。

对于车载导航的诱导效果，在不同路网密度的区域是不同的。理论上看来，道路网密度越大，交通联系越便捷，车辆从起点到终点可以选择的路径就越多，在紧急事件或某路段交通拥堵时候的绕行方案也就越多，车载导航系统的诱导作用也就越好；而道路网密度越小，车辆出行的路径选择性就越低，车辆绕行距离就越长，因此车辆的诱导效果也就不太明显。在仿真系统中，路网密度是通过可替代路径

来表现的,也就是说,给定起终点之后,有不止一条可选路径,当一条道路发生拥堵时,有可以替代的路径,这样诱导效果才会明显。

4) 导航仪的装配率

所谓车载导航仪的装配率,就是出行车辆中装有车载导航仪的车辆占所有车辆的比重,其公式为

$$\delta = \frac{e}{E} \tag{7.13}$$

式中,δ 为车载导航仪的装配率;e 为装有车载导航仪的车辆数;E 为路网所有车辆数。

在区域路网中的运行车辆,装有车载导航设备的车辆越多,能够避开拥堵绕道行驶的车辆就越多,随着车载导航装配率的增加,绕道行驶的车辆达到一定数量时,非拥挤路段的负荷趋于饱和,当车载导航装配率持续增加,在某一时刻驶入非拥挤路段的车辆越多,则可能出现新的拥挤,疏散效果可能出现下降的趋势。因此,车载导航设备的装配率会有一个最佳值,使疏散效果在路网中能够达到最佳状态。

5) 驾驶员的遵循率

当驾驶员通过导航仪接收交通信息时,会根据自身的属性和当时的交通状况决定是否遵从,也就是导航仪的遵循率。所谓遵循率,是指驾驶员会改变现行驶路径按照导航仪提供的路径行驶的百分率,其公式为

$$\gamma = \frac{r}{R} \tag{7.14}$$

式中,γ 为 DRGS 用户的遵循率;r 为改变现行驶路径按照导航仪提供的路径行驶的车辆数;R 为装有车载导航设备的车辆数。

当驾驶员认为导航仪给出的最优路径的效用大于或基本满足驾驶员的期望值时,驾驶员对于导航仪提供的信息的遵循率越高;当导航设备给出的最优路径的效用小于驾驶员期望值时,驾驶员对于导航仪提供的信息的遵循率就变低。

除了上面的决策目标外,还有很多因素也影响动态路径诱导系统发挥作用,如路网交通特征、路网道路等级、出入口容量比重、总体路网负荷程度等,书中不再详细描述。

参数标定分为两部分:模型仿真参数的标定和路网仿真参数的标定。

对路网仿真参数的标定:主干路限速 60km/h,每车道每小时服务流量为 1800pcu;次干路限速 40km/h,每车道每小时服务流量为 1800pcu,均为双向两车道。信号配时采用传统四相位,信号周期设为 120s,每个相位的绿灯时间 27s,黄灯时间 3s,有效绿灯时间内车辆以每小时 1200pcu 通过交叉口。

对模型仿真参数的标定见表 7.8。

表 7.8 模型仿真参数标定

参数	仿真设定
交通信息的内容	行程时间、出行距离、路线复杂度、负荷度、平均速度
交通需求	14000vph(低)、28000vph(中)、42000vph(高)*
导航装配率	10%到100%(以5%为间隔)
用户遵循率	根据协商结果确定
路网密度	$1.12m/km^2$(给定OD后,有不止一条可选路径)

* vph 表示每小时向路网中输入的小汽车数量。

6. 不同情境下驾驶员路径选择行为仿真

本次仿真采用三种仿真情景,仿真情景一:无导航仪;仿真情景二:无协商的导航仪;仿真情景三:有协商的导航仪,仿真试验中以试验车和随机车来区分有无协商/有协商的导航仪的车辆,在实际情况中,并不是接收信息的车辆越多路网的整体性能就越好,如当路网中的所有车辆都接受信息时,就会同时向某条路径行驶过去,原本不拥堵的道路就一下子变得很拥堵,原本很拥堵的道路一下子就会变得特别通畅甚至没有车辆。仿真中设实验车:所有车量=1∶4 为例进行仿真,并对情景二和情景三中不同的导航装配率进行仿真,验证信息和协商对路径选择的影响,以及对整体路网性能的影响,为路网管理者进行路径诱导时提供一个参考。

驾驶员根据仿真情景的不同选择出行路径的方式便会有所不同。

情景一:驾驶员没有接受任何信息,给定出行 OD 点以后,凭借自己的经验选择出行路径。

情景二:驾驶员接受路网系统管理者提供的信息,包括行程时间、出行距离、路线复杂度、路段负荷度、路段平均速度与自由流速度的比值等,结合自己的经验确定出行路径。

情景三:驾驶员接受路网系统管理者提供的全部信息,Agent-IRCS 代表驾驶员与 Agent-NMS 在 Agent-DRGS 的后台进行出行路径的协商,期望达到在以路网系统性能最优为目标的前提下,尽量满足驾驶员的出行意愿的目标。

每种仿真情景均在低交通量(14000vph)、适中交通量(28000vph)和高交通量(42000vph)三种情景下进行仿真,vph 代表每小时向路网中输入的小汽车数量。

仿真中按照导航装配率,将试验车辆加载到路网环境后,根据不同的场景调用不同的程序启动仿真,仿真过程中记录所有车辆的行程时间、出行距离等参数。仿真图形界面如图 7.14 所示。

在导航仪的装配率为 25% 的情况下,得到各种交通条件下的仿真结果,如表 7.9~表 7.11 所示。低交通量条件下的仿真结果如表 7.9 所示。

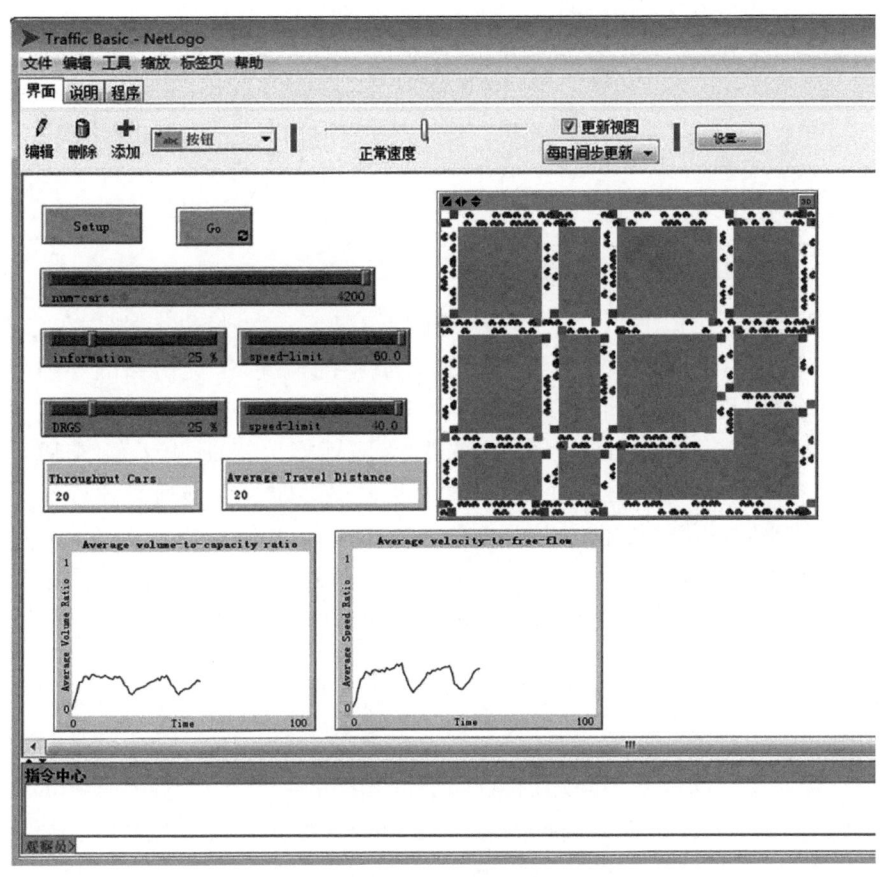

图 7.14 仿真图形界面

表 7.9 仿真结果(低交通量)

仿真情景	平均出行距离	平均行程时间	平均行程车速
无导航仪	26.32	41.24	38.29
无协商导航仪	26.33	41.23	38.31
有协商导航仪	26.29	41.19	38.30

适中交通量条件下的仿真结果如表 7.10 所示。

表 7.10 仿真结果(适中交通量)

仿真情景	平均出行距离	平均行程时间	平均行程车速
无导航仪	25.72	42.36	36.43
无协商导航仪	26.34	41.85	37.76
有协商导航仪	26.58	41.01	38.89

高交通量条件下的仿真结果如表7.11所示。

表7.11 仿真结果(高交通量)

仿真情景	平均出行距离	平均行程时间	平均行程车速
无导航仪	25.31	43.13	35.21
无协商导航仪	25.76	42.01	36.79
有协商导航仪	26.06	41.34	37.82

通过仿真结果可以看出,在交通量较小的情况下,各种情景下的路网状况差别不大,这个时候整体路网状况较好;在交通量适中的情况下,无协商的导航仪和有协商的导航仪均能改善路网状况,有协商的导航仪相比无协商的导航仪,其平均行程车速较高,平均行程时间较低,整体来讲,路网性能更优;在较高的交通量情况下,有协商的导航仪对路网性能的改善更为明显。导航仪在交通量比较小的情况下,是无法体现它的优越性的,在交通量特别大的时候,由于已经没有可替代路径出行,效果也不是十分明显。由上可见,导航仪对路网的性能改善均起到积极的作用,有协商的导航仪比无协商的导航仪在路网的交通量达到一定的程度时,更为有效。

7. 不同导航装配率情况下驾驶员路径选择行为仿真研究

给路网中的驾驶员提供信息,但并不是所有的驾驶员都得到信息是最好的情况。当所有驾驶员都得到相同的信息后,会向相同的路径行驶,原本通畅的道路也会变得拥堵,从而失去了提供信息的意义,也违背了路网系统管理者的初衷。具体给多少驾驶员提供信息,才能达到整体性能的最优,也是所有的交通参与者共同关心的话题,导航仪在交通量比较小的情况下是无法体现它的优越性的,在交通量特别大的时候,由于已经没有可替代路径出行,效果也不是十分明显,所以在交通量适中的情况下,对不同的无协商的导航装配率和有协商的导航装配率进行仿真研究,以分析协商对改善路网性能的作用以及最佳的导航装配率。

仿真结果表示,无协商导航仪的最佳装配率是45%,即此时的平均行程车速达到最大值,且平均行程时间最短,因此,路网整体上性能最优;有协商导航仪的最佳装配率是65%,此时,平均行程车速达到最大值,平均行程时间最短,也就是说,路网性能达到最佳,此时的路网最为畅通,交通流分布较为均衡,平均行程速度较无协商导航仪下提高了约8%,且平均行程时间缩短了近6%。然而,在路网性能达到最佳的时候,路网的平均出行距离并非最短,也就是说,为了整体路网的性能,有时会建议车辆绕行,以保证大多数驾驶员的利益。此外,有协商导航仪的最佳装配率比无协商导航仪的最佳装配率要高,也就是说,当驾驶员和路网系统管理者进行协商后,可以更加有效地改善路网的性能。

第8章 基于出行行为引导的交通需求管理策略生成及评价方法

在前文以个体为单位的出行行为特征分析和以特定区域或人群为单位的群体出行行为特征分析进行有机地结合基础上,可对居民的出行选择决策产生更深刻的理解,并从城市用地规划、区域交通规划及政策多个层面制定交通需求管理策略,实现出行良性引导。

8.1 交通需求管理政策基本概念

交通需求管理政策是出行行为引导策略的主要体现。其最终目的是在满足资源(土地、能源)和环境容量限制条件下,使交通需求和交通供给达到平衡,促进城市的可持续发展。以前这种平衡主要由提高交通设施的供给能力来满足,交通需求管理策略的出现改变了这种被动的供需平衡调节关系。传统方法与交通需求管理方法的不同之处可以参见图 8.1。

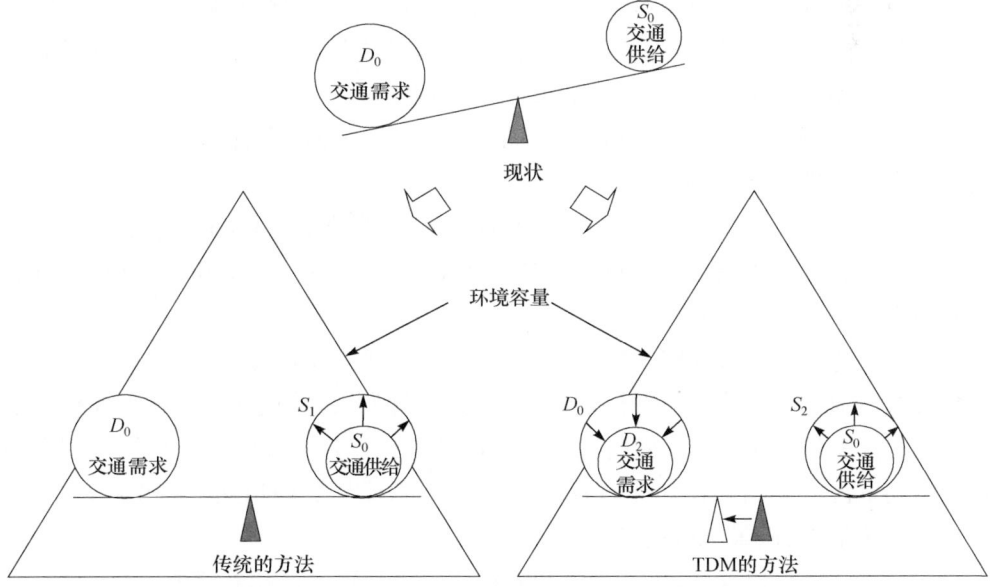

图 8.1 传统方法与交通需求管理方法对比图

从图 8.1 可以看出，传统的解决供需矛盾的方法是单方面的提高交通供给能力，而交通需求管理方法是在适度的交通建设规模下，控制交通需求总量，削减不合理的交通需求，即通过减少或分散需求使供需平衡，保证系统有效运行，让客货出行迅速、安全地到达目的地，缓解交通拥挤，改善城市生态环境和居民生活环境质量。

当现有交通需求 D_0 高于交通供给 S_0 时，交通系统的平衡被打破，此时交通拥挤出现、交通污染严重、交通出行环境恶化等诸多交通问题就会暴露。依传统的方法，会通过各项措施，如投资新的建设项目、改扩建交通基础设施等方式提高交通供给（使供给由 S_0 提高到 S_1），以此满足日益增长的交通需求，但该种方法是被动的，在某些情况下甚至是"饮鸩止渴"的行为。在实际中，盲目增建道路设施，以至于"修一条路，堵一条路"的情况屡见不鲜。不仅如此，盲目的增加供给会破坏环境容量的限制，引发新的环境问题，给社会造成更大的负担。

与传统方法不同，交通需求管理考虑了在环境容量的限制之下，使交通需求和交通供给达到一个新的平衡，所使用的策略是在适度增加交通供给（供给由 S_0 提高到 S_2）的同时，更加强调对交通需求的管理和控制，降低交通需求（需求由 D_0 降低到 D_2），并且使制度性框架向交通需求方向偏移，以此采用更为经济有效的方法解决交通问题。

交通需求管理遵循可持续发展原则，很多策略方法直接支持可持续发展的目标，如资源保护、公平性、环保性、土地有效利用，以及公众参与性。因此，交通需求管理有助于创建一个可持续发展的交通运输体系。

具体而言，通过交通需求管理措施的应用实施，交通需求管理对城市的可持续发展的有效促进主要体现在：

（1）通过交通需求管理措施的应用，促进与完善城市规划与交通规划的互动反馈作用，使城市布局合理化，减少或避免不必要的交通发生源和吸引源，控制城市交通需求的不合理增长。

（2）通过交通需求管理的实施，有效地发展公共交通，并使个体交通尽可能转移到公共交通方式上来，并引导其他交通方式合理发展，构成城市最佳交通模式。

（3）合理调节和控制不同时段、不同区域城市道路上机动车辆总量，处理有限道路空间资源与不断增长的交通需求的矛盾，克服滥用有限道路空间现象，实现道路交通设施最充分、最有效的利用。

（4）通过为低收入者、出行不便利者提供可支付得起的出行选择，并通过经济杠杆调节使得小汽车出行实际成本与实际支付成本的偏差，促进社会公平性。

交通需求管理是一种"预案"式的解决方案。一般来说,阻止问题产生比问题发生后再去解决更为经济有效。

交通需求管理在很大程度上延展了解决问题的范围,将其扩展到去主动寻求问题根源,并对一些事件做出预案,当这种事件一旦发生,该体系会迅速实施,目标明确,效果明显。当有特殊事件时,如举办奥运会等大型活动时,交通需求管理策略显得尤为重要,这些预案可以减少拥挤,减少设施建设以及对紧急事件做出快速反应。

根据国内外经验,交通需求管理政策主要包括通过以下四种途径实现(见图8.2):

(1) 合理的土地利用规划减少出行需求;

(2) 为出行者提供一个或多个可选的交通模式或服务,这样可以获得每车更高的占有率;

(3) 通过鼓励/限制来减少出行或促使出行向非高峰及非拥挤区域的转移;

(4) 通过非交通手段来完成出行目的(如使用电子通讯来代办公出行)。

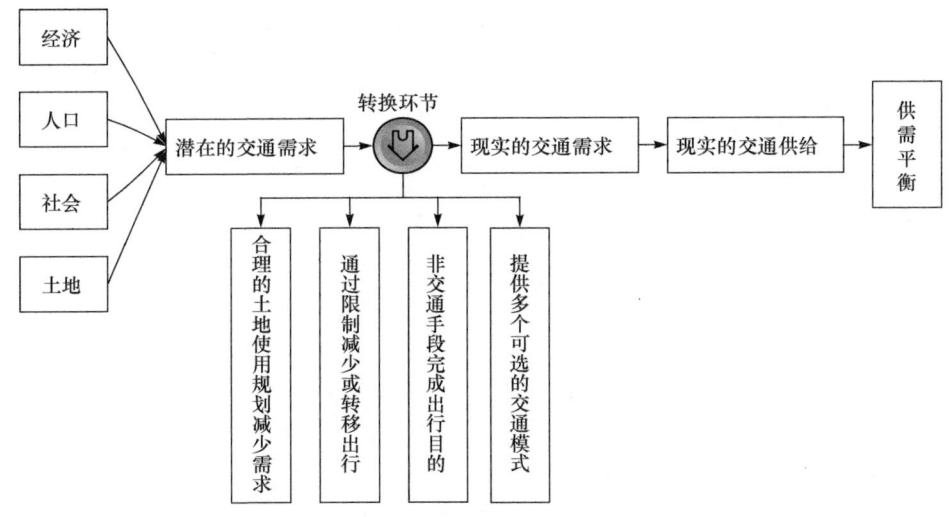

图 8.2 交通需求管理措施引导供需平衡途径

根据国内外交通需求管理策略实现途径及作用,总结出这些策略主要可以分为土地利用管理、交通出行替代、增加/鼓励其他交通选择、限制机动车拥有和使用以及调整道路机动车时空分布进行分类等五类,各策略对应的措施见表8.1。

表 8.1 TDM 措施策略分类表

策略	措施
土地利用管理	交通引导土地利用(TOD) 混合用地 交通影响评价 城市布局优化
替代出行(交通手段变更)	网络办公 居家工作/电子通勤 电话会议
增加/鼓励其他交通方式(交通方式变更)	大容量快速公交 穿梭巴士服务 合乘 自行车/公交一体化 停车换乘 公共交通改善 鼓励步行和骑车 高占有率车辆(HOV)优先 通勤财政补贴 班车、校车
限制机动车拥有和使用	拥挤收费/道路收费 根据里程收费 燃料税 停车管理及收费 车辆限制
调整机动车时空分布	错时上下班 弹性上班制 压缩工作日 交通信息发布 智能交通控制、诱导、调度 部分区域或道路分车种分时段限行

从交通出行的几个阶段来看交通需求管理政策对出行行为改变的作用如下(图 8.3)：

(1) 在出行产生阶段，减少出行的产生。如通过政策与宣传力量动员人们减少出行；以电信代替出行(电讯会亲访友、网上购物、电视电话会议等)；在城市规划中应用既能保证正常的社会经济活动又能产生较少交通出行的土地利用模式。

（2）在出行分布阶段，将出行由交通拥挤的目的点向非拥挤的目的点转移，如实行区域限行措施、优化辅助活动设施的空间配置。

（3）在出行方式选择阶段，将出行方式由小汽车方式向集约化方式转移。如对小汽车方式实行抑制措施（如停车费、通行费）或对公交、自行车、步行等交通方式实行鼓励措施（如乘车费的调整、公交优先、自行车及步行环境改善等），以促进人们利用集约化或低耗能交通方式，保持各种运输方式宏观上的供需平衡。

（4）在空间路线选择阶段，将出行由交通拥挤的路线向非拥挤的路线转移。如采用先进的信息技术、向出行者提供实时交通信息，或通过强制收费或价格优惠，使出行者避开拥挤路段等。

（5）在时间段的选择阶段，将出行由交通拥挤的时间段向非拥挤的时间段转移，如采用先进的信息技术、向出行者提供实时交通信息、错时出勤或通过强制政策或价格策略，使出行者避开拥挤时段。

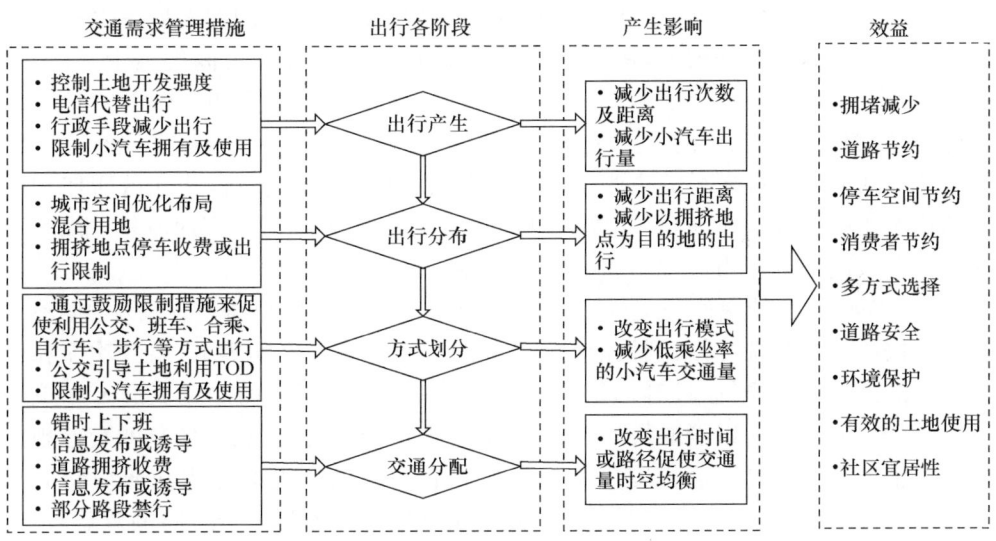

图 8.3　交通需求管理措施对出行各阶段出行行为产生的影响

8.2　交通需求管理政策实现手段及实践

交通需求管理政策实现手段主要包括用地规划类措施、增加选择类措施、经济类措施和行政类措施。其中用地规划类措施主要通过用地规划手段调整需求的空间分布，避免局部区域高强度积聚及过长的出行距离，同时促进公交引导的城市发展；增加选择类措施主要通过提高绿色出行方式的服务水平或信息提供，增加绿色方式选择及路径选择，引导小汽车使用者选择其他交通工具或避开拥堵；经济类措施主要通过经济杠杆调整出行成本,减少小汽车出行吸引力;行政类措施则主要通过行政手段来调节交通需求。总体而言,用地规划类措施、增加选择类措施属于引导性措施,人们的接受程度较高,经济类措施及行政类措施属于强制性措施。国内外交通政策的实践经验表明,要实现 TDM 战略方案效益最大化,引导性措施和强制性措施都不可或缺。

8.2.1 "精明式增长的土地利用政策"——优化出行空间分布及减少交通需求

城市规划与设计方面的 TDM 措施将影响城市未来的发展模式,减少人们对小汽车的依赖。精明式增长的土地利用政策通过提高土地密度和混合程度来提高土地利用率、缩短出行距离。其中,增加公交站点及沿线住宅区和商业区的开发密度是土地利用规划领域最有效的 TDM 措施之一。支持这项计划的系列政策被称为公交导向型发展战略(TOD)。

(1) 香港轨道交通与土地利用。交通运输和土地利用协调的发展是促成香港公共交通运输高效率的根本,在土地资源稀缺和人口、就业密度高度集中下,为保持香港的繁荣和吸引奠定了基础。香港公共交通系统承担了 80% 以上的日客运出行量,铁路运输占其中的 32% 左右。铁路建设和铁路沿线的密集发展是三次香港整体交通运输发展研究的主要策略,其核心目标是尽量使在这些地区居住和工作的市民步行至地铁车站,不需要其他交通工具接驳,从而减少交通流量。以沙田模式为代表的香港新市镇规划建设始终贯穿了这一思路。

(2) 库里蒂巴的快速公交(metrobus)与城市布局。库里蒂巴从 1974 年建设第一条快速公交系统开始,到目前已经形成了 1100km 的不同等级、服务功能和运输组织的公交网络系统,日客运量 190 万人次,承担了 75% 的通勤交通。库里蒂巴综合公交系统之所以能取得如此成功,其主要的原因之一是:一体化的交通规划与城市土地利用规划。高密度的人口需要具有高运输能力的专用交通线路的运送,而高容量的交通网络也需要沿线一定的交通需求以保证系统运营的效益,正是基于这个思想,库里蒂巴的公共交通系统以三个要素即土地利用、道路系统和公共交通的关系作为公交系统乃至整个综合交通系统发展的基础,而这三者之间的相互影响和共同发展导致了结构轴线这一主体思想的产生,从而提供了一种灵活、有效、低花费的交通解决方案。

(3) 哥本哈根轨道交通引导城市发展。丹麦哥本哈根的发展模式能够很好地证明,通过细心的规划,轨道交通可以引导城市发展,优化土地利用布局。这个布局的特征在于通过轨道交通设施的建设,逐步创造出一个类似手掌状的地区,从市中心出发,有序地伸延到郊区。通勤以轨道为主,辅以其他公交。

8.2.2 "增加选择类措施"——引导绿色出行选择

"引导性措施"能够增加人们绿色出行方式,引导小汽车使用者选择其他交通工具,具体包括多项提高其他出行方式舒适性、可靠性以及改善基础设施和服务水平的投资政策。可以替代小汽车出行或提高小汽车载客率的其他出行方式包括:步行、自行车、公共交通、班车、汽车合乘。

1. 改善步行、自行车出行条件

欧洲的交通政策一直是鼓励人们步行。1988 年,欧洲议会就通过了《欧洲步行者权利宪章》,提出人们应在步行与骑车中寻找乐趣,注重赋予孩子、老人和残疾人多项权利。美洲以美国为代表,经过私人小汽车主宰一切的时代,逐渐意识到应创造公交和步行系统,为公众提供更多更舒适的活动空间。这些国家和地区制定了完整的规划与建设导则,进行了科学且精心的设计,采取了相应的配套政策等,同时提倡各政府部门、企业组织与公众积极参与,取得了显著的成效。目前做得比较好的城市有欧洲的巴塞罗那、哥本哈根、里昂、斯特拉斯堡、弗雷堡等,美国的波特兰、西雅图、波士顿、查尔斯顿、圣安东尼奥,巴西的库里斯巴、科尔多瓦,澳洲的墨尔本,亚洲的汉城、香港等。

1993 年韩国首尔群众上街游行,要求步行者权利;1994 年汉城规划院开始进行步行交通规划;1995 年提出街道改进导则和步行安全规划;1996 年完善导则和步行道环境规划,建立办公室与交通设施间的绿色通道;1997 年提出空间充分利用规划;1998 年市长竞选宣言:"创造舒适的易于步行的汉城";1999 年开始做"易于步行的汉城规划",包括将一些过街地道、过街天桥恢复成人行横道,缩减部分街边的机动车道宽度、拓宽人行道等。

香港政府的理想目标是要使香港成为一个"世界级"的城市。因此,要发展一个充满吸引力的行人网络。这个网络将由街道及休憩用地组成,它能令使用者感到安全、舒适和方便。这样,居民和游客都能将香港视为一个"步行城市"。近年来香港开展了"行人环境规划研究",其目的是制定一套指引,使香港能够提供更好的行人环境。

丹麦哥本哈根 1962 年开辟第一条步行街斯特勒格街,逐渐在市中心发展成步行网络;1973 年,步行街改建工作基本告一段落后,主要致力于清理和改建城市广场,所有公共空间的计划都以无汽车进入为目的,城市广场从市中心到偏僻地段以及社区广场都进行了改造;之后有了轻松悠闲条件的步行优先街道,设置于大多数市中心街道;继而又对城市的重点地段和特色地段进行改造整理,如滨河区。提出的政策是:保持交通流量稳定;减少进入城市的干道;减少穿越中心的交通;减少中心的停车空间。从 1962 年开始完善步行系统,经过 40 年的建设,哥本哈根成为步行者天堂,并带动了城市进程的其他方面。

另外,哥本哈根因为长期以来一直保持着利用自行车的传统,而成为远近闻名的"自行车城市"。在哥本哈根,自行车规划是城市道路规划的不可分割的一部分,早在20世纪60~70年代就已经形成局部自行车道网。虽然很多市民都拥有了小汽车,但许多人依然继续使用自行车,自行车已经成为被社会广为接受的交通工具,在街头人们经常可以看到政府部长和市长骑着自行车去上班的风景。今天,自行车交通已经成为城市交通的重要组成,三分之一的市民选择骑自行车上班。

荷兰大力发展自行车交通已经成为荷兰的一项国策,国家的自行车总体规划中明确写明:"5km以下的出行尽可能放弃使用机动车而改用自行车,从家到轨道交通车站,自行车是最合适的交通工具。"从居住区到现代化办公楼,自行车停车处都被安排在最醒目、最方便使用的地方。从中不仅看不出自行车是落后的象征,反而体现出城市交通的可持续发展,体现出城市的文明。

伦敦将沿着轨道、公交、铁路沿线修建完全隔离的自行车道网络,并加大对于自行车出行的安全设施投资及建立更多的绿道和绿植,使其成为一种舒适的出行方式;到2020年,自行车出行人数将翻倍,从而减少机动车出行。

欧洲还有将公租自行车和早餐("bike and breakfast" schemes)结合的实践,即将早餐点设立在公租自行车旁,骑车者可以很方便地买到早餐。类似的,在租赁点还可设置报刊亭、手机/公交卡充值点,以便利来吸引大家选择自行车出行。

同时,国外重视公交车和自行车的接驳,通过公交车头部或尾部悬挂自行车的方式,方便自行车出行者搭乘公交车,或允许携带自行车搭乘地铁。

2. 改善公共交通服务

改善公共交通服务并不需要大规模的资本投入,通过提高运营商的线网规划与组织沟通能力,为乘客提供无缝衔接的运营网络和服务,不仅能提高乘客满意度,还有助于吸引新的用户群体。整合票制、票价是另一种方便乘客出行的方法。

1)新加坡公共交通系统整合

为了更好地整合轨道交通和地面公交的功能,搭建一个统一的综合公共交通网络。新加坡两家地面公交和通勤铁路私人运营公司组建了Transit Link联合公司,实现了票制票价、信息服务以及公交网络的有机融合。

票制、票价整合:该公司推出的EZ-LINK智能卡可在两家公司的运营车辆上通用。45min内的轨道/公交、公交/公交换乘可享受一定折扣,节省了乘客的出行成本。通勤者可以选择在一次出行中享受一次、两次或三次的换乘折扣。EZ-LINK卡可在车站、换乘站及便利店充值,或者与银行账户挂钩。此外,乘客也可以选择车上投币付费,但投币付费的票价要高于EZ-LINK卡。

信息服务整合：该公司定期印发"Transit Link Guide"运营手册，列示了旗下地面公交线和轨道交通线运营信息，并在大型公交站点设置电子站牌，发布公交服务信息。此外，乘客还可以通过互联网或免费电话获得公交车/列车信息服务。

公交线网优化：主要通过集中优化地面公交服务来实现网络的整合，即开辟轨道新线以替代重复冗余的地面公交和轨道服务。Transit Link 公司使用 TRIPS 计算机模型作为评价和预测新线客流需求的工具。但该模型目前不能自动生成公交线路，需要熟悉地面公交线网、经验丰富的技术人员手工添加。

票制票价、信息服务及网络设施高度整合提供了一个无缝衔接的通勤出行环境。其中最大收益来自多方式支付卡的推广使用。持卡者在规定的次数内享受到换乘折扣时，对换乘过程的抵触情绪也明显降低了。

2）韩国首尔可持续的公共交通之路

为了全面改革公共交通系统，首尔市政府收回了以前授予公交运营商制定线路和班次的权利，并从控制公交线路分配权、确定公交班次、改革收费方式、更新和建设公共交通基础设施四个方面全面推行公共交通改革。

首尔市政府首先建立了一套"半官方运营系统"，以此来监督并规范公交系统，管理并分配公交线路，确定公交班次，并对包括公交线路、公交收费以及公交运营系统等方面的各种公交问题进行讨论并作出相应决策。

然后对收费系统也进行了改革，新系统将公交服务和地铁服务进行整合，并统一收费。原有收费系统采用单一票价，短距离乘客需要支付较多费用。而新收费系统则取决于交通工具和出行的总距离。对于进出首尔市区的乘客，车费仅按出行总距离收取，而不按乘坐的交通工具收费。新收费系统大大促进了服务水平的提高，并显著增加了乘客人数。在公交基础设施方面，首尔市主要进行了两方面的工作：整合公交线路网络和开辟中央公交专用车道。

重新设计公交线路网络，将市区所有公交线路全部进行整合。如今，公交服务分为四类，分别以不同颜色来识别。红色市郊快线公共汽车将各卫星城之间、卫星城和首尔市连接在一起。蓝色干线公共汽车则在首尔市内的各区域中心之间或沿着主干路运营。绿色支线公共汽车包括社区公交车，负责提供区间服务，将乘客运至地铁站和快速公交车站。黄色环状绕行的公共汽车则在市区中心提供区间服务。

首尔目前采用中央公交专用车道，取消了原有的路边右侧公交专用车道并将公交专用车道从 219km 延长到 294km。首尔市还在建设快速公交系统（BRT）网络，具有高质量的岛式中央公交车站、路口快速公交信号优先、乘客和运营实时信息系统以及现代化水平的全新公交车辆。首尔公共交通之路改革成效显著，目前公交平均行驶速度最高已加快 20%。

在公共交通信息化方面,首尔市很早就开始推广一卡通式的智能公交卡。通过使用智能公交卡,乘客在乘坐公共交通工具可以获得换乘费用的折扣,公交公司可以更准确地计算车票收入。

公交管理机构利用智能卡数据可以对公交班次安排进行科学的管理,增加了对公交车票收入管理的透明化。首尔还准备在出租车行业以及繁华商业街购物场所内使用该智能卡。

为了加强对公交运营的有效管理,首尔已建立了一套公交管理系统(BMS)。这一系统将交通运营与信息服务(TOPIS)融为一体,可提供交通信息数据,这些数据可以上载到市区各个交通网点。这一系统还将智能交通系统技术和全球定位系统技术结合起来,确定公交车所在位置,控制班次表,还可以通过互联网、手机以及掌中宝(PDA)向乘客提供公交信息。这类信息还可以有助于进行调研,并为制定决策提供辅助材料。

3) 瑞典为小汽车通勤者提供免费公交体验

小汽车使用者通常对公共交通方式存在偏见,通过提高他们的体验机会可有效转变他们对公交方式的消极态度。在2012年秋季,瑞典超过3万人市民免费体验Skåne地区公共交通两周时间。这次体验非常成功,在体验期之后获得了收入的提高和公共交通方式使用量的增加。

这些免费体验者目标群体来自使用小汽车通勤出行的人,拥有通勤卡的人被排除在外。主要从瑞典小汽车注册人中选择,大多家庭拥有两辆小汽车。被选中的免费体验者会收到一张有效期为14天的通勤卡。

许多居民发现和意识到使用公共交通也可以高效出行、省钱,坐车过程中可以干其他的事情,轨道车辆的速度比小汽车更加快速。许多体验者认为公共交通使他们生活更方便。经500人的电话调查,结果表明:82%小汽车通勤体验者会推荐他们的朋友和熟人使用公共交通;35%使用出行卡的人说这次通勤体验使他们对公共交通的观念产生了积极的影响;29%的被调查者说他们比这次试验之前更加频繁地使用公共交通。

4) 全方位提升公交出行体验

加强门到门全过程公交信息服务、娱乐体验及个性服务被证明是一种促进公交选择的有效手段。例如,旧金山在公交车上提供WIFI服务,在公交车、电车、地铁内请音乐人士演奏小提琴等、举办公交纪念活动、播放最新电影预告片、免费公交卡抽奖活动等;提供门到门信息:通过网站、APP向公交乘客提供实时出行信息,包括休闲出行时的小技巧等。同时在公交信息发布网站上,个人可以根据自己的出行习惯,定制一些例如自己常坐公交的时刻表、感兴趣的公交站实时信息、交通事件发布、路况视频及新闻等。

3. "密路网,小街区"的规划模式引导可持续社区交通发展

新城市主义"选择"、"解释"并"发展"了"密路网,小街区"的规划模式,他们倡导回归欧洲传统城镇的空间形式,创建高密度的方格路网(high-density gridiron street pattern)和宜居的街道(livable street),提倡紧凑型、小尺度、高密度、混合型的城市空间规划模式。目前,美国已有三分之二以上的州将新城市主义的城市原则纳入到地方发展策略中。

美国波特兰走在了生态城市的前沿,成为城市规划的典范,"紧凑、宜居、可步行、宜人"(compact, livable, walkable, human-scaled)是波特兰市的主要特征。紧凑的城市形态也提高了其土地利用率,一位居住在波特兰的新居民所占用的生活空间仅是一位居住在华盛顿特区的新居民的四分之一。2013年在美国房地产公司 Moveto 发布的全美十佳城市中,波特兰位居第一,是美国除了芝加哥外拥有 LEED 认证建筑最多的城市。波特兰在核心区进行高密度高强度的土地开发,实现土地的集约利用,提高人口密度,增强城市活力。其街区建筑密度一般都在 65% 以上。波特兰按照"20min 社区"概念进行土地混合开发,并创建密集的自行车交通网络,将人们上学、上班、购物、休闲、娱乐等日常行为活动出行距离控制在 20min 步行、自行车和公交出行范围距离以内。波特兰最大建筑退距根据街区用地性质和街道属性来确定,一般不超过 6m。居住性质街区建筑退距为 0~3m,但如街道为交通性强的道路时退距增大为 3~6m。波特兰区划法中还规定,在核心区的重要街道的建筑必须贴近街道建设,建筑与街道红线的距离不大于 3.7m,且临街建筑长度占街区红线边长的比不小于 75%,即贴线率至少为 75%,且计入贴线率的建筑街墙高度不小 4.6m。波特兰街区边长仅为 60m,建筑平行或垂直街道布局,方正如印,以尊重整体方格网的城市肌理。建筑密度较高甚至可达 100%,在高强度开发区域建筑通常填满街区布局,在其他区域建筑沿着街区的四条边中的一条边、两条边或三条边布局,形成半围合的空间,街区内部难以形成院落空间。波特兰还将两个相邻街区之间的建筑连接,以加强两个街区间的相互联系,形成了立体交通网络。

"密路网,小街区"的布局也缩短了出行距离,有利于步行及自行车。例如,如图 8.4 所示,"宽马路,大街区"布局下的 OD 距离为 814m,而"窄马路,小街区"的距离只有 412m。

通过协调以社区为单位的交通,居住、商业等多模式协调,可为居民提供更多的交通出行模式选择方式,利于更多的绿色交通方式如步行、自行车、公交方式的选择。

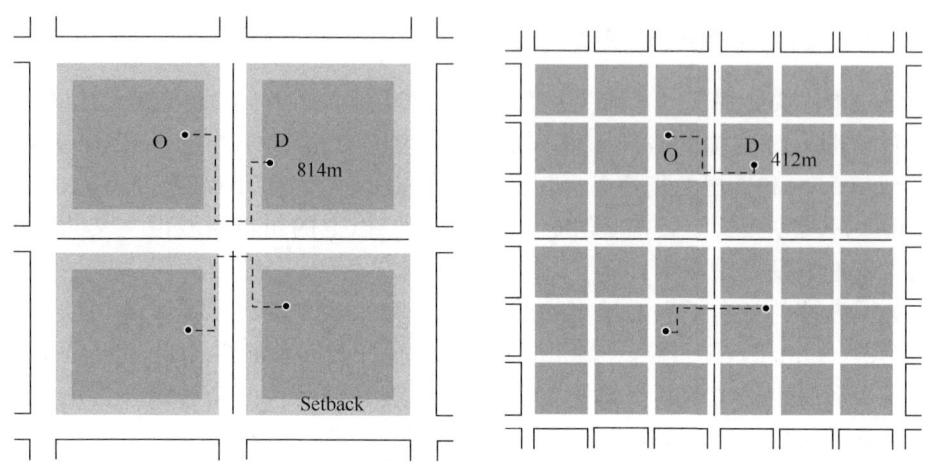

图 8.4 "密路网,小街区"出行距离示意图

8.2.3 "经济性措施"——提高机动车出行成本

大量的交通经济措施可以改善交通系统的运行效率,包括服务价格改革、道路设施管理收费等。这些经济措施与出行外部成本挂钩,很好地提高了资源使用效率。这类措施尽管不受小汽车使用者的欢迎,实施难度大,影响因素多,但对交通系统的改善作用非常明显,主要包括拥挤收费和低排放区收费措施。

1. 区域拥堵收费

拥堵收费是以经济手段对出行成本敏感者的出行时间、空间进行调节,来减少热点区域的不必要进入与穿行和高峰时间内不必要出行。在动态调节机制下,政策缓堵效果具有长期持续性,有利于平衡地域流量分布利用道路资源,有利于改善收费区域环境质量,有利于创造良好的自行车或步行出行环境。

新加坡于 1975 年成为了第一个引入拥堵收费制度的国家。收费区域设计为环形,称为区域许可制度。在环形区域内的城中心区称之为限制区域,收费采用的是技术含量很低的纸质许可证。这种制度很快被证明在减少机动车拥堵上是非常有效的,它使得交通模式向公共交通方向转变。1998 年,这个系统被修正为全自动收费,采用了最新的电子道路收费系统,所有的机动车均装载了车载系统。当机动车从收费上方的控制系统经过时,系统直接从智能卡中划走拥堵费用。

2003 年 2 月,伦敦市长 Ken Livingston 为了解决中心城区交通拥堵的问题采用了拥堵收费制度。在伦敦中心城区,小汽车出行中 50% 的时间为拥堵等待时间,由此造成的经济损失每周约为200万～400万英镑。拥堵收费旨在减少私家车的使用,降低拥堵水平,并为公共交通发展积累资金。拥堵收费政策成功地实现了这三个目标。拥堵收费政策的效果是快速而显著的。在实行该政策的前两天,交通量下降了25%,小汽车出行时耗也减少了50%。与此同时,政府新增了300辆运营巴士。尽管通勤出行中公交分担率已经很高,但拥堵收费政策实施后,公交分担率有了进一步的提高。到目前为止,伦敦是世界上实施拥堵收费的最大城市。

瑞典的斯德哥尔摩市在短期试点完成之后,于2007年正式实施拥堵收费政策。面对交通拥堵导致的经济下降以及生活质量恶化,斯德哥尔摩市当局认识到仅靠提高交通供给,如修建环路或扩大公共交通供给,不仅成本极高且缓解拥堵的效果甚微。他们认为,交通拥堵是大城市所特有的现象且无法通过修建道路或改善公共交通的方式得到改善。实施拥堵收费政策主要有四个目的,高峰时段进入中心城区的机动车数量减少10%～15%,提高斯德哥尔摩市最繁忙道路的可达性,减少机动车温室气体和污染气体的排放,显著提高城市街区的宜居性。

2. 低排放区收费

实施低排放区政策分为两种:一种是高排限行,目前北京的黄标车已经在六环(含)及远郊区县城关镇全天禁行,按原有标准继续实施的难度并不大,接下来难点是继续提高排放标准;另一种是高排收费,主要有两种模式:米兰模式,就是低排放区与拥堵收费区重合,进入区域即收费;伦敦模式,是指低排放区与拥挤收费分开,低排放区覆盖所有道路,拥堵收费只在部分区域进行。

从2008年开始,伦敦对那些行驶在中心区的高污染的货车以及没有达到欧3排放标准的公交车每天收取200英镑(350美元)的罚款。这个系统每年可以获得1亿美元的收益,这大概是设立摄像机监控装置与收费系统的初始费用的4倍。

2008年2月,意大利米兰开始试行为期一年的"低排放区收费"政策。凡进入米兰市限制区域的机动车均要根据其尾气排放量进行收费。限制时间为周一至周五的7:30～19:30。收费依据包括欧洲机动车排放标准、燃油类型、是否配有颗粒物过滤装置以及出行类别(个人或货物)。使用替代能源的车辆、欧3标准及以上的汽油小汽车、货车和欧4标准及以上的柴油小汽车、货车均不收取费用。最高收费为每天10欧元(12.52美元)。经常使用者或居住在限行区内的居民可以选择有效期为50天的多次通行卡或借记卡,这样可以得到价格上的优惠。自引入这个制度以后,在米兰中心区的交通量显著下降(19.2%),交通速度显著提升(11.3%)。此外,值得注意的是,公共交通客运量提高了9.7%。

8.2.4 "行政性措施"——控制小汽车增长及使用

政府通过实施行政性措施限制小汽车的拥有和使用,主要包括控制小汽车增长、区域尾号限行和低排放区限行措施。

1. 控制小汽车增长速度

新加坡通过实施车辆配额制度来限制每年可以销售和注册的汽车数量。这个系统定期拍卖一定数量的许可证,得到许可证的居民可购买和注册一辆机动车。在新加坡经济不断发展繁荣的背景下,这种 TDM 措施在限制私人机动车增长方面发挥了巨大作用。新加坡车辆的购买、注册和申请执照非常昂贵和复杂,为限制私车的增长,政府强制征收大笔费用。要注册一辆私车,必须支付下列费用:①进口税(向海关缴纳),由海关评估,为汽车公开市场价(OMV)的 45%;②注册费,为 1000 新元(相当于 667 美元);③附加注册费(ARF),由海关评估,为汽车公开市场价(OMV)的 150%。

香港 1961 年 6 月 24 日实施了《汽车首次登记税条例》,规定对在香港初次登记的各种汽车,除缴纳其他法规应缴税费外,还须按照汽车价值就该《条例》规定的百分率缴纳税费。自 20 世纪 70 年代以来 3 次大幅提高首次登记税,同时结合牌照费等政策的实施,有效控制了香港机动车总量,目前保持在 60 万辆左右。

2. 机动车尾号限行

墨西哥城在每周的工作日实施尾号限行禁止小汽车通过联邦区域,周一是尾号为"1"和"5"的小汽车,周二是"2"和"6",依此类推。波哥大实行的限行政策是在早晨 7:00~9:00 和晚上 17:30~19:30 按照指定的号牌限行,40% 的私人小汽车被限制驶入市区。智利圣地亚哥市只在空气污染达到"紧急"程度时才实行限行政策。除公交、出租车和救护车外,所有机动车在早高峰和晚高峰都禁止在城市中心区和 6 条主要城乡连接公路上行驶。圣保罗的限行措施是 20% 的机动车,周一是尾号"1"和"2",依此类推,在工作日的早 7:00~8:00 和晚上的 17:00~20:00 禁止驶入中心区。马尼拉的限行政策是在高峰时段按照车牌号限制部分机动车在主干道上行驶。

新加坡也实行非高峰期车牌号限行政策,它是新加坡 TDM 政策方案的组成部分。该政策规定:红色车牌的普通小汽车只允许在夜间和周末通行,如工作日的 18:00~次日 7:00,周六 15:00 以后和整个周日及节假日。这项政策使驾驶人节省了汽车登记和公路税开支,减少了小汽车的使用。2005 年,新加坡非高峰时期上路小汽车只占总数的 2%。

3. 低排放区限行

在欧洲城市中就设立了低排放区,这个区域只有那些满足低排放标准的车辆可以进入或者在高峰期禁止所有小汽车驶入。在德国,高排放车辆禁止驶入低排放区;进入城市中心区的机动车必须出示环保许可证。此外,德国根据机动车排放标准制定了三种不同的限制策略。

在柏林,低排放区政策的实施分为两个阶段:阶段 1,自 2008 年 1 月起生效,机动车、货车和客车,必须达到国家二级排放标准,因此,只有那些贴有红色、黄色或绿色环保标志的机动车才可以驶入限制区域;阶段 2,自 2010 年 1 月起生效,只有达到国家四级排放标准,即拥有绿色环保标志的机动车才可以在低排放区行驶。警车、消防车、严重残疾人运输车、救护车、清洁车、摩托车、小型摩托车不限行。

欧洲 8 个国家 70 个城市已经引入或准备引入低排放区限行政策。其主要目的是提高环境质量和保护居民身体健康。

8.2.5 "信息服务类措施"——引导绿色出行及小汽车高效共享使用

通过对出行者提供多模式的信息服务、动态路径诱导服务及小汽车共享信息服务,可以引导公众绿色出行,提高载客率,并有效促使交通网络的流量均衡,提高路网运行效率。这类措施受各类出行者的欢迎。下面主要介绍基于 APP 的多模式交通信息服务及电动汽车共享服务措施。

1. 多模式及动态交通信息服务

下面介绍几款国外较有特色的交通信息服务 APP。
1) Smartrek

美国 Smartrek 是一个基于奖励的多模式交通信息平台,通过该平台可以更好地将通勤者、商家、雇主以及政府组织联系起来,以便改善交通。该公司所提出的先进的交通需求管理主要是依赖于社会所有团体和个人的参与,并向所有参与者提供奖励和优惠。奖励主要来源于广告、交通管理部门和其他商家。

Smartrek 将商家、通勤者、政府组织及雇主通过该平台形成了一个有机链条。其核心思想为:出行者可通过在非高峰期出行来获取软件公司提供的奖励——来自运营商的奖励;软件使用者可通过上报交通事件(施工、事故等)来获取奖励——来自交通管理部门的间接奖励。

不同使用者可以具有不同的义务和相应的回报,具体如下:

商家:该软件的当地商业用户,可以利用软件所提供的用户出行数据,分析客户的潜在购买行为,并进行更加精准的广告及营销活动。

通勤者:该软件可向通勤者提供实时出行预测、路径匹配、语音导航和紧急事件预警等服务,以便通勤者获取奖励并能更快地到达目的地。其核心思想很简单,出行者可通过在非高峰期出行来获取软件公司提供的奖励。该软件同时可通过通勤者提交的出行计划来提高未来交通状态的预测。该软件可以建议最佳的出行时间和路径。该软件公司与美国林业组织达成协议,该组织可代表那些获得奖励的软件使用者进行种树。软件使用者可通过上报交通事件(施工、事故等)来获取奖励。

政府组织:该公司向政府组织提供实时交通流数据和统计报告,以便提高规划和应急服务,提高交通服务水平并缓解拥堵。目前,主动需求管理通过使用实时精度的交通数据和公交信息,使通勤者做出更好的出行选择。

雇主:该软件向雇员们提供日常通勤的路径和行驶时间,以便雇员们能够准时到岗工作。因此,雇主通过使用该软件能够获取更加可靠的劳动力。

2) Ridescout

Ridescout 是美国另一款信息服务软件,它将所有公共交通选项集成到一个简单的界面上。该软件集成了公共及私有的所有交通方式,包括公交汽车、公用自行车、小汽车共享、合乘、出租车、地铁、火车、停车场等。向用户建议实时的公交出行选择。

按照类别、价值、出发时间、到达时间对出行建议进行排序,并通过 Facebook 等与朋友共享位置等乘车信息;提供公交和地铁的实时出发时刻信息及位置信息;提供公租自行车的存量信息;通过同步你的日程安排,为会议等活动快速确定出行计划;标注并保存喜爱的出行途经地点。

3) Waze

Waze 最早于 2008 年在以色列成立,最初公司名称为 Lingmap,公司总部设在美国加州。Waze 由以色列的 Waze Mobile 开发,已经由 Google 于 2013 年收购。Waze 的理念是"人人为我,我为人人"。通过精心设计的用户界面和简单的操作,引导终端用户高效的进行路况信息(堵车,事件信息)的上传和共享,从而形成及时和准确的路况信息,推送到所有正在使用 Waze 的客户端,造福于所有 Waze 的使用者。

Waze 与传统的 GPS 导航软件的不同之处在于它是一个由社区驱动,收集用户的地图数据和其他信息,并学习用户的驾驶时间,提供路线和实时路况更新的应用程序。其下载与使用均是免费的。人们可以报告事故、交通堵塞、行驶速度和有无警察,并能更新道路、地标、门牌号码等。Waze 还可以根据用户的报告,确定附近最便宜的加油站。

除了 turn-by-turn 语音导航、实时路况,以及其他特定位置的警报,Waze 同时发送匿名信息,其中包括用户的速度和位置。信息返回到其数据库以完善服务。该众包项目允许 Waze 社区简单地报告导航及地图错误、交通事故,但为了安全,会要求用户停下车或确定自己是乘客才能完成一些操作。Waze 使用游戏机制以鼓励用户提供更多交通信息换取积分,通过积分可以更改驾驶时在公开地图上的头像图标等,并能提升等级。

Waze 可实时显示,社区策划的兴趣点包括当地的活动,如街头集市和抗议,还有提供实时燃料价格。Waze 实时更新的价格是由用户提交的。Waze 提供给经销商和广告商一个 web 界面来发布广告,还提供给新闻电视台一个接口以直接从 Waze 获取当前交通报告。

2. 电动汽车共享服务

汽车共享是介于私家车和公共交通之间的一种创新性交通方式,其本质上是一种便捷短时的汽车租赁模式。电动汽车共享可以解决现阶段电动汽车购买成本高、续航里程短、充电时间长等缺点,正契合了当前电动汽车的发展阶段。

目前纯电动汽车共享主要在欧洲的法国、德国、美国以及日本开展。其中,全球规模和影响最大的纯电动汽车共享项目为法国的 Autolib。2011 年在法国巴黎,Bollore 集团推出了电动汽车租赁项目 Autolib,在获得欧洲投资银行(EIB)1 亿美元左右的贷款后,Bollore 将其服务扩张到法国里昂和波尔多。目前法国已有近 3000 辆电动汽车。Bollore 集团选择美国印第安纳波利斯市作为其海外扩张的第一站,最重要的一点是当地政府的鼓励支持:印第安纳波利斯市长 Greg Ballard 曾于 2012 年表示,"电动汽车和汽车共享是城市的未来",他一直希望能减少对外国石油的依赖。Bollore 称这项电动汽车共享服务计划(简称 BlueIndy)旨在完善城市公共交通,提高市民流动性,并带来经济和环保效益。

宝马在欧洲的四个城市运营 DriveNow 电动汽车共享服务成功后,在美国扩张了"DriveNow 汽车共享项目"。DriveNow 项目于 2012 年 6 月在旧金山港湾区启动,该项目拥有 700 辆宝马 ActiveE 电动车并且有 2000 名注册使用者。港湾区是宝马 DriveNow 项目在美国的唯一试点。在旧金山港湾地区,宝马必须使用停车场及其他私人拥有泊车区停放其 DriveNow 项目汽车。它已经在所有的 18 个泊车位置都安装了充电站。此外,宝马公司还在旧金山市内的 14 个停车场建立了名为 ParkNow 的停车区,参与宝马 DriveNow 的消费者可以使用智能手机系统寻找附近的 ParkNow 停车区,并预约停车位置。

DriveNow 成员只需支付 39 美元就可以成为终生会员，宝马都会为他们颁发一张带有无线电射频身份验证芯片卡，该卡同时也作为汽车钥匙。用户可通过苹果及安卓手机上相应的应用进行预订汽车。另外，会员在使用该汽车的前 30min 内需要支付 12 美元，然后每增加 1min 将收费 32 美分。每小时花费约 20 美元，如果中途停车，每分钟费用将降至 13 美分。

由戴姆勒子公司在美国圣地亚哥开展了纯电动汽车共享服务 Car2go。同类项目已经在荷兰阿姆斯特丹和很多欧洲城市启动。Car2go 为租用的车主提供纯电动车辆驾驶，满电行驶里程达 135km，完全充满电的时间需要 8h。戴姆勒称："使用者很少会充电，因为使用 Car2go 的车主每天行驶的路程很少会超过 9.6km。"此电动汽车的充电站由 Ecotality 公司提供，该公司已建成 1000 余座充电站。美国最大的租车网站 Zipcar 提供的汽车共享服务要求租车人选择一款车并需要将车辆归还到原来的租用点。不同的是，Car2go 公司要求租车人在指定的开放区域选择，目的在于使车主在使用过程中停车及选择充电地点更加方便。在 2009 年年末，戴姆勒曾将该项目引进美国，在德克萨斯州的奥斯丁试验使用。现在此服务已经遍布美国奥斯汀，德国的乌尔姆、汉堡，加拿大的卑诗省和温哥华。

8.3 两阶段交通需求管理措施生成及综合评价方法

引导性交通需求管理措施具有较高的可接受性和可实施性，由于道路拥挤条件的不同，出行者出行目的、收入状况等因素的不同将影响人们对各项政策的接受程度。因此，除传统的交通改善效果评价以外，对需求管理政策措施还有必要进行公平性评价及公众可接受性等评价，以有利于政策的实施。事实上，可接受性也直接影响出行行为改变的效果。表 8.2 从对出行的影响、成本和效益、公平性、实施方法及实施障碍以及增强用户的满意度等 5 个准则，列举了一些代表性指标来评价各类交通需求管理措施。

大多数 TDM 措施评价的基本思路如下：居民出行行为调查—出行需求预测或数据统计分析—策略实施前后居民出行行为和交通系统运行状态对比分析—策略评价。TDM 政策属于多目标多准则问题，常采用层次分析法和模糊决策评价等方法进行；权重和隶属度函数确定受多种因素影响，可信度差；评价结果往往是 TDM 措施是否可以实施，不易发现影响措施有效性、可接受性及公平性的关键因素。

本书将交通需求管理措施的综合评价分为两阶段进行，如图 8.5 所示，第一阶段为交通需求管理措施可行性的多维定性评价；第二阶段为出行行为引导有效性评价分析。

表 8.2 交通需求管理措施代表性评价指标体系

目标层	准则层	指标层
策略实施评价	对出行的影响	降低总交通量 降低高峰时段交通量 将高峰时段向非高峰时段转移 使小汽车出行向多模式交通方式的转移 改善可达性，降低对出行的需求 增加合乘 增加公共交通比例 增加自行车比例 增加步行出行 增加网上办公方式 降低货运交通量 ……
	成本和效益	降低拥堵 节约道路和停放空间 消费者费用节省 交通选择 道路安全 环境保护 土地的有效利用 社会宜居性 ……
	公平性	平等对待每个人 用户支付应承担费用 有利于低收入人群 有利于弱势群体 改进基本可达性 ……
	实施方法及实施障碍	资金有限 低效的土地利用模式 缺乏限制小汽车出行以及鼓励公交出行的政策 缺乏激励措施 ……
	增强用户的满意度	可接受性

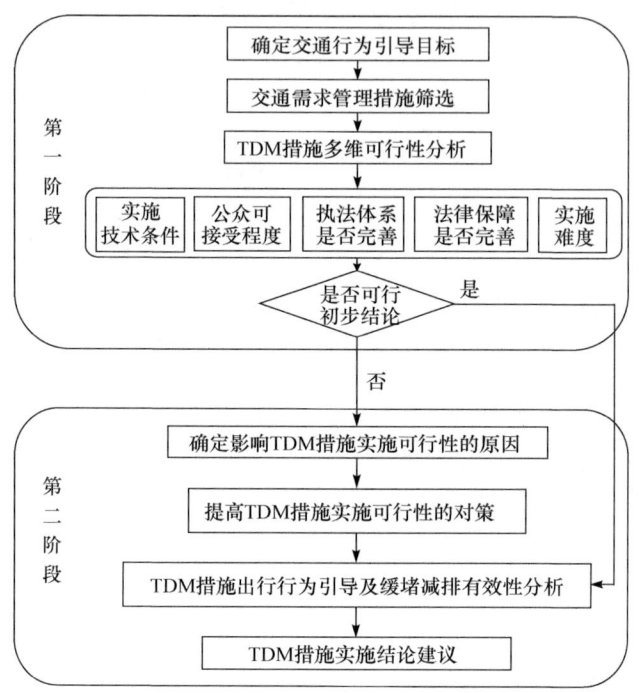

图 8.5 交通需求管理措施生成方法流程图

对于第一阶段，基于行为引导的交通需求管理措施多维评价，首先确定出行行为引导目标，引导目标主要包括减少小汽车拥有和使用、鼓励公共交通使用、促使交通需求在时间和空间上的均衡等。在具体的出行行为引导目标下，有选择性地筛选交通需求管理措施，并针对各项措施从技术条件、局限性、实施难度、实施建议等多个方面进行分析，如果各项评价结果均有利于措施实施，给出建议实施的结论；如果存在某个方面不具备措施实施的条件，给出进一步进行可行性研究的结论。

对于第二阶段，以提高可行性为目标的 TDM 措施出行行为引导有效性评价分析阶段。当技术条件、局限性、实施难度、有效性均达到实施条件时，给出 TDM 措施建议实施的结论，否则，给出不建议实施的结论。针对建议实施的各项措施进行该措施出行行为引导效果以及缓堵减排效果有效性预评价分析；针对有待进一步可行性分析的 TDM 措施，要分析该措施受影响的主要人群，并从技术条件、局限性、实施难度、实施建议等多个方面提出提高 TDM 措施可行性的对策建议，并在此基础上分析该措施的实施对于出行行为引导的以及缓堵减排的效果，进行有效性预评价分析。

对于强制性措施,技术条件可以通过借鉴国内外成功经验、开发新技术来解决该问题;实施局限性,可以通过逐步完善法律和执法体系得到解决。对于出行者可接受性,是影响强制性 TDM 措施实施是否成功的关键。TDM 措施的公平性和法律、执法体系的完善都有利于提高出行者的接受性。提高公众可接受性,有利于出行行为转变,进而提高缓堵减排效果。在措施实施之前,通过进行可接受建模与分析,确定影响出行者可接受性的因素,对这些因素进行有的放矢的制定对策措施,有利于提高出行者可接受性,与此同时,进行出行选择行为预测,分析该措施行为引导及缓堵减排效果。交通需求管理措施可接受性评价分析流程如图 8.6 所示。

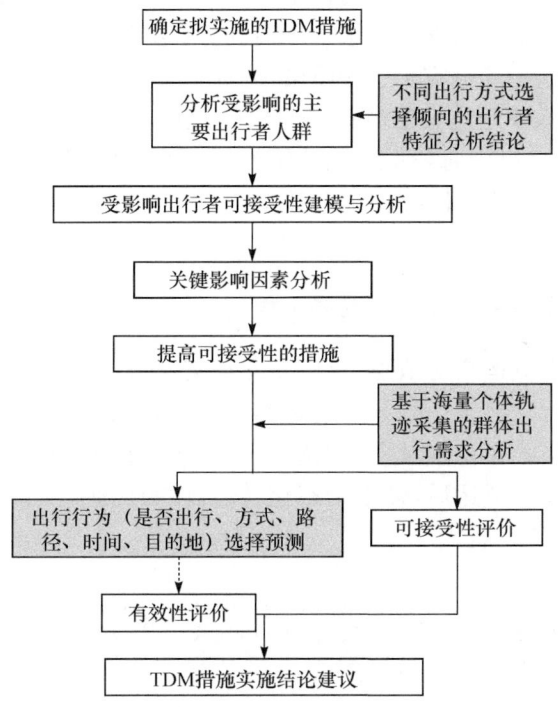

图 8.6 交通需求管理措施可接受性评价分析流程

8.4 北京市交通需求管理策略生成及评价

近年来,北京社会经济快速发展,居民生活水平不断提高,机动车总量飞速增长,交通出行需求持续增加,交通拥堵问题也日益严峻。北京市不断加大投资建设规模,交通基础设施承载能力大幅提升,交通环境进一步改善,基本上满足了持续增长的日常交通需求，为城市产业、功能布局调整，重点功能区、新城建设，城乡统筹协调，以及京津冀一体化发展提供了有力支持。

然而经验表明，单纯地依靠增加交通供给无法满足无限增长的交通需求，特别是在城市中心区交通量已达到饱和或超饱和状态，高峰期内车辆行驶速度缓慢、交通秩序混乱、交通堵塞严重。通过加强交通基础设施建设，提高路网的交通容量，在一定程度上确实能缓解交通拥堵，但同时也会导致新一轮交通需求的迅速增长，从而带来新一轮的交通拥堵。近年来，北京市交通拥堵态势已经从市中心区向外围和放射线道路蔓延，交通拥堵呈现出常态化、周期性的特点。

面临道路资源的有限性和未来交通需求总量居高不下的特征，仅依赖于交通基础设施的建设无法从根本上解决交通供求不平衡的矛盾，因而在交通拥堵而道路扩容能力低的城市中心区实行交通需求管理措施势在必行，也是缓解中心区交通拥堵较为有效的手段。实施交通需求管理政策，可对交通需求进行有效的调节和管理，以有限的供应能力高效率地满足更多的交通需求，从而达到缓解交通拥堵的目的。

本节将介绍北京市交通需求管理政策发展历程，并对拟采纳措施进行定性化的多维评价，进而以低排放区拥挤收费政策为例进行定量化的公众可接受性与有效性评价。

8.4.1 北京市交通需求管理政策发展历程

以2008年北京奥运会为节点，可以将北京交通需求管理政策发展历程分为三个阶段（如图8.7所示）：第一阶段为奥运前，主要实施停车收费等试点型政策；第二阶段为奥运中，实施包括区域限行、错时上下班等交通需求管理政策，确保奥运交通顺畅；第三阶段为奥运后，建立常态化、综合性的交通需求管理政策体系，保障北京交通健康可持续发展。

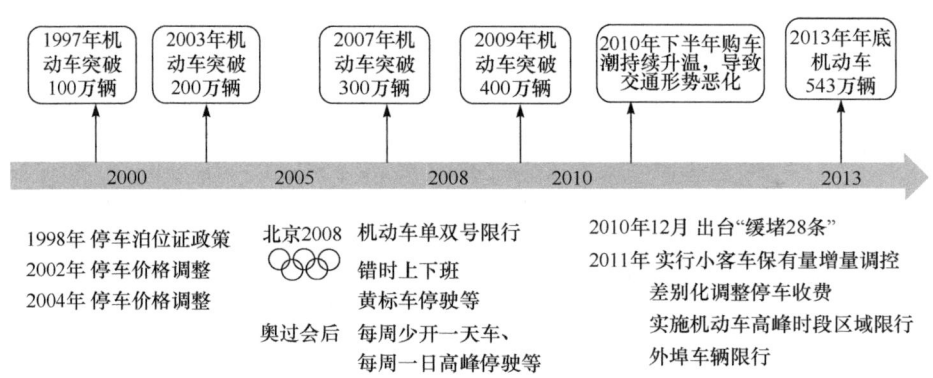

图8.7 北京交通需求管理政策历程

可以看出,伴随着机动车数量的不断突破,北京市实施的交通需求管理政策是不断变化和完善的。早在1998年就实施过停车泊位证政策;在2002~2004年又两次调整停车价格;之后为迎接奥运,展示新北京,实施了包括尾号限行、黄标车限行、错时上下班等政策,但是这些政策在缓堵的过程中也有副作用,激发了第二辆机动车的购买,因此也促成了缓堵28条的出台,以及差别化停车收费和更严格的限行措施等。区域限行政策指按车牌尾号工作日高峰时段区域限行交通管理措施,限行时间为7时至20时,范围为五环路以内道路(不含五环路)。

北京市构建的交通需求管理政策体系主要包括限制机动车拥有和使用的强制性措施及调节出行需求的引导性措施(部分尚未实施),如图8.8所示。

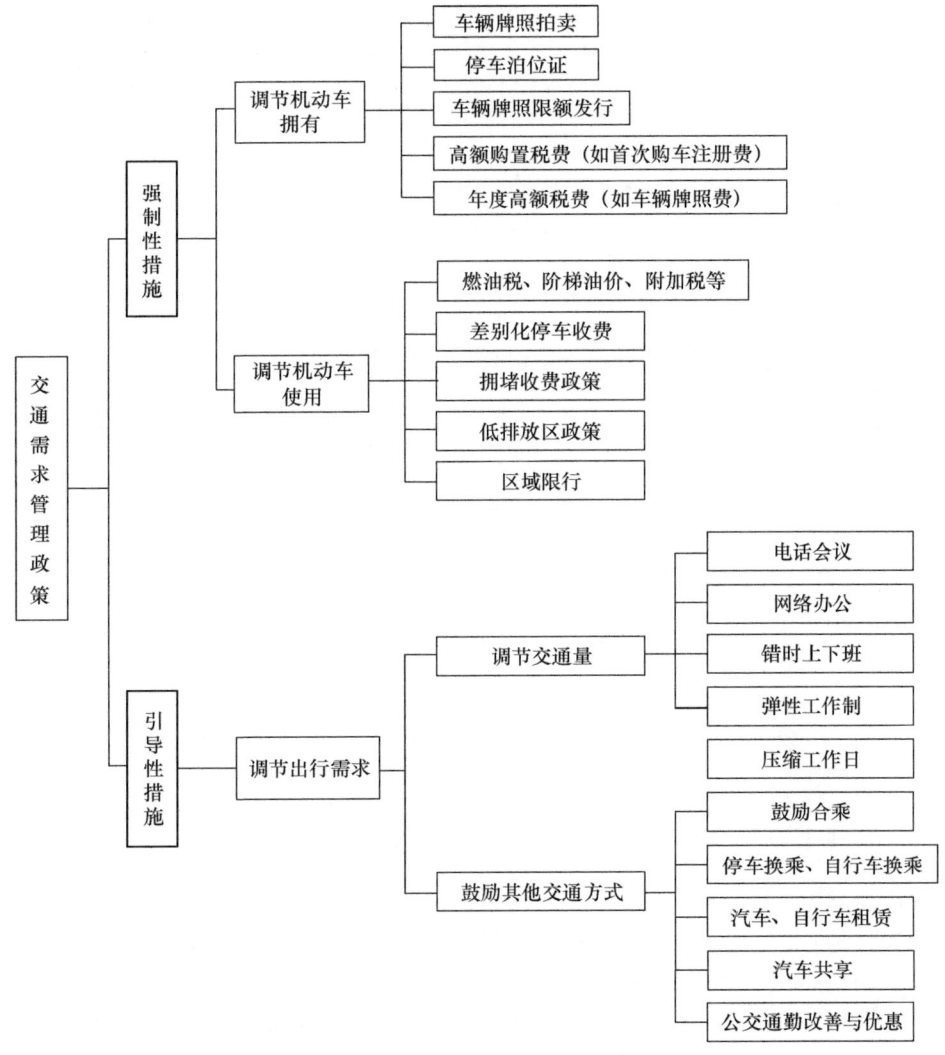

图 8.8 北京交通需求管理政策实施体系

在减少车辆拥有和使用、引导出行方式转变和鼓励公交等替代交通方式出行等引导目标下,未来将重点研究包括差别化停车收费、停车泊位证、小客车数量调控、拥堵收费、低排放区政策、车辆税费等重要的交通需求管理政策。从实施条件、局限性、实施难度、实施时机、实施建议等多个方面进行分析,对北京未来可考虑的交通需求管理政策作多维评估,结果见表8.3。

表8.3 基于出行行为引导的北京市交通需求管理措施多维评价

引导目标	TDM措施	技术条件	局限性	实施难度	实施建议
改变出行方式 减少小汽车使用 改变出行目的地	低排放区与拥堵收费结合	ETC收费技术相对成熟	法律保障不完善 公众可接受性不到位 执法体系不完善	较难	进行可行性研究,提高公众认可可接受性,增强技术稳定性,完善法律体系
改变出行方式 减少小汽车使用 改变出行目的地	差异化停车收费	电子化收费技术较成熟	法律保障有待进一步完善 公众可接受性到位 执法体系完善、力度不够	较小	加大执法力度,完善价格法律,精细化价格调整
减少车辆购置	停车泊位证	信息化技术成熟	法律保障不完善 公众可接受性到位 执法体系完善不完善	较小	停车位数量普查,完善停车相关法律法规
降低车辆拥有及使用	车辆税费	成熟	法律保障不完善 公众可接受性不到位 执法体系完善不完善	较大	进行可行性研究,提高公众认可可接受性,完善法律体系
改变出行方式鼓励公交方式出行	地面快速通勤公交优先建设	成熟	与小汽车在道路使用空间上矛盾较突出	较小	公交专用道建设、快线线路规划
改变出行方式鼓励替代交通方式出行	步行、自行车系统条件改善	成熟	与小汽车路侧停车在道路空间上矛盾较突出	较小	公共自行车门到门接驳规划设计

8.4.2 低排放区拥挤收费公众可接受性及效果评价

在北京市交通拥堵问题日益严峻的背景下,北京实施核心区拥堵收费政策的需求已被列入北京市交通管理的发展计划,然而拥挤收费等经济杠杆措施民众接受程度往往较低,因此有必要进行该措施公众可接受程度评价。

另外,由于北京市同时面临交通污染排放的问题,因而在制定拥堵收费政策时应同时考虑其对交通污染排放的影响。同时,由于实施核心区拥堵收费政策势必会带来交通方式和出行路线的转移,而这种影响一方面会造成收费区内部机动车污染排放的变化,也会造成收费区外围区域和全市范围机动车污染排放的变化,因而在进行收费策略设计时应全面考虑其对不同区域尤其是全市范围机动车污染物排放造成的连带影响。

1. 低排放区拥挤收费公众可接受性建模与分析

1) 研究区域

北京市二环区域由二环主路围合而成,封闭性好,见图8.9;区域内存在大量的住宅、办公、商业及旅游景点,出行发生量和吸引量大,区域内外的交通出行交换量巨大;二环内的长安街、两广路和二环主路等道路也是主要的交通拥堵路段;同时二环区域内公共交通设施发达,公交和地铁线路众多。

假设情景:在该区域内拟实施低排放区拥堵收费。

图 8.9 北京市低排放区拥挤收费研究界限图

2) 调查受影响的主要人群特征

不同的交通需求管理政策将对不同利益群体产生不同的影响,由于道路拥挤条件的不同,出行者出行目的、收入状况等因素的不同将影响人们对各项政策的接受程度。如何在保证整体利益的情况下,使个体利益少受到损害是一项交通政策能否有效实施的关键。实际操作中可针对各项政策的可接受性对于受影响人群进行调查分析,被调查的人群特征采用本书第2章关于小汽车出行方式选择倾向的出行者特征分析结果。

3）受影响出行者可接受性建模与分析

基于计划行为理论，社会规范、个人规范、问题感知与行动意愿之间存在正相关关系。对措施的可接受性评价过程包括出行者对措施有效性、公平性及其他方式感知自由的评价。

如果公众愿意减少车辆使用，也觉得建议的措施对自己和社会产生积极的影响，那么他们会接受这项措施；相反，如果他们觉得措施对解决交通问题没有效果，而且对他们来说不公平，那么他们就会反对这项措施。采用 LISREL 方法，建立公众可接受性的心理因素结构方程模型，如图 8.10 所示。通过问卷设计、可接受性调查、进行数据分析，确定影响可接受性的关键因素，并对关键因素进行调整完善，提高 TDM 措施的公众可接受性，并进一步对公众可接受性进行评价分析。

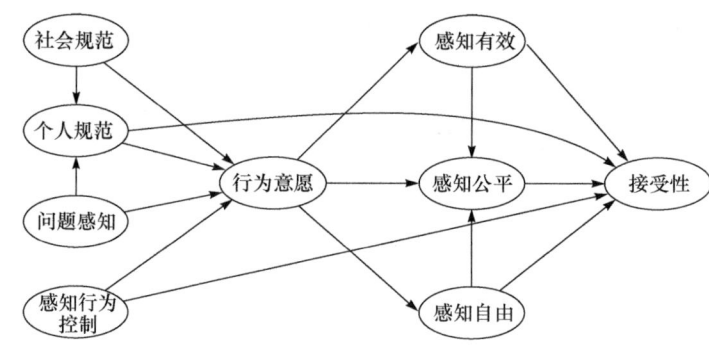

图 8.10　基于计划行为理论的可接受性结构方程模型

结构方程模型变量及维度包括如下方面。

社会规范使用两个测量项目：亲戚朋友及社会环境会支持我减少车辆使用；我会按照亲戚朋友及社会环境的意愿来减少车辆使用。

感知行为控制使用两个测量项目：我能够控制小汽车使用；如果愿意，我可以很容易地减少车辆使用。

问题感知使用三个测量项目：拥挤；环境污染；交通噪声。

个人规范使用两个测量项目：我有道德上的义务为减轻城市交通问题而减少车辆使用；我有道德上的义务来减少车辆使用，而不管其他人怎么做。

行为意愿使用两个测量项目：我愿意为减轻城市交通污染而减少车辆使用；您愿意为减轻城市交通污染问题，而减少车辆使用的可能性。

感知有效的测量：减少污染排放有效程度；如果实施低排放区收费，车辆会减少百分数。

感知公平的测量：措施对自己公平程度；对其他人公平程度。

感知自由的测量：措施对自由选择出行方式的影响；措施是否会使出行变得困难。

可接受性(AC)的测量：您对措施的态度；您是否支持措施。

4) 模型拟合与估计

正式调查共发放了1000份问卷，剔除无效问卷后，最终用于分析的问卷827份，占发放总数的82.7%。使用Bootstrap法对模型进行拟合和估计，模型的整体拟合度P为0.145,GFI为0.986,RMR为0.023,RMSEA为0.045,CFI为0.765,IFI为0.842,各评价指标满足判别标准，模型整体拟合度较好。

5) 模型结果

模型变量之间的路径系数如图8.11所示。各变量的总体效应由大到小依次为感知公平(0.53)→感知自由(0.43)→感知行为控制(0.26)→个人规范(0.29)→行为意愿(0.15)→社会规范(0.09)→问题感知(0.02)→感知有效(0.00)。感知公平和感知自由是影响拥挤收费可接受性的两个关键因素。

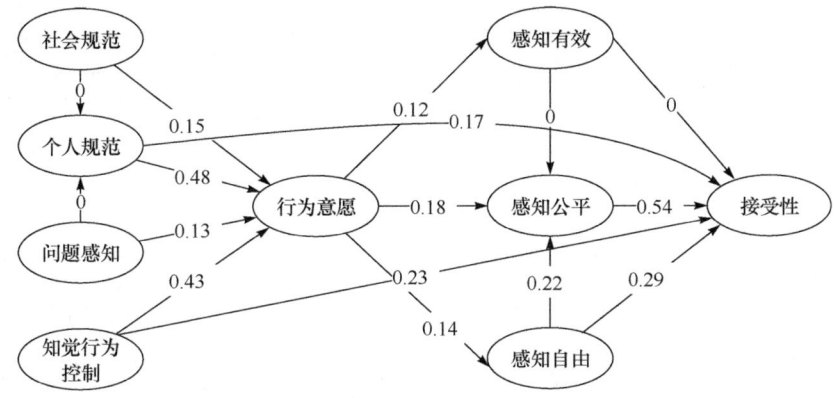

图8.11 结构方程模型变量之间的路径系数

公平性与可接受性之间的关系表明措施越能体现公平性，公众接受度就越高。居民对收费措施公平性主要关注税收的公平分配和政府如何使用拥挤收费；所以，实施低碳区拥挤收费应让居民了解收费的用处(如用于改善公交、慢行改善、道路建设等)，以及空气质量的改善效果等。

感知自由与可接受性之间的显著关系表明，为了接受低排放区拥挤收费政策，小汽车用户需要有道德上的义务，而且还要增加可替代的出行方式(如公共交通、自行车等)便利性，使得出行选择自由不受限制。

2. 低排放区拥挤收费出行行为引导有效性分析

1) 调查设计

根据出行起终点跟二环区域的关系，将出行者分为两部分进行RP+SP调查。第一类出行为起终点均在二环外，出行路径为穿越二环或者沿二环行驶一段时间的出行(图 8.12);第二类出行为起终点至少有一端在二环内的出行,其中起点或终点一端在二环内的出行是该类出行的研究重点(图 8.13)。下面第二类出行分析中也仅考虑一端在二环内的出行。

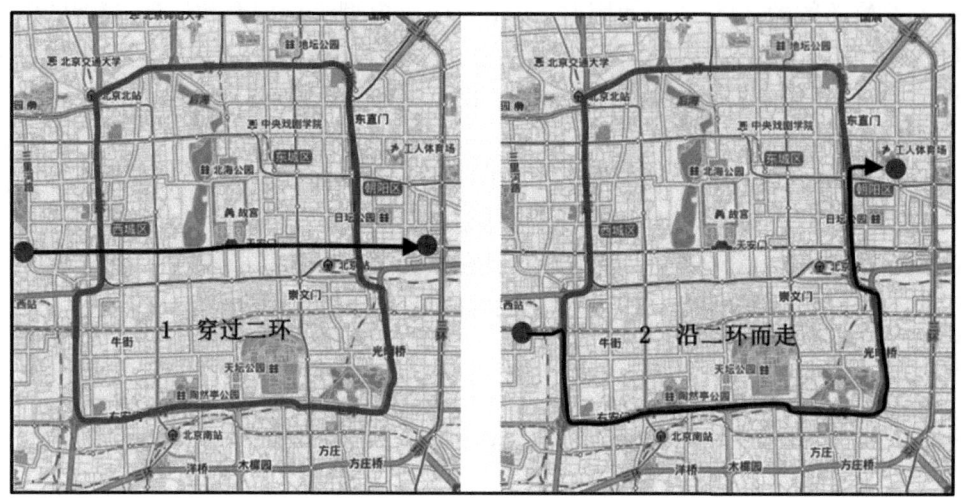

图 8.12　第一类出行者出行路径示意

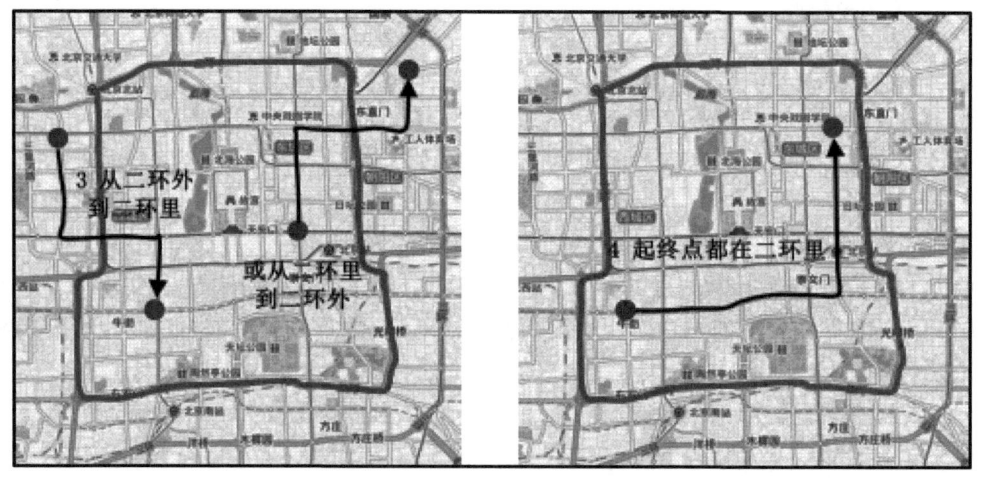

图 8.13　第二类出行者出行路径示意

2) 调查方法及地点

本书主要采用 RP+SP 调查的方法:面对面地向小汽车使用者发放调查问卷,询问他们如果进入区域内或二环主路拟实施低排放区收费措施时他们如何改变对出行方式进行选择。

调查在 2013 年 9 月 12 日(周四,工作日)完成。调查地点为人流量较大的地面或地下停车场,实验中共调查了五处:北京火车站国安服务中心停车场、北京东方广场地下停车场、协和医院地下停车场、中国银行建国门外支行停车场和东二环主路匝道出口处(中国邮政储蓄北京分行西侧)。调查地点分布如图8.14所示。

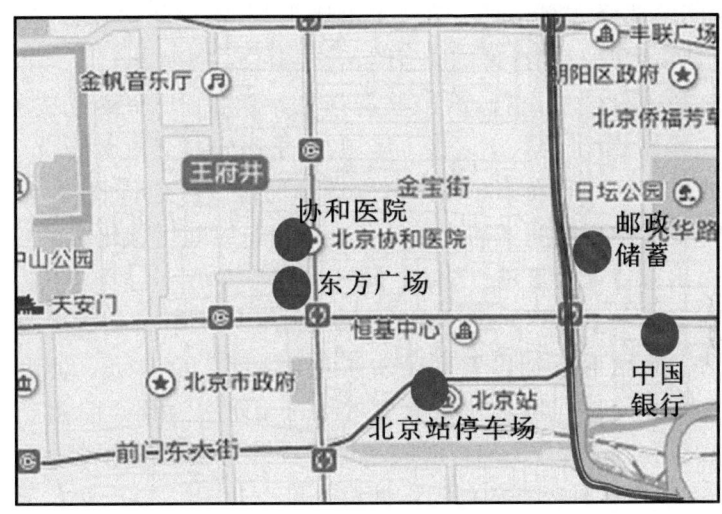

图8.14 调查地点位置分布图

区域内调查地点三处,停车设施主要服务对象为车站接送停车、医疗、办公加商业,调查人员对在此停车车辆进行随机访问调查;而区域外侧边缘调查地点两处,其中北京邮政储蓄银行停车场在东二环主路出口匝道处,调查人员通过观察来选择车辆为离开主路并进入调查点的车主进行询问调查。各调查地点及其针对的出行类型和服务性质见表8.4。

表8.4 调查地点属性信息

调查地点	针对出行类型	主要服务性质
北京站国安服务中心停车场	第二类出行	车站接送人停车
北京东方广场地下停车场	第二类出行	办公+商业
协和医院地下停车场	第二类出行	医疗
中国银行建国门支行停车场	第一类出行	个人事务
东二环主路匝道出口处	第一类出行	个人事务

3) 调查内容设计

调查内容主要包括四部分:出行者基本信息、出行者车辆使用信息、实际出行信息和在收费情景下的出行方式选择信息。

出行者的基本信息包括性别、年龄、职业、受教育程度、家庭月收入。出行者车辆使用信息包括使用车辆归属、车辆花费由谁主要承担、日常使用车辆频率、平常开车原因、对拥挤收费的态度。出行信息包括出行起终点、出行时间、出行距离、出行目的、出行路径。

不同收费情境下的出行方式选择信息中针对所要研究的小汽车出行类型不同,设计了不同的选择方案。对于第一类过境出行,给出的选择方案为:①开车继续按原方案行驶;②开车绕行区域外道路;③乘坐公共交通出行。

对于第二类进入区域出行,给出的选择方案为:①开车继续按原方案行驶;②将车停到二环外,乘坐公共交通进入区域;③乘坐公共交通出行。

出行方式的特征因素在第一类出行中选择低排放区通行收费、相比原来驾车出行的小汽车绕行出行时间增加比和公共交通出行时间增加比三个变量。利用均匀设计方法对出行特征因素进行组合。

选择 3 因素 5 水平的均匀设计实验方案,利用 DPS 软件得到较为理想的均匀设计规格化表。区域通行费设置 5 个水平,分别为 5 元、8 元、10 元、15 元和 20 元;小汽车绕行出行时间增加比设置 5 个水平,分别为比正常通行增加 10%、20%、30%、40%和 50%,公交出行时间增加比设计为比正常通行增加 20%、30%、40%、50%和 60%。3 种因素的均匀设计组合见表 8.5。

表 8.5 小汽车与公交出行影响因素均匀设计方案

均匀设计组合序号	小汽车(正常通行)通行费/元	小汽车(绕行)出行时间增加比	公共交通出行时间增加比
1	5	增加 20%	增加 50%
2	8	增加 40%	增加 40%
3	10	增加 10%	增加 30%
4	15	增加 30%	增加 20%
5	20	增加 50%	增加 60%

在第二类出行中同样选择区域通行收费、小汽车(绕行)出行时间增加比和公共交通出行时间增加比三个变量。选取的变量水平与第一类出行相同。

4) 调查结果统计

在每个调查点发放调查问卷 60 份,共 300 份。除第三类出行和无效样本外,共回收有效样本 244 份,有效问卷 80.1%,其中第一类出行 105 份,得到选择结果 525 次;第二类出行 139 份,得到选择结果 695 次。根据相关研究,样本数在 100~200 份时,能够保证模型评估的稳定性和样本的代表性。因此,本次实验调查的样本数量符合要求。表 8.6 为出行者个体特征调查结果。

表 8.6　出行者个体特征调查结果

因素	变量类型	样本总体		第一类出行者		第二类出行者	
		人数	百分比/%	人数	百分比/%	人数	百分比/%
性别	男	176	72	82	78	94	68
	女	68	28	23	22	45	32
年龄	≤25 岁	57	23	23	22	34	24
	26～35 岁	137	56	68	65	69	50
	36～45 岁	34	14	11	10	23	17
	46～55 岁	11	5	3	3	8	6
	>55 岁	5	2	0	0	5	4
家庭月收入	≤5000 元	103	42	36	34	67	48
	5001～10000 元	87	36	30	29	57	41
	10001～20000 元	36	15	25	24	11	8
	20001～50000 元	12	5	8	8	4	3
	>50000 元	6	2	6	6	0	0
是否与家人或朋友一起出行	是	56	23	20	19	36	26
	否	188	77	85	81	103	74
车辆花费承担情况	自己承担	180	74	71	68	109	78
	自己承担＋单位报销	21	9	9	9	12	9
	单位完全承担	43	18	25	24	18	13

在被调查者当中,男性小汽车使用者的比例远大于女性;出行者年龄在 35 岁及以下的比例占绝大部分,两类出行者中,年龄在 35 岁及以下的比例均超过 70%,其中以 26～35 岁年龄段的出行者为最多,调查对象中 55 岁以上的小汽车出行者所占比例很少;出行者家庭月收入在 10000 元以下的比例偏多,而 10000 元以上的比例较少;大多数的出行者是单独开车出行,与朋友或家人一起出行的较少;车辆花费方面,70% 以上的出行者自己承担车辆花费,单位部分承担或全部承担所占比例较少。

表 8.7 出行者出行特征调查结果

出行特性	变量类型	样本总体		第一类出行者		第二类出行者	
		人数	百分比/%	人数	百分比/%	人数	百分比/%
出行时间	≤30min	119	49	48	46	71	51
	30~60min	112	46	53	50	59	42
	>60min	13	5	4	4	9	6
出行目的	上班	40	16	10	10	30	22
	公务外出	59	24	31	30	28	20
	娱乐、休闲	7	3	2	2	5	4
	购物	13	5	3	3	10	7
	探亲访友	7	3	0	0	7	5
	回家	85	35	48	46	37	27
	接送人	33	14	11	10	22	16

由表 8.7 可以看出，绝大多数小汽车出行者出行时耗在 60min 以内，其中，有接近 50% 的出行者出行时耗在 30min 以内，两类出行者的出行时耗差异不大。在出行目的方面，由于受到调查地点选取条件的限制，第一类出行者出行中以公务外出和回程出行为主，两类出行所占比例为 76%，上班类出行所占比例相对较少；第二类出行者的出行以上班、公务外出、接送人和回程出行为主。

5) 多项 Logit 模型预测结果

本书采用多项 Logit 模型进行收费方案效果预测。以第一种方案（选择交纳低排放区费，继续按照原计划开车行驶的方案）作为参照，最终模型标定结果见表 8.8。根据模型标定结果，对于第一类出行的出行者，年龄对于出行方式的选择存在显著影响，与第一种方案相比，选择绕行和乘坐公交的参数为负，说明年龄越大的出行者选择后两种方案的可能性越小；有无职业对于绕行方案的参数为正，说明有职业的人比无职业的出行者更可能选择绕行方案，而有无职业对于公交方式的选择影响不显著；家庭收入变量对于绕行和公交相关影响显著，家庭月收入越高，出行者更倾向于选择按照原方式出行；是否与家人或朋友一起出行对于绕行方案的影响不显著，但对公交方案的系数为负，说明当出行者与朋友或家人一起出行时更倾向于选择缴纳通行费而不是选择公交出行。此外，车辆费用报销情况、出行时间和出行目的对出行者的方式选择均存在显著影响。车辆费用能够报销的出行者更倾向于缴纳通行费，按原计划开车出行时间越长、绕行时间和公交时间越短，出行者更可能选择绕行或公交方式，而出行目的为上班、上学或公务的出行者更倾向于缴纳通行费以节省出行时间。低排放区费用对于方式选择存在显著影响，费用越高，通勤者选择后两种方案的可能性越大。而结果同时显示，性别对于方式的选择影响不显著。

表 8.8　低碳排放区第一类出行 Logit 模型标定结果

属性类型	特征变量	绕行		公交	
		coef.	t	coef.	t
个人属性	性别	−2.532	−0.33	−1.581	−0.42
	年龄	−3.072	−2.65*	−6.289	−2.54*
	有无职业	1.171	2.94*	−4.568	−0.99
家庭属性	家庭月收入	−5.484	−3.92*	−4.266	2.08*
是否与家人或朋友一起出行		3.476	1.42	−0.406	−3.52*
车辆费用	车辆花费承担情况	−5.498	2.56*	−2.702	2.16*
出行时间	开车时间	0.169	3.11*	0.132	2.05*
	绕行时间	−0.006	2.05*	0.127	1.96*
	公交出行时间	−0.049	−1.49	−0.032	3.21*
出行目的		3.181	2.72*	1.218	4.06*
低排放区费用		0.352	2.71*	0.54	3.07*
常数项		−2.226	−1.95	−6.432	−1.34

对于第二类出行,除性别对于方式选择的影响不显著外,其他因素对于方式选择均存在显著影响,且影响方向与第一类出行基本一致,多项 Logit 模型标定结果见表 8.9。公交出行时间对于 P&R 方案的符号为负,但是未检验到该变量对于 P&R 方案选择存在显著影响,而停车换乘时间变量对于公交方式选择的影响也不显著。低排放区费用对于 P&R 以及公交方式的影响因素为正,说明通行费用越高,出行者选择开车进入二环区域的可能性越小。

表 8.9　低排放区第二类出行 Logit 模型标定结果

属性类型	特征变量	P&R		公交	
		coef.	t	coef.	t
个人属性	性别	0.839	0.57	−0.466	−0.38
	年龄	1.805	2.04*	−3.149	−2.43*
	有无职业	4.026	1.96*	−2.519	−2.32*
家庭属性	家庭月收入	−6.727	2.3*	−0.806	1.99*
是否与家人或朋友一起出行		−2.242	3.44*	−2.956	2.66*
车辆费用	车辆花费承担情况	−3.158	−3.04*	−2.664	−2.97*

续表

属性类型	特征变量	P&R		公交	
		coef.	t	coef.	t
出行时间	开车时间	−0.15	−2.7*	0.132	3.27*
	停车换乘时间	−0.149	−2.29*	−0.065	−1.79
	公交出行时间	−0.034	−1.39	−0.075	−1.98*
出行目的		1.215	2.28*	1.222	2.48*
低排放区费用		0.298	2.33*	0.429	3.46*
常数项		−5.238	−2.53	−5.824	−1.6

6) 低排放区费用对出行方式选择结果影响分析

根据模型参数标定可以对出行者的方式选择进行预测。假设其他条件不变，只调整低排放区费用，出行者的方式选择会出现变化，因此能够得到不同费用标准下各方式的比例，从而为政策制定提供依据。收费标准大于10元时，交通方式选择结果变化明显，开车方式向绕行和公交方式转移，如图8.15所示。

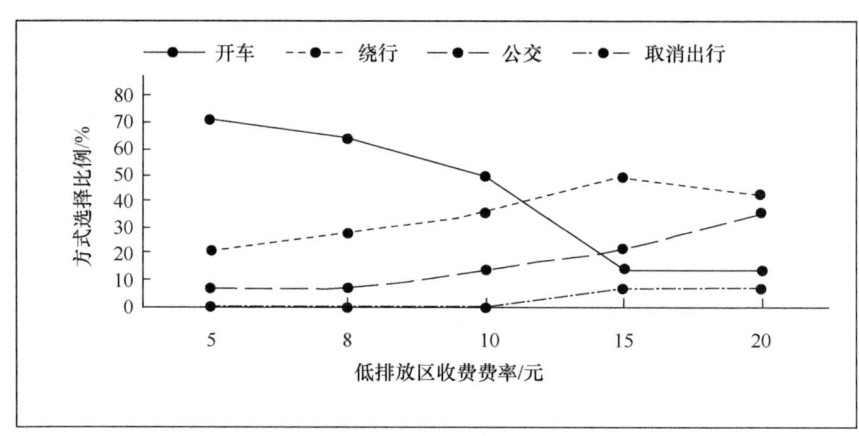

图 8.15 第一类出行在不同低排放收费费用下的交通方式转移预测结果

对于第二类出行，收费标准大于10元时，交通方式选择结果变化明显。开车方式向公交方式转移，如图8.16所示。

3. 低排放区拥挤收费污染物排放评价分析

利用宏观交通仿真平台 VISUM 建立北京私人机动车交通和公共交通两种交通系统，利用已标定的 OD 数据和出行方式选择模型建立了交通分配与交通方式选择间有反馈的宏观交通预测基本模型。该模型可以用来进行核心区拥堵收费政策对道路交通、公交服务水平和环境污染产生的各种影响。对不同收费区域范围、

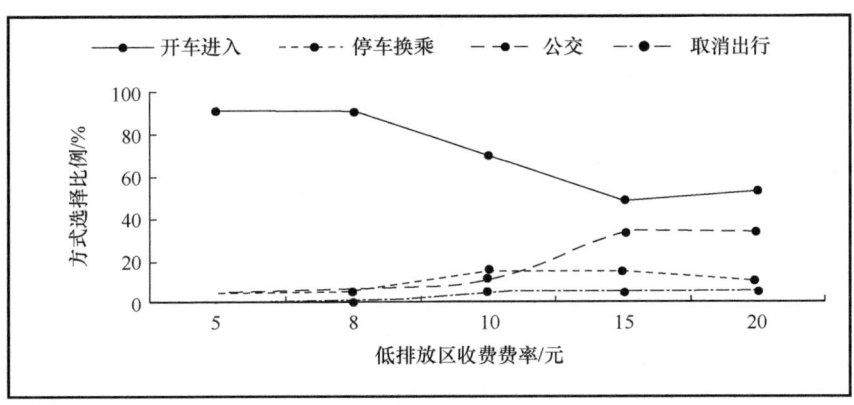

图 8.16　第二类出行在不同低排放收费费用下的交通方式转移预测结果

公共交通服务水平、收费方式和收费费率进行各种组合情景仿真分析,可以得到各情景下路网的交通特征参数数据,如速度、车辆公里等。另外,采用北京市环保局提供的北京市机动车排放计算模型 BVECM(Beijing vehicle emission calculating model)进行氮氧化物 NO_x、碳氧化合物 CO、碳氢化合物 HC 三种机动车尾气污染物的排放量计算。BVECM 是一种基于路段平均速度的排放计算模型,其排放因子采用实际测量值进行标定。BVECM 共将车辆按照排放标准分为 5 级,每级排放标准内包括四种车辆类型,每个类别对 5~125km/h(速度分辨率 5km/h)速度区间内的 NO_x、CO、HC 三种污染物的排放因子进行了标定。在进行区域排放量计算时,采用如下公式进行计算:

$$E = \sum_{i=1}^{n} \sum_{j=1}^{m} \text{VKT}_{i,j} \cdot F_j$$

$$\text{VKT}_{i,j} = L_i \cdot \text{Vol}_{i,j}$$

式中,E 为任一类污染物的区域排放总量(g);F_j 为该类污染物对应不同速度、车辆类型的排放因子(g/km);$\text{VKT}_{i,j}$ 为区域内 i 路段使用 F_j 排放因子的车量公里数(km);L_i 为 i 路段的长度(km);$\text{Vol}_{i,j}$ 为 i 路段对应 F_j 排放因子车辆的流量(pcu)。

VISUM 宏观仿真平台使用北京 2014 年早高峰(7:30~9:00)OD 数据,模型共构建了北京全境支路等级以上道路 32912 条和与 OD 数据相对应的小区 1911 个。利用该平台对三部分区域,包括收费区和收费区外围区域构成的主城区和主城区外部区域,进行交通运行特征和污染物排放仿真分析。

收费模式包括两种:依据在收费区内行驶距离收费和依据进入收费区收费,收费区域包括二环路内和三环路内两种情况。两种收费模式均通过设置基于路段的额外惩罚时间的方法实现,惩罚时间将被计入交通分配时的路段阻抗,进而模拟拥堵收费对出行者路径选择和交通方式选择的影响效果。对于依据距离的收费方式,分别设置了 0.18~1.8 元/km 共 7 种不同大小的收费额度。对于依据区域的收费方式,设置了每次 1.8～18 元共 7 种不同大小的收费额度。对应除背景情景外的 12 种情景,本文分别对各情景进行了 7 种不同收费额度的仿真,与背景情景仿真共计 85 次仿真。对于公共交通服务水平,2014 年北京由地面公交和轨道交通组成的公共交通系统在早高峰时段的平均速度为 23.7km/h,本文以该速度标定现状公交网络,考虑到北京市目前已逐步开始在快速路上施划公交专用道,以提升 5km/h 为间隔共设置了 3 级公共交通服务水平。根据三个因素的分类结果,共设置 13 种情景,其中情景 1 为背景情景,情景 2～13 为收费情景(见表 8.10)。

表 8.10 各场景设置

场景编号	收费区域	公共交通服务水平	收费方法
1	无	3 级(平均速度 23.7 km/h)	无
2	2 环以内	3 级(平均速度 23.7 km/h)	进入距离
3	2 环以内	2 级(平均速度 28.7 km/h)	进入距离
4	2 环以内	1 级(平均速度 33.7 km/h)	进入距离
5	2 环以内	3 级(平均速度 23.7 km/h)	是否进入区域
6	2 环以内	2 级(平均速度 28.7 km/h)	是否进入区域
7	2 环以内 e	1 级(平均速度 33.7 km/h)	是否进入区域
8	3 环以内	3 级(平均速度 23.7 km/h)	进入距离
9	3 环以内	2 级(平均速度 28.7 km/h)	进入距离
10	3 环以内	1 级(平均速度 33.7 km/h)	进入距离
11	3 环以内	3 级(平均速度 23.7 km/h)	是否进入区域
12	3 环以内	2 级(平均速度 28.7 km/h)	是否进入区域
13	3 环以内	1 级(平均速度 33.7 km/h)	是否进入区域

拥堵收费有利于缓解交通拥堵,进而减少污染物排放。费率的变化会产生不同的交通影响效果,进而对排放情况产生影响。各情景的路网运行特征、排放和收费总额由收费区设置范围、收费方式、不同收费方式的不同费率以及公交服务水平共同影响。图 8.17 为不同收费情景下,收费区与主城区的 CO、HC、NO_x 百分比变化,平均速度变化,收费总额仿真结果。北京市交通委制定的"城市道路交通运行评价指标体系"(DB11/T 785—2011)利用交通运行状态指数(traffic performance index,TPI)对路网运行状态进行评价,选择基本畅通状态作为收费区的预期缓堵目标,以该状态下的区域平均车速下限值作为目标速度,二环和三环作为收费

区域时的目标速度分别为 34.6km/h 和 37.3km/h。将各情景中收费区平均车速达到目标速度时的状态称为目标状态,将目标状态下所使用的费率称为目标费率,利用目标费率提取各情景在目标状态下的收费区、收费区外围区域与主城区整体的交通、收费、排放特征参数。

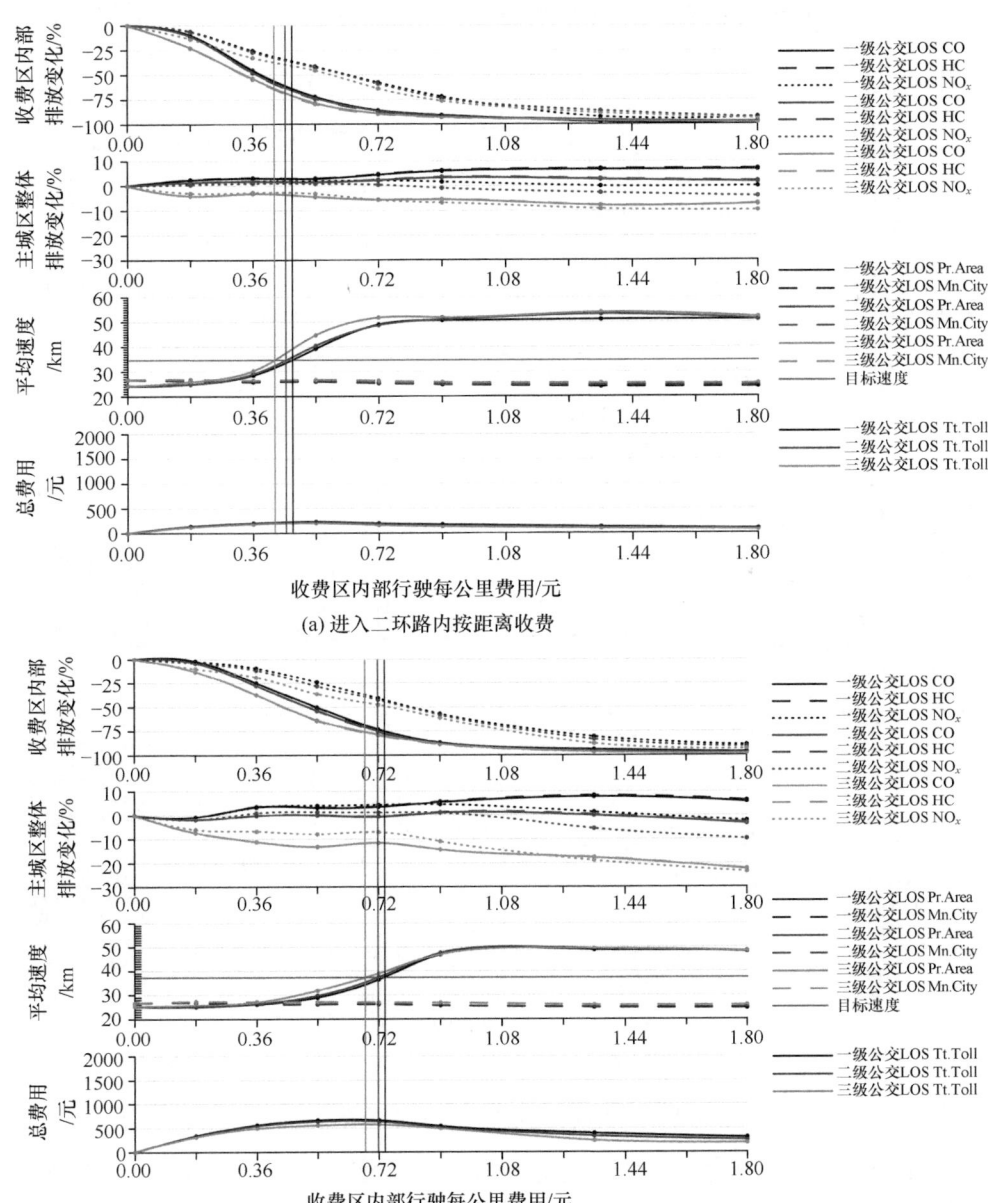

(a) 进入二环路内按距离收费

(b) 进入三环路内按距离收费

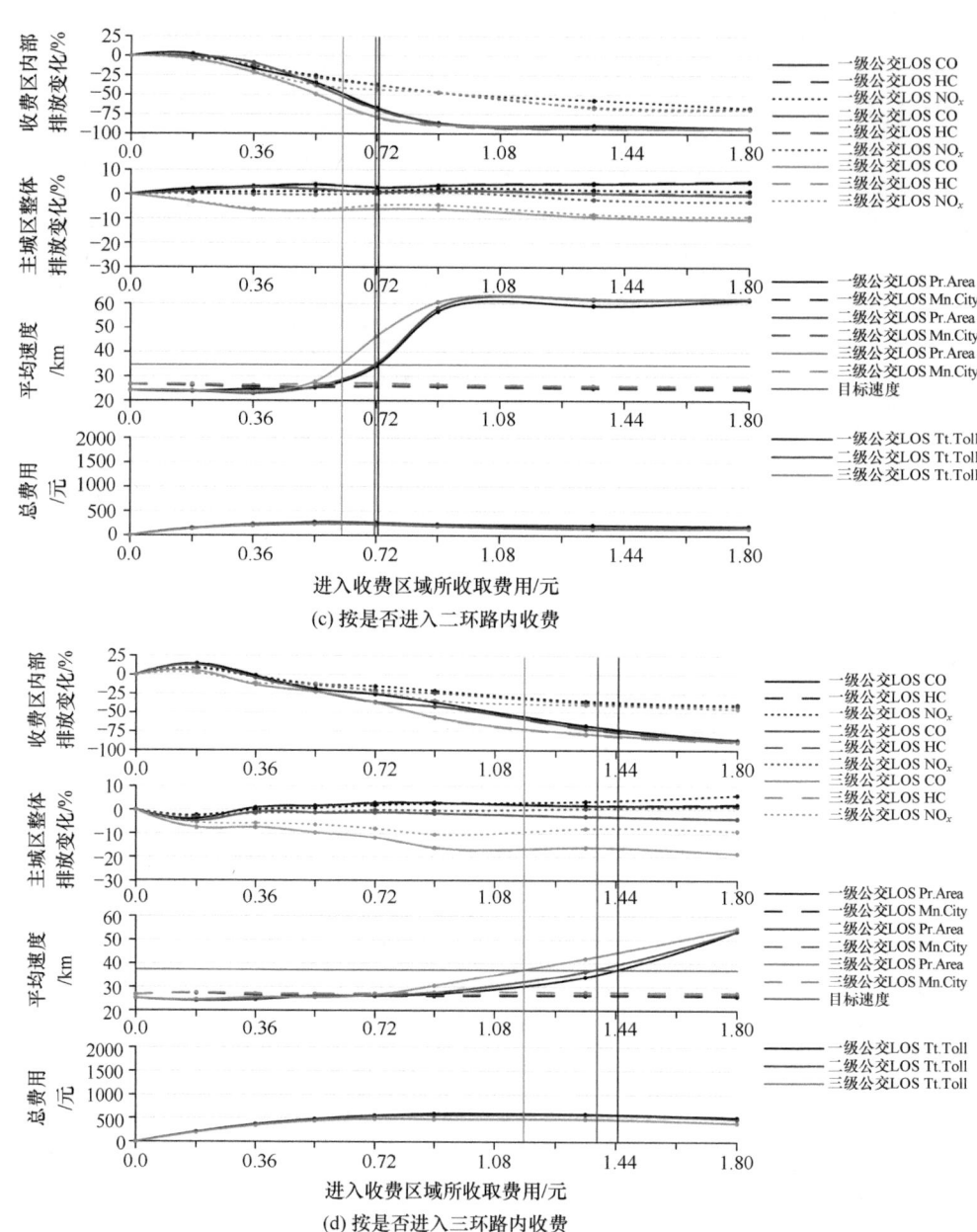

图 8.17 不同收费方式及费率下的仿真结果

不同情景下采用目标费率时,收费区内部、收费区外部、主城区 CO、HC、NO_x 的排放变化情况如图 8.18 所示。对于收费区内部,相对于背景情景,各收费情景均降低了收费区内部的三种排放物的排放量,CO 和 HC 的变化率在 $-76.9\%\sim$

-63.9%,这两种排放物的变化情况相近,但与 NO_x 的减排效果差异较大(变化率 $-45.4\%\sim-35.6\%$),三种排放物的排放率与平均车速间关系的差异是造成这种现象的原因。

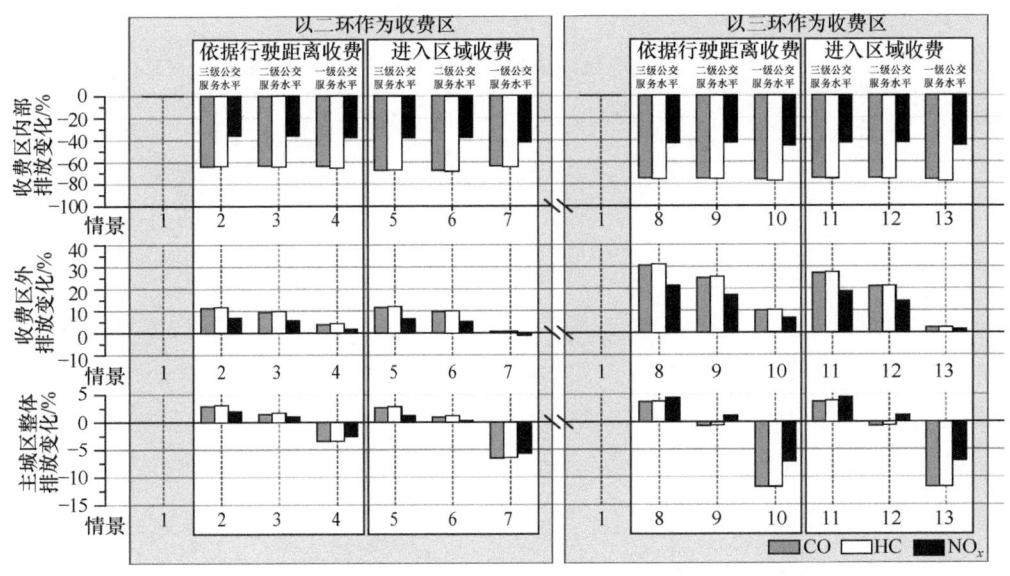

图 8.18 各情景目标状态下不同范围 CO,HC,NO_x 排放量变化

对于收费区外部,相对于背景情景,除场景 7 中的 NO_x 外,各拥堵收费情景均增加了三种排放物的排放量,但不同情景下三种污染物的排放量存在明显差异。各场景中 CO 和 HC 相对于背景情景的变化率位于 $-0.6\%\sim13.6\%$,且这两种排放物变化情况相近,但与 NO_x 差异较大(变化率 $-1.2\%\sim8.3\%$)。对于不同的收费区域、不同的收费方式下,三种污染物的排放量均随公交服务水平的升高而下降。

一般情况下,实施核心区拥堵收费后将减少收费区内部污染物排放、增大外围区域污染物排放。对于主城区范围,相对于背景情景,CO、HC、NO_x 排放量造成的变化存在明显差异,各情景中 CO 与 HC 的变化率位于 $-3.7\%\sim11.8\%$,两种排放物变化特征相近,NO_x 的变化率位于 $-7.2\%\sim4.5\%$,三种污染物的排放量均随公交服务水平的升高而下降。在现状公交服务水平 3 级条件下,场景 2、5、8 和 11 拥堵收费造成了全市 CO、HC、NO_x 排放量的上升,上升幅度在 $2.3\%\sim4.5\%$;当公交服务水平达到 1 级时,方案 4、7、10 和 13 各类污染物的排放量得到了进一步降低,降低幅度在背景方案排放量的 $2.6\%\sim11.8\%$。

不同排放区域三种污染物的排放量变化在各情景下不尽相同,通过以上分析还可以得出,提高公交服务水平是缓解核心区拥堵收费带来的全市污染物排放上升现象最为有效的手段。

为进一步了解收费策略因素对污染物排放的影响情况,使用多因素方差分析(MANOVA)的方法从收费区域、收费方式和公交服务水平三个方面分析不同收费方法对各区域污染物排放造成的影响,结果见表 8.11。

表 8.11 不同区域污染物排放多因素方差分析结果 (单位:%)

影响变量	收费区		公交服务水平		收费方法	
	均方	重要度 Sig.	均方	重要度 Sig.	均方	重要度 Sig.
收费区 CO 排放变化量	553.7*	0.000	0.8	0.619	0.0	0.917
收费区 HC 排放变化量	556.5*	0.000	0.2	0.870	0.0	0.951
收费区 NO_x 排放变化量	151.4*	0.003	13.3	0.312	30.1	0.115
收费区外 CO 排放变化量	997.9*	0.000	615.0*	0.000	93.8*	0.002
收费区外 HC 排放变化量	1031.5*	0.000	631.8*	0.000	98.8*	0.000
收费区外 NO_x 排放变化量	402.6*	0.000	294.5*	0.000	53.3*	0.003
主城区 CO 排放变化量	62.8*	0.000	315.1*	0.000	12.3*	0.007
主城区 HC 排放变化量	64.6*	0.000	323.0*	0.000	12.5*	0.008
主城区 NO_x 排放变化量	0.0	0.580	171.1*	0.000	2.7*	0.000

* 显著性水平 0.05 时有意义。

图 8.19 显示了方差分析结果中的均方结果。对拥堵收费区内部而言,三种污染物排放量变化均仅受到收费区域的显著影响,其中 CO 和 HC 排放所受影响相近且较大,而 NO_x 所受影响相对较小。对收费区外部区域而言,各污染物的排放受到了三种拥堵收费策略因素的显著影响(显著性水平取 0.05),其中 CO 与 HC 受三种影响因素的影响较为接近且较大,而 NO_x 受三种因素的影响较小。整体而言收费区设置对外围区域污染物排放的影响最大。对全市范围而言,除了 NO_x 未受到收费区域的显著影响外,各污染物的排放变化均受到收费策略因素的显著影响(显著性水平取 0.05),与收费区内部区域和收费区外围区域类似,CO 与 HC 所受影响较为接近且较大,而 NO_x 受三种因素的影响较小。

虽然实施核心区拥堵收费政策会明显缓解北京市中心城区的交通拥堵现状并减少收费区内部的机动车污染排放,但同时也会造成"排放转移"的现象,造成收费区外围区域和全市范围机动车排放总量上升的负面影响,而缓解收费区外围区域和全市范围机动车排放增大的手段不尽相同,在制定核心区拥堵收费政策时需综合考虑不同收费策略对不同区域的机动车排放造成影响的差异。就全市范围而言,提升公交服务水平是缓解 CO、HC、NO_x 三种污染物排放量增大负面影响最为有效的手段,且在高公交服务水平下选择更大的收费区域设置会进一步缓解负面影响。

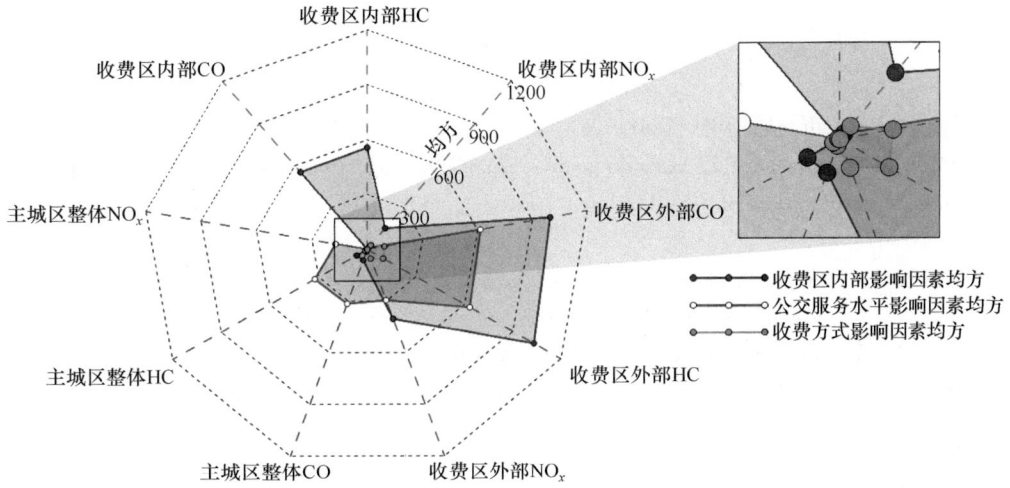

图 8.19 收费策略因素对不同区域各类污染物排放的影响程度比较

参 考 文 献

[1] 窦庆江. 天津市交通拥堵问题分析及对策[D]. 天津：天津师范大学，2012.

[2] Choo S, Mokhtarian P L. How do people respond to congestion policies? Exploring the individual consideration of travel related strategy bundles[J]. Transportation, 2008, 35(2)：145-163.

[3] Cao X, Mokhtarian P. How do individuals manage their personal travel? Objective and subjective influences on the consideration of travel-related strategies[C]. The 83rd Annual Meeting of the Transportation Research Board, Washington DC, 2004.

[4] Marc G. Potential changes to fees and transportation policies at acadia national park to encourage transit use[C]. The 84th Annual Meeting of the Transportation Research Board, Washington DC, 2005.

[5] Han Q, Timmermans H. Interactive learning in transportation networks under conditions of uncertainty, bounded rationality and strategic choice behavior[C]. The 85th Annual Meeting of the Transportation Research Board, 2006.

[6] Sinha A K, Thakuriah P. Relationship of occupational, industry and socioeconomic characteristics and job start times-evidence from current population survey[C]. The 83rd Annual Meeting of the Transportation Research Board, Washington DC, 2004.

[7] Concas S, Winters P L, Wambalaba F W. Fare pricing elasticity, subsidies and the demand for vanpool services[C]. The 84th Annual Meeting of the Transportation Research Board, Washington DC, 2005.

[8] 熊萍，杨东援. 非集计模型在停车换乘选择行为中的应用[J]. 深圳大学学报(理工版), 2008, (2)：206-210.

[9] 秦焕美，关宏志，殷焕焕. 停车收费价格对居民出行方式选择行为的影响研究——以北京市居民小汽车、公交、出租车选择行为为例[J]. 土木工程学报, 2008, (8)：93-98.

[10] 罗清玉，孙宝凤，吴文静，等. 基于 Mixed logit 模型的拥挤收费下交通方式分担率预测[J]. 吉林大学学报(工学版), 2010, (5)：1230-1234.

[11] 蒋婧雯. 基于 Nested-Logit 模型的拥挤收费下出行选择行为分析[J]. 公路与汽运, 2013, (6)：62-65.

[12] 丁威，杨晓光，伍速锋. 基于活动的居民出行行为研究综述[J]. 人文地理, 2008, (3)：85-91.

[13] Kalmanje S, Kockelman K M. Credit-based congestion pricing：Travel land value and welfare impacts[J]. Transportation Research Record, 2004, 1864：45-53.

[14] Stacey. Analyzing women's trip-chaining patterns to identify potential tod retail amenity mixes[C]. The 84th Annual Meeting of the Transportation Research Board, Washington DC, 2005.

[15] 赵阳，邵昀泓. 基于活动的出行行为动态模拟方法[J]. 系统工程理论与实践, 2008, (9)：

159-165.

[16] 隽志才,宗芳,栾琨.活动—出行决策行为与TDM策略互动关系研究的贝叶斯方法[J].交通运输系统工程与信息,2009,(4):97-102.

[17] Moan I S, Rise M. Predicting intentions not to "drink and drive" using an extended version of the theory of planned behaviour[J]. Accident Analysis & Prevention, 2011, 43(4): 1378-1384.

[18] Johnson T J, Cropsey K L. Sensation seeking and drinking game participation in heavy-drinking college students[J]. Addictive Behaviors, 2000, 25(1):109-116.

[19] Fishbein M. Intentional Behavior[M]// Encyclopedia of Applied Psychology, Spielberger. New York: Elsevier, 2004: 329-334.

[20] Armitage C J, Conner M. Efficacy of a minimal intervention to reduce fat intake[J]. Social Science & Medicine, 2001, 52(10): 1517-1524.

[21] Simon H A. A behavioral model of rational choice[J]. Quarterly Journal of Economics, 1955, 69(1):99-118.

[22] Kahneman D, Tversky A. Prospect theory: An analysis of decisions under risk[J]. Econometrica, 1979, (47): 263-291.

[23] Avineri E. The effect of reference point on stochastic network equilibrium[J]. Transportation Science, 2006, 40(4): 409-420.

[24] van de Kaa. Extended Prospect Theory: Findings on Choice Behaviour from Economics and the Behavioural Sciences and Their Relevance for Travel Behavior[D]. Delft: Trail Research School, 2008.

[25] 张波,隽志才,倪安宁.前景理论在出行行为研究中的适用性[J].北京理工大学学报(社会科学版),2013,(1):54-62.

[26] 赵凛,张星臣.基于"前景理论"的路径选择行为建模及实例分析[J].土木工程学报,2007,(7):82-86.

[27] 邢睿,杨阳梅,陈紫芸.基于前景理论的城市居民交通方式选择研究[J].公路与汽运,2014,(2):57-60.

[28] 米歇尔·沃尔德罗普.复杂——诞生于秩序与混沌边缘的科学[M].陈玲,译.北京:生活读书新知三联书店,1997.

[29] Kai N, Paczuski M. Emergent traffic jams[J]. Physical Review E, 1995, 51(4): 2909-2918.

[30] 周素红,闫小培.基于居民通勤行为分析的城市空间解读——以广州市典型街区为案例[J].地理学报,2006,(2):179-189.

[31] 金宝辉.交通出行行为分析[D].成都:西南交通大学,2004.

[32] 段征宇,张军,张立宏.城市公共自行车服务系统的多学科探讨——一个典型的产品服务系统的案例对比研究[J].创意与设计,2011,(5):31-36.

[33] 黄树森,宋瑞,陶媛.大城市居民出行方式选择行为及影响因素研究——以北京市为例[J].交通标准化,2008,(9):124-128.

[34] 王德,朱玮.南京东路消费者的空间选择行为与回游轨迹[J].城市规划,2008,(3):33-40.

[35] 黄建中.1980年代以来我国特大城市居民出行特征分析[J].城市规划学刊,2005,(3):71-75.

[36] 闫小培,周素红.广州城市居住-就业空间及对居民出行的影响[J].城市规划,2006,(5):13-18,26.

[37] 张明,潘海啸,沈青.城市形态对居民出行的影响——上海实例研究[J].城市交通,2009,(6):28-32,49.

[38] 陈征,周恒,刘英舜.苏州居民通勤出行交通方式选择特征研究[J].道路交通与安全,2006,(8):34-37.

[39] 李娜.上海居民综合出行成本的优化探讨[J].交通与运输,2010,(2):21,22.

[40] 满都拉,张秀媛.停车费用对私人小汽车出行影响分析[J].交通与运输(学术版),2009,(1):168-170.

[41] 胡永举,高婷婷.城市交通方式的出行成本量化方法研究[J].城市公共交通,2005,(8):27-30.

[42] 何瑞春,李引珍,张峻屹,等.城市居民出行选择预测模型及实证研究[J].交通运输系统工程与信息,2007,(6):80-84.

[43] 朱明皓,李捷.基于主成分分析的城市居民出行心理探讨[J].物流技术,2011,(11):113-114,143.

[44] Chen D A, Fuller D. Analyzing road surface conditions, collision time, and road structural factors associated with bicycle collisions from 2000 to 2010 in saskatoon, saskatchewan[J]. Journal of Transport & Health,2014,1(1):40-44.

[45] Golob T F. Structural equation modeling for travel behavior research[J]. Transportation Research Part B:Methodological,2003,37(1):1-25.

[46] 许健,何晓群.中国经济增长源泉的量化研究[J].经济经纬,2000,(6):41-43.

[47] 张建新,张妙清,梁觉.殊化信任与泛化信任在人际信任行为路径模型中的作用[J].心理学报,2000,(3):311-316.

[48] 徐俊芳,陈景武.结构方程模型在心理健康研究中的正确应用[J].现代预防医学,2009,(12):2220-2223.

[49] 张磊,任刚,王卫杰.基于计划行为理论的自行车不安全行为模型研究[J].中国安全科学学报,2010,(7):43-48.

[50] 李宏汀,刘彦宇,李文书.驾驶中使用手机对驾驶员行为安全绩效影响综述[J].中国安全科学学报,2013,(1):16-21.

[51] 郭耀,韩宙江.太原市公共自行车服务与市民满意度调查分析[J].中国市场,2013,(41):90,91,105.

[52] Krykewycz G R, Puchalsky C M, Rocks J, et al. Defining a primary market and estimating demand for major bicycle-sharing program in philadelphia, pennsylvania[J]. Transportation Research Record:Journal of the Transportation Research Board,2010,2143(1):117-124.

[53] Noland B R, Kunreuther H. Short-run and long-run policies for increasing bicycle transportation for daily commuter trips[J]. Transport Policy,1995,2(1):67-79.

[54] Shaheen S A, Guzman S, Zhang H. Bikesharing in europe, the americas, and asia[J]. Transportation Research Record: Journal of the Transportation Research Board, 2010, 2143(1): 159-167.

[55] Vogel P, Mattfeld D C. Strategic and operational planning of bike-sharing systems by data mining-a case study[M]// Lecture Notes in Computer Science. New York: Springer, 2011: 127-141.

[56] Hansen T, Jensen J M, Solgaard H S. Predicting online grocery buying intention: A comparison of the theory of reasoned action and the theory of planned behavior[J]. International Journal of Information Management, 2004, 24(6): 539-550.

[57] Fishbein M, Ajzen I. Belief, Attitude, Intention and Behavior: An Introduction to Theory and Research[M]. New Jersey: Addison-Wesley, 1975.

[58] Ryu S, Ho S H, Han I. Knowledge sharing behavior of physicians in hospitals[J]. Expert Systems with Applications, 2003, 25(1): 113-122.

[59] Sutton S. Predicting and explaining intentions and behavior: How well are we doing[J]. Journal of Applied Social Psychology, 1998, 28(15): 1317-1338.

[60] 张天畅, 白少凯, 杨晓光. 基于修正SERVQUAL的公共自行车服务质量评价研究[J]. 武汉理工大学学报(交通科学与工程版), 2013, (1): 216-220.

[61] Davis F D. Perceived usefulness, perceived ease of use, and user acceptance of information technology[J]. MIS Quarterly, 1989, 3(13): 319-342.

[62] 戴汝为, 钱学森, 于景元. 一个科学新领域——开放的复杂巨系统及其方法论[J]. 自然杂志, 1990, (1): 3-10, 64.

[63] Fishbein M, Ajzen I. Misconceptions about the fishbein model: Reflections on a study by songer-nocks[J]. Journal of Experimental Social Psychology, 1976, 12(6): 579-584.

[64] Ajzen I. From Intentions to Actions: A Theory of Planned Behavior[M]. Berlin Heidelberg: Springer Berlin Heidelberg, 1985: 11-39.

[65] Ajzen I. Attitudes, traits, and actions: Dispositional prediction of behavior in personality and social psychology[J]. Advances in Experimental Social Psychology, 1987, 20(1): 1-63.

[66] 王苏男, 刘卫果. 客运交通方式与体系的关系及其发展[J]. 北方交通大学学报, 1998, (3): 81-85.

[67] Ajzen I. The theory of planned behavior[J]. Organizational Behavior and Human Decision Processes, 1991, 50(2): 179-211.

[68] Parasuraman A, Zeithaml V A, Berry L L. Alternative scales for measuring service quality: A comparative assessment based on psychometric and diagnostic criteria[J]. Journal of Retailing, 1994, 70(3): 201-230.

[69] Johnson M D, Nader G, Fornell C. Expectations, perceived performance, and customer satisfaction for a complex service: The case of bank loans[J]. Journal of Economic Psychology, 1996, 17(2): 163-182.

[70] Schwanen T, Banister D, Anable J. Rethinking habits and their role in behaviour change: The

case of low-carbon mobility[J]. Journal of Transport Geography, 2012, 24: 522-532.

[71] Oleson T. Theoretical perspectives of auriculotherapy [M]//Auriculotherapy Manual. Fourth Edition. Saint Louis: Churchill Livingstone, 2014: 25-86.

[72] Zhang M, Fang D. A continuous behavior-based safety strategy for persistent safety improvement in construction industry[J]. Automation in Construction, 2013, 34(34): 101-107.

[73] Heath Y, Gifford R. Extending the theory of planned behavior: Predicting the use of public transportation1[J]. Journal of Applied Social Psychology, 2002, 32(10): 2154-2189.

[74] Jackson T. Motivating Sustainable Consumption: A review of Evidence on Consumer Behaviour and Behavioural Change[R]. Guildford: Centre for Environmental Strategy, University of Surrey, 2005.

[75] Lewis R C, Booms B H. The marketing aspects of service quality[J]. Emerging Perspectives on Services Marketing, 1983, 65(4): 99-107.

[76] Parasuraman A, Berry L L. A conceptual model of service quality and its implications for future research. [J]. Journal of Marketing, 1985, 49(4): 41-50.

[77] Carman J M. Consumer perceptions of service quality: An assessment of the servqual dimensions. [J]. Journal of Retailing, 1990, 66(1): 33-55.

[78] Parasuraman A, Zeithaml V A, Malhotra A. Es-qual a multiple-item scale for assessing electronic service quality[J]. Journal of Service Research, 2005, 7(2): 213-233.

[79] Gronroos C. Service quality: The six criteria of good perceived service quality[J]. Review of Business, 1988, 9(3): 10-13.

[80] Brady M K, Cronin J J. Some new thoughts on conceptualizing perceived service quality: A hierarchical approach[J]. Journal of Marketing, 2001, 65(3): 34-49.

[81] 朱沆,汪纯孝,岑成德,等. 服务质量属性的实证研究[J]. 商业研究,1999,6:82-85.

[82] 王佳欣. 顾客参与对饭店服务质量的影响研究[D]. 天津:天津商学院,2006.

[83] Oliver R L, Linda G. Effect of satisfaction and its antecedents on consumer preference and intention. [J]. Advances in Consumer Research, 1981, 8(1): 88-93.

[84] Managementstrategy M. Marketing Management: International Edition[M]. New Jersey : Prentice Hall, 1999: 33-62.

[85] Johnson M D, Fornell C. A framework for comparing customer satisfaction across individuals and product categories[J]. Journal of Economic Psychology, 1991, 12(2): 267-286.

[86] Allen G M, Lenk P J. Reassessing brand loyalty, price sensitivity, and merchandising effects on consumer brand choice[J]. Journal of Business & Economic Statistics, 1995, 13(3): 281-289.

[87] Griffin J. Customer Loyalty: How to Earn it, How to Keep it[M]. San Francisco CA: Jossey-Bass, 2002.

[88] Anderson E W, Sullivan M W. The antecedents and consequences of customer satisfaction for firms[J]. Marketing Science, 1993, 12(2): 125-143.

[89] Sivadas E, Baker-Prewitt J L. An examination of the relationship between service quality,

customer satisfaction, and store loyalty[J]. International Journal of Retail & Distribution Management,2000,28(2):73-82.

[90] Zeithaml V A. Service quality,profitability,and the economic worth of customers:What we know and what we need to learn[J]. Journal of the Academy of Marketing Science,2000,28(1):67-85.

[91] Jones T O,Sasser W E J. Why satisfied customers defect[J]. Harvard Business Review,1995,73(6):88.

[92] 徐国炯. 快速公交系统服务质量、乘客满意度与行为意愿研究[D]. 杭州:浙江工商大学,2008.

[93] Bitner M J. Evaluating service encounters:The effects of physical surroundings and employee responses[J]. The Journal of Marketing,1990,54(54):69-82.

[94] Bitner M J. Service scapes:The impact of physical surroundings on customers and employees[J]. Journal of Marketing,1992,56(2):57-71.

[95] Boulding W. A dynamic process model of service quality:From expectations to behavioral intentions[J]. Journal of Marketing Research (JMR),1993,30(1):7-27.

[96] Baker D A,Crompton J L. Quality, satisfaction and behavioral intentions[J]. Annals of Tourism Research,2000,27(3):785-804.

[97] Woodside A G,Frey L L,Daly R T. Linking service quality,customer satisfaction,and behavioral intention[J]. Journal of Health Care Marketing,1989,9(4):5-17.

[98] 韦福祥. 顾客感知服务质量与顾客满意相关关系实证研究[J]. 天津商学院学报,2003,(1):21-25.

[99] 汪纯孝,温碧燕. 服务公平性、顾客服务评估和行为意向的关系研究[J]. 中山大学学报(社会科学版),2002,(2):109-116.

[100] Nunnally J C. Psychometric Theory[M]. New York:McGraw-Hill,1978.

[101] 韩先科,褚浩然,郑猛. 出行链特征指标的提出及应用研究[J]. 城市交通. 2006,(2):64-67.

[102] 隽志才,鲜于建川. 家庭成员活动-出行选择行为的相互影响[J]. 系统管理学报. 2012,(2):252-257.

[103] 杨敏. 基于活动的出行链特征与出行需求分析方法研究[D]. 南京:东南大学,2007.

[104] Bowman J L,Ben-Akiva M E. Activity-based disaggregate travel demand model system with activity schedules[J]. Transportation Research Part A:Policy and Practice,2001,35(1):1-28.

[105] 宗芳,梁琨,隽志才. 通勤者出行方式与出行链选择行为研究[J]. 公路交通科技,2010,(6):107-111.

[106] 张瑞,陈振华,余永权. 模糊模式识别的几种基本模型研究[J]. 计算机技术与发展,2010,(9):32-35.

[107] 黄崇福,王家鼎. 模糊信息分析与应用[M]. 北京:北京师范大学出版社,1992.

[108] 王道勇. 变压器故障检测方法的改进——模糊识别阈值原则法[J]. 电力系统自动化,

1998,(11):44-46,84.

[109] 邓中伟. 面向交通服务的多源移动轨迹数据挖掘与多尺度居民活动的知识发现[D]. 上海:华东师范大学,2012.

[110] 丁琪琳,荣朝和. 交通区位思想评价及交通区位论的新进展[J]. 综合运输,2006,(5):12-17.

[111] 关宏志. 非集计模型:交通行为分析的工具[M]. 北京:人民交通出版社,2004.

[112] 刘新立. 初级统计学[M]. 北京:清华大学出版社,2004.

[113] 陈团生. 通勤者出行行为特征与分析方法研究[D]. 北京:北京交通大学,2007.

[114] 高晶鑫,夏金娇,隽志才. 基于前景理论的出行路径选择行为[J]. 公路交通科技,2012,(4):126-131.

[115] Avineri E, Prashker J N. Sensitivity to travel time variability: Travelers' learning perspective[J]. Transportation Research Part C-emerging Technologies,2005,13(2):157-183.

[116] Mcdonald M, Hounsell N B, Njoze S R. Strategies for route guidance systems taking account of driver response[C]. Vehicle Navigation and Information Systems Conference,1995:328-333.

[117] Khattak A J, Koppelman F S, Schofer J L. Stated preferences for investigating commuters' diversion propensity[J]. Transportation,1993,20(2):107-127.

[118] Golledge R G. Geographical perspectives on spatial cognition[J]. Advances in Psychology,1993,96:16-46.

[119] Mehndiratta S, Kemp M, Lappin J, et al. What advanced traveler information system information do users want? Evidence from in-vehicle navigation device users[J]. Transportation Research Record: Journal of the Transportation Research Board,1999,1679(1):41-49.

[120] de Moraes R G, Daamen W, Hoogendoorn S. Modelling travellers' heterogeneous route choice behaviour as prospect maximizes[J]. Journal of Choice Modelling,2013,6:17-33.

[121] Yang J, Jiang G Y. Development of an enhanced route choice model based on cumulative prospect theory[J]. Transportation Research Part C: Emerging Technologies,2014,47:168-178.

[122] 徐岩涛,徐岩宇,高尚. 基于VRGS的交通流微观仿真软件的开发[J]. 系统仿真学报,1999,(3):52-55,67.

[123] 贺国光,徐岩宇,冯蔚东. 考虑司机响应的VRGS引导策略优化模型研究[J]. 系统工程,1998,(1):51-56.

[124] 周元峰. 基于信息的驾驶员路径选择行为及动态诱导模型研究[D]. 北京:北京交通大学,2007.

[125] 杨晓光,曾松,史春华. 基于实验分析的驾驶员路线选择模式研究[J]. 公路交通科技,2002,(4):85-88.

[126] 姜桂艳,郑祖舵,白竹. 拥挤条件下可变信息板交通诱导信息对驾驶行为的影响[J]. 吉林大学学报(工学版),2006,(2):183-187.

[127] 潘晓锋,左志,赵胜川. 基于前景理论的改进多路径交通分配模型[J]. 交通运输系统工程

与信息,2014,(2):162-167.

[128] Pel A J, Hoogendoorn S P. Hybrid route choice modeling in dynamic traffic assignment[J]. Transportation Research Record:Journal of the Transportation Research Board,2009, 2091(1):100-107.

[129] Ridwan M. Fuzzy preference based traffic assignment problem[J]. Transportation Research Part C:Emerging Technologies,2004,12(3-4):209-233.

[130] Ng M W, Waller S T. Dynamic route choice model in face of uncertain capacities[C]. Transportation Research Board Meeting ,2009.

[131] 张杨. 不确定环境下城市交通中车辆路径选择研究[D]. 重庆:西南交通大学,2006.

[132] 彭国雄,刘杨,云美萍. 应急车辆出行前救援路径选择的多目标规划模型[J]. 公路交通科技,2009,(8):135-139.

[133] 严新平,张存保,杨晓光. 交通信息对驾驶员选择行为的影响研究[J]. 交通与计算机,2004,(5):31-34.

[134] 黄海军,李志纯. 先进的旅行者信息系统对出行者选择行为的影响研究[J]. 公路交通科技,2005,(2):95-99.

[135] Bogers E A I. Traffic Information and Learning in Day-to-Day Route Choice[M]. Netherlands:TRAIL Research School,2009.

[136] 杨东援,石小法,王炜. 信息对出行者出行行为的影响研究[J]. 中国公路学报,2002,(1):92-95.

[137] Gao S, Frejinger E, Ben-Akiva M. Adaptive route choice models in stochastic time-dependent networks[J]. Transportation Research Record:Journal of the Transportation Research Board,2008,2085(2085):136-143.

[138] 傅彦,王英涛,李春澜. 基于效用理论的出行前最优路径算法研究[J]. 武汉理工大学学报(交通科学与工程版),2003,(5):705-707.

[139] 李翀. 现代西方经济学原理(第三版)[M]. 广州:中山大学出版社,1999.

[140] 钱颂迪. 运筹学[M]. 北京:清华大学出版社,2002.

[141] 刘雪岩. 出行路径选择行为研究[D]. 北京:对外经济贸易大学,2006.

[142] Adler J L, Satapathy G, Manikonda V, et al. A multi-agent approach to cooperative traffic management and route guidance[J]. Transportation Research Part B:Methodological,2005,39(4):297-318.

[143] 戴金海,廖守亿. 复杂适应系统及基于Agent的建模与仿真方法[J]. 系统仿真学报,2004,(1):113-117.

[144] 王建颖,倪建军,徐立中. 基于CAS理论的多Agent建模仿真方法研究进展[J]. 计算机工程与科学,2006,(5):83-86,97.

[145] Uhrmacher A M, Gugler K. Distributed, parallel simulation of multiple, deliberative agents[C]. Proceedings of the fourteenth workshop on Parallel and distributed simulation, Bologna, Italy, 2000.

[146] Gaupp M P, Hill R R. Using adaptive agents in java to simulate U. S. air force pilot reten-

tion. Simulation Conference,1999,2(11):1152-1159.

[147] Parker D C, Manson S M, Janssen M A, et al. Multi-agent systems for the simulation of land-use and land-cover change: A review[J]. Annals of the Association of American Geographers,2003,93(2):314-337.

[148] Axelrod R. The complexity of cooperation:Agent-based models of competition and collaboration[M]. Princeton :Princeton University Press,1997.

[149] Holland J H. 隐秩序:适应性造就复杂性[M]. 上海:上海科技教育出版社,2000.

[150] 陈为雄,李振龙. 基于 Multi-agent 的城市高速公路交通流控制的集成框架[J]. 信息与控制,2004,(2):218-222,248.

[151] 陈德望,李振龙. 交通信号区域协调优化的多智能体博弈模型[J]. 公路交通科技,2004,(1):85-88,93.

[152] Hidas P. Modelling lane changing and merging in microscopic traffic simulation[J]. Transportation Research Part C:Emerging Technologies,2002,10(5-6):351-371.

[153] Hidas P. Modelling lane changing and merging in microscopic traffic simulation of merging and weaving[J]. Transportation Research Part C:Emerging Technologies,2005,13(1):37-62.

[154] 何兵兵,邱凌云,陈锋. 基于 Agent 的驾驶员-车辆建模研究与实现[J]. 计算机仿真,2005,(11):222-225.

[155] Dia H. An agent-based approach to modelling driver route choice behaviour under the influence of real-time information[J]. Transportation Research Part C:Emerging Technologies,2002,10(5-6):331-349.

[156] Wahle J, Bazzan A L C, Klügl F, et al. The impact of real-time information in a two-route scenario using agent-based simulation[J]. Transportation Research Part C:Emerging Technologies,2002,10(5-6):399-417.

[157] 刘芳,姚莉,龚勇. 一种基于 BDI Agent 的复杂系统设计建模方法[J]. 小型微型计算机系统,2005,(4):693-698.

[158] Logi F, Ritchie S G. A multi-agent architecture for cooperative inter-jurisdictional traffic congestion management[J]. Transportation Research Part C:Emerging Technologies,2002,10(5-6):507-527.

[159] 吕智林,范炳全,张林峰. 基于多 Agent 的高速公路入口匝道智能控制策略[J]. 计算机应用,2004,(5):126,127,130.

[160] 续爽,向传杰,贾云得. 一种基于 Multi-Agent 的高效路径规划系统研究[J]. 计算机应用研究,2004,(11):104,105.

[161] 李源惠,孙少鹏,赵德鹏. 基于多智能体与元胞自动机的微观交通模拟方法[J]. 大连海事大学学报,2004,(4):38-42.

[162] 李润梅,李伟,何东之. 基于 Multi-Agent 的多车道交通流的分布式仿真研究[J]. 计算机仿真,2005,(2):191-194.

[163] 徐丽群,李斌.基于DCOM式智能体的交通控制系统模型[J].交通与计算机,2005,(2):14-17.
[164] 杨兆升.城市交通流诱导系统理论与模型[M].北京:人民交通出版社,2000.
[165] 孙立山,姚丽亚,关宏志.基于实时交通信息的行程时间估算及路径选择分析[J].公路交通科技,2006,(11):86-89.